JN276731

ダイバーシティ時代における法・政治システムの再検証

[著者]
瀬川　晃
櫻井利江
濱真一郎
川崎友巳
戒能通弘
荻野奈緒
山根崇邦
森　靖夫

成文堂

はしがき

　本書は、同志社大学法学部の学内研究助成「大学院研究高度化推進特別経費」の支給を受け、2011年度に実施した共同研究「ダイバーシティ時代における法・政治システムの再検証」の研究成果の一部である。
　近年、あらゆる場面で、欧米型システムがグローバルスタンダードとなってきている。本書は、そうした動向を踏まえつつ、欧米型の法・政治システムについて、「ダイバーシティ（多様性）」の観点から検討を加えることを目的としている。すなわち、本書は、グローバルスタンダードを批判的に考察すると同時に、それぞれの国家、地域、社会、民族などの個別性を尊重する「ダイバーシティ」の観点から、法・政治システムのあり方を見直すことを目指している。
　本書の内容は、主として以下の3つのアプローチで構成される。すなわち、ダイバーシティ時代における法・政治システムの再検証にかんする、①国際法および国際政治史を念頭に置いた研究、②欧米および日本の比較法的研究、ならびに③欧米型システムの哲学的・思想史的基盤にかんする研究である。ここで、各章の概要を提示しておきたい。
　まずは第1章について。多様な民族で構成される国家（多民族国家）の多くにおいて、従来、国家の政治的統一を目的として採用されてきたのは同化政策であったが、同化政策は少数者の人権侵害であり、アイデンティティを否定するものとして批判された。近年、民族紛争後の国家において、国際機構は紛争再発を回避するために、少数者の人権保護を重視する国内法制度を整備する活動がみられる。本章は、同化政策に代わり、国際機構の主導によって制定された国内法制度に関する事例研究である。
　第2章は、近代日本の統帥権独立制が、政党政治の発展とともに「欧米流」の文民統制に近い形で運用されるに至ったが、軍事的合理性を軽視した政党内閣の政略出兵の失策により軍内の反動を惹起し、満州事変以降、一部の陸軍軍人がその「欧米流」を否定し、「日本流（皇道）」を追求して独走し

ていったことを明らかにする。

　第3章は、刑事司法制度の中で、日本独自の発展を遂げてきた精神鑑定について検討する。すなわち、刑事責任を問うための前提となる責任能力の有無を判断するために実施される精神鑑定について、現状と課題を考察するとともに、従来、法的な観点からは十分な検討が加えられていなかった訴訟能力や受刑能力など、責任能力以外の場面で用いられる精神鑑定についても焦点を当てる。

　第4章は、グローバル化・欧米化が顕著な経済刑法の分野では特異で、日本にしか存在しない『株主の権利の行使に関する利益供与罪』について考察する。すなわち、『総会屋』という日本固有の存在への対策として、1981年の商法改正で導入され、その後、数度の改正を経て、会社法970条に定められている同罪の意義や論点について、これまでの判例および学説を渉猟しつつ考察を加え、あるべき解釈論上の帰結の提示を試みる。

　第5章は、ダイバーシティ時代における消費者被害救済制度について検討する。具体的には集団的消費者被害回復にかかる訴訟制度を取り上げ、フランスにおいて審議中の法案の紹介と分析を通じて、制度設計上・理論上の課題について検討を加える。

　次に、第6章について。現代の創作環境においては、創作目的やニーズ、それに創作形態が多様化している。従来の著作権法学は、いかにして制定法のルールを創作環境の多様性に適合させるかということに苦心してきた。そして、著作権法の基本構造を変えない限り、環境の変化への対応は難しいという理解を示してきた。しかし、現実社会に目を向けると、著作権を保有する者がパブリック・ライセンスの枠組を用いて、制定法のルールのデフォルトから抜け出し、そのニーズや創作形態に応じた創作・利用環境を柔軟に創り出している。そこで本章では、こうした創作環境の多様性に対応する私的な規範形成の動きを中心に検討する。

　第7章では、「ダイバーシティ」に留意する観点、あるいは、「ダイバーシティ」に対立するであろう「普遍主義」に対して批判的な観点から、英米の法思想について検討していく。アティアとサマーズの共著などの先行研究を批判的に検討するとともに、法思想史の観点から「ダイバーシティ」に留意

する重要性を示す。

　第8章は、ダイバーシティ時代における立法のあり方について検討する。すなわち、法哲学者アンドレイ・マーモーの立法論に依拠しながら、立法の統合性の失敗は、遺憾なことではなく、多元的社会における重要な徳であり、価値多元論を尊重するものなのである、ということを明らかにする。

　「ダイバーシティ時代における法・政治システムの再検証」は、法律学、政治学のみならず、さまざまな学問分野における研究手法が求められる研究テーマである。今後、それらの各分野の研究動向を踏まえつつ、本書の共著者も、さらに研究を続けていきたいと考えている。

　本書の刊行までには、多くの方々からさまざまなご協力やご助言をいただいた。とくに出版をお引き受けいただき、温かいご支援をいただいた成文堂阿部耕一社長、土子三男取締役、ならびに篠崎雄彦氏をはじめとする同社編集部の皆様に、改めて感謝の意を表したい。

　なお、本書の刊行にあたっては、2013年度同志社大学研究成果刊行助成費の交付を受けた。

　　2014年1月

　　　　　　　　　　　　　　　　　　　　　　　　　著者一同

目　次

はしがき

第 1 章　多民族国家の国内統合に向けた法制度
──コソボにおける少数者保護制度を通じた民族対立克服への試み
……………………………………………………櫻井利江　1

- Ⅰ　はじめに　1
- Ⅱ　コソボ憲法の特徴　8
- Ⅲ　コソボ憲法における統治制度　14
- Ⅳ　コソボ憲法における人権　18
- Ⅴ　憲法裁判所　24
- Ⅵ　少数者共同体の権利保障の現状　30
- Ⅶ　終わりに　34

第 2 章　統帥権独立性の改革と抵抗 ………………森　靖夫　37

- Ⅰ　はじめに　37
- Ⅱ　統帥権独立制から文民統制へ　39
- Ⅲ　欧米型の法システムはなぜ拒絶されたのか　46
- Ⅳ　おわりに　55

第 3 章　刑事精神鑑定の現状と課題 ………………瀬川　晃　59

- Ⅰ　はじめに　59
- Ⅱ　責任能力鑑定　61
- Ⅲ　責任能力鑑定の今日的な課題　67
- Ⅳ　責任能力鑑定以外の精神鑑定　71
- Ⅴ　むすび　79

第4章　株主等の権利の行使に関する利益供与罪に関する一考察……………川崎友巳　83

- Ⅰ　はじめに　*83*
- Ⅱ　株主等の権利の行使に関する利益供与罪のアウトライン　*85*
- Ⅲ　利益供与罪の本質と保護法益　*87*
- Ⅳ　利益供与サイドの犯罪（第1項の罪）の構成要件　*90*
- Ⅴ　供与利益受領サイドの犯罪（2項―4項の罪）の構成要件　*100*
- Ⅵ　むすび　*106*

第5章　フランスにおける「グループ訴権」導入をめぐる動向……………荻野奈緒　109

- Ⅰ　はじめに　*109*
- Ⅱ　従来の制度の問題点　*111*
- Ⅲ　HAMON法案が提案するグループ訴権の内容　*116*
- Ⅳ　むすびにかえて　*125*

第6章　著作権法における多様化現象の位相
──創作環境の変化と私的な規範形成の動きを中心として──
……………山根崇邦　133

- Ⅰ　序　*133*
- Ⅱ　創作環境の変化に対応した私的な規範形成の動き　*144*
- Ⅲ　私的な規範形成に関する研究　*151*
- Ⅳ　結びに代えて　*158*

第7章　英米の法思想とダイバーシティ……………戒能通弘　161

- Ⅰ　はじめに　*161*

Ⅱ　英米間の法、法思想の比較の諸視座　*164*
　　Ⅲ　英米の法思想史とダイバーシティ　*174*
　　Ⅳ　おわりに　*182*

第8章　価値多元論と立法の統合性
　　　　——A. マーモーの立法論を手がかりとして——　………濱真一郎　*185*

　　Ⅰ　はじめに　*185*
　　Ⅱ　価値多元論と法の支配　*186*
　　Ⅲ　価値多元論と立法の統合性　*193*
　　Ⅳ　立法の統合性の失敗　*204*
　　Ⅴ　おわりに　*209*

第1章　多民族国家の国内統合に向けた法制度
―― コソボにおける少数者保護制度を通じた
民族対立克服への試み ――

櫻　井　利　江

Ⅰ　はじめに
Ⅱ　コソボ憲法の特徴
Ⅲ　コソボ憲法における統治制度
Ⅳ　コソボ憲法における人権
Ⅴ　憲法裁判所
Ⅵ　少数者共同体の権利保障の現状
Ⅶ　終わりに

Ⅰ　はじめに

1　国際機構の関与

　民族的、宗教的、文化的、言語的またはその他の要因を異にする複数の集団から構成されている多民族国家においては、その多くが集団間の軋轢によって生ずる問題を抱えている。民族間の軋轢をめぐり武力紛争に至り、たとえ停戦状態が達成されても紛争により悪化した民族の単位ごとの分断状態は簡単には修復されない。紛争後の社会において、すべての民族による政府への信頼を回復することは、国内的安定と国民統合を達成し、統治機能を正常化するための重要な条件とされる[1]。紛争後、新たな国内法制度の構築を通じて地域を安定させるために、国際機構が関与する事例は1990年代後半から

1　Marc Weller, "Interim-governance for Kosovo: the Rambouillet Agreement and the Constitutional Framework Developed under UN Administration." in Marc Weller and Barbara Metzger eds., *Settling Self-Determination Disputes Complex Power-Sharing in Theory and Practice, Interim Governance for Kosovo: The Rambouillet Agreement and the Constitutional Framework Developed under UN Administration*, Leiden, 2008, 253-254.

目立っている。ボスニア・ヘルツェゴビナ、マケドニア、東チモール、スーダン、アフガニスタン、イラクおよびコソボはいずれも激しい民族紛争を経験し、国際機構の関与により停戦状態に至ったが、紛争により集団間の溝はさらに深くなった。国際機構は停戦後も同地域において集団間の深い溝を修復し、政治的不安定状態を改善し、平和的社会を再構築するための復興支援活動を継続した。

　コソボでは多数民族および民族的少数者を含む、すべての民族集団に平等な政治参加および待遇を保障する法制度を導入した。これは国際機構がボスニア・ヘルツェゴビナの先例を教訓として学んだ結果とされる[2]。ボスニア・ヘルツェゴビナの場合、国際機構の関与により、同国民を構成する各民族集団に広範な自治を付与する制度を導入したが、統一国家としての再統合が不可能なまでに各構成民族が完全に分断されるという弊害をもたらした[3]。コソボ憲法は国際的基準からしても内容的に高度な民族的少数者集団の権利および集団の構成員としての個人の権利を民族的少数者に保障し、このような少数者の権利保障を実施するための制度が整備された。国際機構が民族的少数者集団およびその構成員にこのような高度な水準の権利を保障する法制度の制定を支援した意図は、同制度のもとですべての民族的少数者集団に平等の権利を保障することにより、民族的少数者による政府への信頼を回復し、分断された民族間の溝を修復しようとしたことにある。

　以下、国際機構がその停戦後の社会再構築プロセスに大きく関与したコソボを取り上げ、多民族国家が民族間の対立を回避し、政治的統一と社会的安定を図る法制度の仕組みを概観し、同制度が実際にどのように機能しているのか考察する。

2　欧州における少数者保護の展開

　コソボの民族的少数者保護制度の法整備に関しては、UNMIK に加え、

---

[2] Fisnik Korenica and Dren Doli, "The Politics of Constitutional Design in Divided Societies : The Case of Kosovo," 6 *Croatian Yearbook of European Law and Policy*, 2010, 291-292.

[3] Arend Lijphart, *Democracy in Plural Societies : A Comparative Exploration*, New Haven and London, 1977, 42.

欧州の地域的国際機構の支援によるところが大きい。冷戦中においては主要な危機はイデオロギー的に対抗するブロック間における国際戦争の危険であった。冷戦後、潜在的脅威は概して国家内部の紛争にあるとみなされた。旧ユーゴスラビア連邦の解体過程で発生した民族紛争を契機に、民族的少数者問題は欧州において基本的重要性があるとする一般的確信が広まった。EC、CSCE/OSCE、欧州評議会（Council of Europe）といった欧州の地域的国際機構は採択する文書において民族的少数者保護に言及し、体制変革後の中東欧諸国への支援を通じて、それらの国際文書における人権基準を法的基準とする国内法制定に関与した。このような活動により、民族的少数者の保護は欧州では承認された基準となったとみなされている[4]。

EUで批准された条約においては少数者保護に関する言及はなく、少数者保護のための法的拘束力のある共通基準は設定されていない[5]。しかし1991年、ECが採択した「東欧およびソ連における新国家承認のガイドライン」宣言[6]は旧ユーゴの連邦解体に伴って誕生した新国家への国家承認付与基準の一つとして、少数者保護基準の遵守を勧告した。すなわち同ガイドラインは、ある実体を独立国家として承認する条件として、法の支配、民主主義および人権に関する約束の承認等と並び、以下のように民族的少数者の権利を保障することを明示した。

> CSCEの枠組において同意されている諸約束に従った種族的および民族的集団および少数者の諸権利の保障。

CSCE/OSCEは1992年に設置した少数民族高等弁務官を通じて民族的少数者をめぐる紛争の現地に赴き、当事国政府および民族的少数者集団と対話し、個別の紛争当事国に対する勧告とともに、民族的少数者の教育を受ける権利、言語的権利、公的生活における参加権といった一般的権利に関する指針を作成し、またこうした活動を通じて国際人権条約に合致した少数者保護

---

[4] Alice Engl and Benedikt Harzl, "The Inter-relationship between Internationaland National Minority-Rights Law in Selected Western Balkan States," 34 *Review of Central and East European Law*, 2009, 327.

[5] Dimitry Kochenov, "EU Minority Protection : A Modest Case for a Synergetic Approach," 3 *Amsterdam Law Forum*, 2011, 47.

[6] Declaration on the "Guidelines on the Recognition of New States in Eastern Europe and in the Soviet Union" 16 December 1991.

基準の明確化を進めた[7]。

1994年、中央ヨーロッパの18カ国で構成される地域的国際機構である中欧イニシアチブは少数者の権利保護文書に合意し、その前文において、「民族的少数者に属する人の権利に関する事項は正当な国際関心事項であり、したがって各国の排他的国内問題を構成しない」と宣言した[8]。欧州評議会は欧州地域的および少数者言語のための欧州憲章および民族的少数者保護のための枠組条約（欧州民族的少数者保護枠組条約）の作成と発効（ともに1998年）に寄与した[9]。コソボ憲法は同憲章および枠組条約に規定された基準の尊重を明記する[10]。

3　多元的社会の統合

国際機構は国内紛争後の復興支援の一環として、前述のように、憲法をはじめとする国内法制定に関与し、対立する国内集団の再統合および安定を目指したが、これらの法制度に共通する要素として、民主主義、権力分有、ルール・オブ・ローおよび人権保障が挙げられる[11]。これらの要素は、民族的、宗教的、文化的、言語的その他の要因により深く分断された社会においても、一定の条件のもとで安定的民主主義を維持しうるとする多極共存型民

7　Krzysztof Drzewicki and Vincent de Graaf, "The Activities of the OSCE High Commissioner on National Minorities（July 2006-December 2007），" 6 *European Yearbook of Minority Issues*, 2006/07, 435-459.

8　Central European Initiative, CEI Instrument for the Protection of Minority Rights, Preamble；http://www.ceinet.org/download/minority-rights.pdf.
　同文書が民族的少数者の権利を「国際関心事項」とみなしたことにより、少数者保護は国内事項ではなく、国家と国際機構との双方により責任分担されるようになったと捉える見解がある（Engl and Harzl, *supra* note 4, 329：Gezim Visoka and Adem Beha, "Minority Consultative Bodies in Kosovo：A Quest for Effective Emancipation or Elusive Participation？" 10（1）*Journal on Ethnopolitics and Minority Issues in Europe*（*JEMIE*），2011, 5）。

9　Patrick Thornberry and María Amor Martín Estébanez, *Minority Rights in Europe：Review of the Work and Standards of the Council of Europe*, Strasbourg, 2004.

10　Constitution of the Republic of Kosovo（hereinafter cited as "Constitution"），art. 58, para. 2：http://www.gazetazyrtare.com/; http://www.kushtetutakosoves.info/repository/docs/Constitution.of.the.Republic.of.Kosovo.pdf.Constitution of Kosovo.

11　Constance Grewe and Michael Riegner, "Internationalized Constitutionalism in Ethnically Divided Societies：Bosnia-Herzegovina and Kosovo Compared," 15 *Max Planck Yearbook of United Nations Law*, 2011, 3.

主主義（consociational democracy）の理論に沿っている[12]。同理論はその提唱者ライプハルト（Arend Lijphart）によれば、多民族国家に代表される多元的社会をより徹底的に多元的にする統治モデルの一つとされ、このアプローチは集団間の分断を弱めるのではなくむしろそれをはっきりと認めたうえで、その集団を安定的民主主義の建設的要素にすることにあるとする[13]。同理論は多元的社会において民主主義が機能するための条件として次の4つを挙げている。（1）すべての主要集団の代表が政権に参加する（大連合政権）、（2）少数者集団に拒否権を認めて少数者集団の同意のない決定を排除する、（3）政治職と公的資源を各少数者集団に比例配分する、（4）少数者集団に自治権を認め、少数者集団の事項に関しては当該集団が決定する[14]。いずれの要素も国家の政治制度に関する事項であり、一般に憲法が規定する。コソボの法制度は同理論を参照しているとされる[15]。

4　独立の背景

コソボの2006年人口推計は、人口約214万人、アルバニア民族92%（1,968,800人）、セルビア民族5.3%（113,420人）、トルコ民族0.4%（8,400人）、ロマ1.1%（23,512人）その他1.2%（24,788人）である[16]。多民族国家であり、

12　Dren Doli and Fisnik Korenica, "What about Kosovo's Constitution: Is There Anything Special? Discussing the Grundnorm, the Sovereignty, and the Consociational Model of Democracy," 5 *Vienna Journal on International Constitutional Law*, 2011, 50.
13　Lijphart, *supra* note 3, 42.
14　他方、多極共存型民主主義に対する批判もある。連立政権にすべての国内集団が参加する場合には、対抗勢力が存在しなくなるので、統治が限定的および反動的になる可能性がある。また集団間の対立が激しい場合には連立は不可能である。多極共存型民主主義は少数者集団の利益を保障するという点で、少数者集団にとっては魅力的だが、多数者集団には不利益と受けとられるため後者は多数決原理を志向する。国家が多極共存型民主主義の特徴を採用する場合でも、完全な形の多極共存型政権はほとんどなく、ことに大連立および少数者拒否権を実施している例は稀である（Donald L. Horowitz, "The Cracked Foundations of the Right to Secede," 14 (2) *Journal of Democracy*, 2003, 15）。
15　Dren Doli and Fisnik Korenica, "Calling Kosovo's Constitution: a Legal Review," 22 *Denning Law Journal*, 2010, 83.
16　Statistical Office of Kosovo. なお2007年、IMF推定によれば、人口約207万人、その民族構成はアルバニア人（92%）、セルビア人（5%）、トルコ人等諸民族（3%）である。1946年にはアルバニア民族68%、セルビア民族24.1%であったが、1991年国勢調査では、人口196万人のうちアルバニア民族81.6%（160万人）、セルビア民族9.9%であった。

アルバニア民族以外のすべての集団は少数者と位置づけられる。少数者としてはセルビア民族、ボシュニアック（ボスニア民族）、ロマ、トルコ民族、アシュカリ、エジプト民族、ゴラニおよびクロアチア民族が居住する[17]。現在のコソボ領域は第一次世界大戦終了後の1918年12月1日、セルビア・クロアチア・スロベニア王国の一部に編入され、第二次大戦後、1946年ユーゴスラビア社会主義連邦共和国（SFRY）憲法により、コソボは現在の境界線で区分される行政的単位としてセルビア共和国に属する自治地域となった。1974年SFRY憲法はコソボおよびボイボジナ自治州に他の連邦構成国とほぼ同等の地位を認めた[18]。1989年3月および1990年9月、セルビア憲法改正によりコソボはボイボジナとともに、その自治権がはく奪された[19]。その後1999年までの約10年続いたセルビアとコソボとの間での紛争の過程で、12,000人の住民が武力攻撃により死亡し、35万人の住民が追放され、半数の居住地域が攻撃された[20]。このような深刻な武力紛争後、安保理決議1244にもとづき、1999年から国連コソボ暫定行政ミッション（UNMIK）による暫定統治の下に置かれ、UNMIKの下で人権保護に関する法制度が整備された。UNMIKは暫定統治を通じてコソボが多民族社会であることを保障し、民族間の平和と和解を促進しようとした[21]。

　コソボ領域の国際法上の地位に関する問題を解決するために国連特使として任命されたアハティサーリは2006年2月、セルビアおよびコソボの両当事者間でコソボ地位問題に関する交渉の仲介に着手した。しかし武力紛争後のセルビア民族とコソボのアルバニア民族との対立は激しく、合意に達することができなかった。2007年3月、アハティサーリは、コソボについては国際的な監督下での独立（supervised independence）が唯一実行可能な選択肢であると勧告する最終報告書[22]を国連安保理に提出した。安保理では、同報告書

17　Emma Lantschner, "Protection of Minority Communities in Kosovo: Legally Ahead of European Standards-Practically Still a Long Way to Go," 33 *Review of Central and East European Law*, 2008, 452.

18　Noel Malcolm, *Kosovo : A Short History*, London, 1998, 324-325.

19　*Ibid.*, 345-346.

20　Rexhep Ismajli, "The Right to Self-Determination," in Robert Elsie ed., *Kosovo : In the Heart of the Powder Keg*, New York, 1997, 195, 200.

21　Korenica and Doli, *supra* note 2, 279.

に関してロシアが事前に拒否権行使を明らかにしたので、採択に付されなかった。ロシアに加え、スペイン、ルーマニア、ギリシャが同報告書に反対を表明した。同報告書は、米国および前述の反対国を除く EU 諸国の考え方を反映したものとされ、これらの諸国はコソボ独立を受け入れた[23]。

5 アハティサーリ・プラン

　コソボ独立後の具体的かつ詳細な法制度は、憲法原案も含め、アハティサーリ最終報告書の付属文書であるコソボの地位解決のための包括的提案（アハティサーリ・プラン）[24] に提示された。アハティサーリ・プランは、コソボ国家創設を通じて、深い溝で分断された民族集団間を和解させ、民族間の分断を克服し、コソボにおける民族対立の再発を回避し、政治的統一および地域的安定を達成することを目指す[25]。アハティサーリ・プランは多民族社会を基本的枠組とし、個人の人権とともに民族的少数者集団である少数者共同体の権利を保障する憲法構想、権力分有を含む統治制度構想、憲法裁判所の設置を含む司法制度構想等、国家としての包括的制度に関して詳細かつ具体的に規定する。コソボ憲法は同憲法構想に沿って制定された。コソボ憲法は、アハティサーリ・プランが憲法に優位する最高規範であり、コソボ憲法秩序の不可分の一部を構成するものであり、「すべての憲法規定はアハティサーリ・プランに一致するよう解釈」[26] されなければならず、アハティサーリ・プランが決定した義務の誠実な遵守を宣言する[27]。従ってアハティサーリ・プランの優先性はいかなる形態の司法審査にも服さない[28]。

　2008年2月17日に採択された独立宣言文は、アハティサーリ・プランに従

22　Report of the Special Envoy of the Secretary-General on Kosovo's future status, S/2007/168, 26 March 2007.
23　EU Council Conclusions on Kosovo, 2851st External Relations Council meeting, 18 February 2008, Brussels.
24　Comprehensive Proposal for the Kosovo Status Settlement, S/2007/168/Add. 1 (hereinafter cited as "Comprehensive Proposal").
25　Korenica and Doli, *supra* note 2, 279.
26　Constitution art. 22.
27　Constitution art. 143, para. 1.
28　Constitution art. 143, para. 3.

うことを約束している[29]。コソボは独立宣言後、今日までに105か国[30]から国家承認を付与されている（2013年11月現在）。

II　コソボ憲法の特徴

1　制定過程

　2008年、国連事務総長、米国およびEUは、安保理決議1244にもとづいて設置されたUNMIKのほとんどの権限をEU安全保障および防衛政策（European security and defence policy/ESDP）ミッションに移行することに合意し、コソボ独立後は、EUが実際にコソボを統治し、長期的に平和構築の達成を目指すよう主導的役割を果たすことになった。実際にコソボ独立を監視する責任を担うことになったのは警察および文民により構成される欧州連合・法の支配（European Union Rule of Law Mission in Kosovo /EULEX）ミッション[31]およびEU特別代表である。EU特別代表は国際文民代表（International Civilian Representative/ICR）[32]としての任務を任命されたことから、ICRはEU特別代表が担当することになる。ICRはボスニア・ヘルツェゴビナにおける上級代表をモデルにした機関であり、その権限は現地の立法権に優先し、ICRの命令により統治する[33]。ICRはそのもとに設置された国際文民事

29　Kosovo Declaration of Independence ; http://www.assembly-kosova.org/?krye=news&newsid=1635&lang=en コソボ独立宣言は国際法の下でも独立宣言文はコソボに法的拘束力があり、したがってアハティサーリ・プランにも拘束されると一方的に宣言している。

30　うちEU加盟国は22か国であり、また台湾もコソボを国家承認している。

31　EULEXはルール・オブ・ローの確立と発展を支援しているが、安保理決議1244のもとで制定された法にも、また憲法およびアハティサーリ・プランにおいても明記されていないため、EULEXはコソボの法秩序に適合せず、その法的正当性については問題があるとする批判がある（Robert Muharremi, "The European Union Rule of Law Mission in Kosovo (EULEX) from the Perspective of Kosovo Constitutional Law," 70 *Zeitschrift für ausländisches öffentliches Recht und Völkerrecht*, 2010, 365）。

32　2008年2月に活動を開始し、2012年9月10日、国際運営グループは包括的地位提案が実質的に達成されたとして、コソボの国際的監督の下での独立の終了、およびICRの任務終了を決定した。

33　Denisa Kostovicova, "Legitimacy and International Administration : The Ahtisaari Settlement for Kosovo from a Human Security Perspective" 15 (5) *International Peacekeeping*, 2008, 631.

務所 (International Civilian Office/ICO) とともに、アハティサーリ・プランを実施し、コソボがヨーロッパの中の一国として存在しうるようコソボ諸機構に助言および支援する。

　国内法の基本法である憲法の制定過程において国際機構による構想過程からの関与が正当化されるためには、対立する民族集団を和解させ、すべての民族集団を憲法起草過程に平等に参加させ、さらに起草過程をできるだけ透明にすることが必要とされる[34]。2007年、コソボ大統領により憲法起草のための委員会 (Constitutional Commission) が設置された。21人で構成される憲法委員会には、UNMIK、ICO、EULEX ミッションのアドバイザーに加え、トルコ民族、ボシュニアックの各共同体代表が委員として含まれた。コソボ・アルバニア民族は選挙で選出された代表を中心として構成される「統一チーム (Unity Team)」として参加した[35]。アハティサーリ・プランでは憲法起草委員会に少なくとも3人のセルビア民族代表、およびその他の少数者共同体から3人の代表を含む計画であったが、セルビア民族およびクロアチア民族は参加しなかった[36]。

　憲法制定にあたり重視されたのは、(1) 憲法が第三国に受け入れられること、そして (2) 洗練された統治制度を創設することである。(1) については、国際的に独立国家としての地位が確定していないことから、他の既存国家から国家承認を受けることは必要不可欠である。新国家コソボが民族的少数者を含むすべての民族の不平原則を基礎に構築されていることを国際世論に確信させる手段として、立法、司法、行政府において権力分有方式がとられ、民族的少数者の参加が保障され、民族的少数者には人口比よりも高率の代表権が配分されるという優遇制度が採用された[37]。(2) については、コソボ領域のすべての住民の人権を保護し、権利保護の広範な権限を有する

34　Grewe and Riegner, *supra* note 11, 12.
35　John Tunheim, "Rule of law and the Kosovo Constitution," 18 *Minnesota Journal of International Law*, 2009, 371.
36　セルビア民族の参加を促すべく、憲法委員会の外国人アドバイザーはセルビア共同体代表に個別に接触し、あるいは会議をマケドニアにおいて開催する等の努力が試みられたが、セルビア民族はコソボはセルビア領土の一部と主張して参加を拒絶した (Doli and Korenica, *supra* note 15, 55)。
37　Korenica and Doli, *supra* note 2, 273.

憲法裁判所の設置を含む統治制度の創設が必要である[38]。このような制度はコソボ領域では多数集団となるアルバニア民族だけではなく領域内のすべての民族にとっても利益になることである[39]。

憲法起草作業においては、少数者保護の規定に関しては多民族国家としての要因を共通にするクロアチア、アルバニア、スロベニア、ギリシャ、ブルガリア憲法が参照され、その他の規定に関してはフランスおよびドイツ憲法等が参照された[40]。憲法委員会ではアハティサーリ・プランのすべての規定を憲法に含めることで合意があり、アハティサーリ・プランに加え、さらに欧州基準についても完全に満たすよう努力がなされた結果、少数者保護に関しては最も進歩的内容となり[41]、前述の参照した諸国の憲法に比較しても、少数者に関してより高度の保護基準を定めている。アルバニア民族がコソボ人口の大部分を占める状況において、これは国際機関がアルバニア民族から多くの譲歩を引き出した結果であり、国際機関の関与の成果として評価される[42]。

憲法の基本原則に関する草案作成後、50回に及ぶタウンホール・ミーティングが開催され、パブリック・コメントにもとづき、草案の30％の規定が変更された。最終草案が憲法委員会において合意され、ICRの承認[43]の後、2008年4月9日、コソボ議会において承認され、同年6月15日、発効した。

2 国際的監督

コソボ憲法は国際社会の文民プレゼンスを承認し、憲法規範の解釈を含め、国家としての権能のすべてが国際的監督の下におかれることを明記す

---

38 Margherita Zuin and Kallissa Apostolidis, "Views from the Field on Constitution Writing : The Case of Kosovo, Interview with Professor Louis Aucoin," 23 *Fletcher Journal of Human Security*, 2008, 4.
39 アハティサーリ特使はこの事実を民族的少数者にも確信させようとした (Doli and Korenica, *supra* note 2, 279)。
40 Zuin and Apostolidis, *supra* note 38, 1.
41 *Ibid*.
42 Grewe and Riegner, *supra* note 11, 12-15.
43 Press release of the Constitutional Commission of Kosovo, in regard to Peter Faith's decision on the certification of the Kosovan Constitution, April 2, 2008, cited at Korenica and Doli, *supra* note 15, 56.

る[44]。コソボ監視のための国際機関としては ICR、ICO、ESDP ミッションおよび国際軍事プレゼンスが派遣される。文民部門の活動に関してはフランス、ドイツ、イタリア、ロシア、英国、米国、EU、欧州委員会および NATO で構成される国際運営グループ（International Steering Group/ISG）が ICR を任命し、その任務を指示し、かつ活動のための指針を与えることになっていた。ICR はアハティサーリ・プランの実施監督責任に加え、その解釈に関する最終的権限を有し[45]、コソボ当局が採択した法および決定がアハティサーリ・プランに違反する場合にはそれらを無効とし、コソボ当局がアハティサーリ・プランに反する行為を行った場合には、その是正措置をとり、かつ公務員への制裁または解任をする権限を有する[46]。国際軍事プレゼンス創設の責任は NATO が有し[47]、ルール・オブ・ロー分野については ESDP の任務とする。

　憲法における国際監視制度は、アハティサーリ・プランに合致したものとなった。憲法は ICO の決定の効力を認めるようにコソボ機関に要請し、コソボ機関に対して ICO の権限およびその行為に関する審査を禁止する。また、アハティサーリ・プランにおける文民活動の側面の解釈に関しては ICR がコソボの最高権限（final authority）を有し、いかなるコソボ当局もその任務、権限および義務を審査、削減またはその他の制限をする管轄権をもたないと規定する[48]。さらに ICR、その他の国際機構およびアクターは特権免除を含む権限を有することを確認する[49]。

---

[44] アハティサーリ・プランは、コソボは独立後当面の期間、国際的文民および軍事プレゼンスにより監督および支援されるとする（Comprehensive Proposal, Annexes IX‐XI）。
[45] Comprehensive Proposal, art. 12. 3.
[46] Comprehensive Proposal, Annex IX, art. 2. 1 ; Robert Muharremi, "The European Union Rule of Law Mission in Kosovo（EULEX）from the Perspective of Kosovo Constitutional Law," 70 *Max-Planck-Institut für ausländisches öffentliches Recht und Völkerrecht*, 2010, 362.
[47] Comprehensive Proposal, arts. 14. 1 and 14. 4.
[48] Constitution art. 147. これは憲法規範（grundnorm）の有権的解釈の権限を ICR に委ねていると捉えることができ、これにより憲法はアハティサーリ・プランの優先性を法執行メカニズムの側面から補完している（Grewe and Riegner, *supra* note 11, 50）。
[49] Constitution art. 146.

3　多民族社会

コソボ憲法第3条は、以下のようにコソボが多民族社会であることを基本原則とし、少数者の権利保障制度を備えた主権国家の創設を宣言する。

> コソボ共和国は、立法、司法および行政機関を通じてルール・オブ・ローを十分に尊重し、民主的に統治され、アルバニアおよびその他の共同体により構成される多民族社会である[50]。

憲法は多民族社会が有する価値に基礎を置き、個人の人権とともに民族的少数者集団である少数者共同体の集団としての権利の保障に関する詳細かつ具体的な規定を含む。「多民族社会としてのコソボ」という基本理念は、民族的多様性を考慮して規定された以下のような制度に体現されている。（1）コソボは市民の国家であり[51]、民族的およびその他の集団には言及せず、共同体（communitiy）という概念を用いる。（2）立法、司法、行政府において各民族の代表権が保障され、中央および地方政府を含め、すべての公的機関の職員数は民族共同体別に割り振られる。（3）民族的少数者は高度の人権を保障される地位を有する[52]。民族的少数者共同体には、その構成員個人の権利と共に、共同体の集団としての権利を保障することとし、法の下の平等原則に従った待遇を上回り、優遇策を実施する。（4）中央政府においてはアルバニア語およびセルビア語の平等を保障して両言語を公用語とする[53]が、地方レベルではトルコ語、ボスニア語、ロマ語も公用語としての地位を有する[54]。ことにセルビア民族には文化的遺産の保護、およびセルビア正教会の保護を保障する[55]。（5）コソボの旗、国家および民族の紋章は中立的なものとする[56]。そして（6）以上の制度の効果的実施のため、ICRが監督し査察する[57]。

50　Constitution art. 3, para. 1.
51　Constitution art. 1, para. 2.
52　Constitution art. 57, para. 1.
53　Constitution art. 5, para. 2.
54　Constitution art. 5, para. 1.
55　Constitution art. 9.
56　Constitution art. 6, para. 1.
57　Constitution art. 146 ; Comprehensive Proposal, art. 1, para. 11.

4　共同体およびその構成員の権利

　コソボ憲法および国内法においては少数者（minority）の用語は使用せず、アハティサーリ・プランに従い、共同体の概念を採用し、憲法第3章に「共同体およびその構成員の権利」を規定する。少数者ではなく共同体という用語の使用は、1999年ランブイエ和平交渉において当事者に提示された合意案（ランブイエ合意）[58]に始まる。その理由は、少数者を自決権の主体とみなすことにより生ずる分離権の問題を避けるためと推測される。ランブイエ合意はコソボの地位問題解決にあたり民族的共同体（national communities）の権利保護を重要な条件とし、市民および民族的共同体の平等の尊重をすべての当局に義務付ける[59]とともに、民族的共同体およびその構成員の民族的、文化的、宗教的および言語的アイデンティティの保存および表現のための追加的権利を認めている[60]。同合意は共同体の構成員個人の権利とは異なる別個の識別された権利を民族的共同体に付与することで、集団的権利を承認しようとした。そうすることにより少数者共同体構成員個人の権利が、少数者共同体という集団の権利の利益の犠牲になるリスクを回避することも期待した[61]。少数者共同体の集団としての権利保障については、アハティサーリ・プラン付属書Ⅱに具体的に規定された。

　共同体の定義に関して、UNMIKの下で制定された憲法枠組（2001年）は、「同一の種族的、宗教的または言語的共同体（communities）に属する住民集団」としていたが、コソボ憲法はさらに明確化し、「民族的、種族的、文化的、言語的または宗教的集団でコソボ共和国に伝統的に存在し、多数ではない集団」（57条1項）と定義する。2008年3月に制定された共同体およびその構成員の権利の促進および保護に関する法[62]においても憲法と同様に定義さ

58　Interim Agreement for Peace and Self-Government in Kosovo, Rambouillet, February 23, 1999（hereinafter cited as "Rambouillet Agreement"）.
59　Rambouillet Agreement, art. 1 para. 2.
60　Rambouillet Agreement, art. 7 para. 1.
61　Gulara Guliyeva, "Kosovo's independence: Re-Examining the Principles Established by the EC Badinter Commission in Light of the ICJ's Advisory Opinion," in James Summers ed., *Kosovo : A Precedent?*, the Hague, 2011, 187.
62　Law on the Promotion and Protection of the Rights of Communities and their Members in Kosovo (hereinafter cited as "Law on Communities), Law No. 03/L-047, 13 March 2008 ;

れた[63]。同法は共同体としてセルビア民族、トルコ民族、ボシュニアック、ロマ、アシュカリ、エジプト民族およびゴラニ民族およびその他の共同体とする[64]。同法起草過程において国際機関専門家は民族集団の列挙に反対したが、民族集団代表は権利主体とされる共同体の列挙に固執した。クロアチア民族は同起草会議に不参加であったため、共同体としての言及がない[65]。ところでコソボ全体からすれば多数を占めるが、当該市町村においては多数ではない民族集団の構成員の場合は、共同体構成員と同様の権利を享受すると規定している[66]ことから、アルバニア民族であっても居住地域において少数派の場合には共同体とみなされ、他の共同体と同様の特別の権利が認められる。なお、本稿では「共同体」と同義で「少数者共同体」の用語も使用する。憲法が規定する具体的な共同体としての権利については、後述する。

Ⅲ　コソボ憲法における統治制度

(1)　大統領制度

　憲法は大統領制を採用し、大統領が議会に優越する権限を有する。政治的最高指導者である大統領については民族の要件はないが、「人民の統一 (unity of the people)」を代表することが要求されている[67]。行政府の最高責任者は首相が担う一方で、大統領は対内的および対外的に国家を代表し、議会が可決した法を公布し、また再審査のために差戻し、国際条約に署名し、憲法改正案を提案し、国の外交政策を主導し、コソボ防衛軍の参謀総長（chief of Security Force）であり、コソボ司法府および行政府の主要責任者を任命し[68]、すべての政党の上に立ち、少数者保護の責任を有する。大統領は国家元首であり、コソボ共和国人民の統一を代表する[69]。

---

　　http://www.ecoi.net/file_upload/1504_1220511796_law-on-the-protection-and-promotion-of-the-rights-of-communities-and-their-members-in-kosovo.pdf.
63　Law on Communities, art. 1, para. 4.
64　*Ibid*.
65　Lantschner, *supra* note 17, 456.
66　Law on Communities, art. 1, para. 4.
67　Constitution art. 83.
68　Constitution art. 84.

大統領の選出については、コソボ議会における選挙により多数決で決定される[70]ことから、85％の議席がアルバニア民族議員で占められる議会において少数者共同体から大統領が選出される可能性はない。このように憲法は慎重に民族集団の拒否権行使やボイコット等の手段によって妨害されない大統領制を確立していることから、大統領は個別民族の利益に制約されることなく政策を立案することができ、コソボ全体としての利益とアイデンティティ形成を促進することができる[71]と評価されている。

(2) 行政府

①中央政府　　行政府においては、大連立・権力分有制度のもとで、所属政党にかかわらず、少数者共同体に属する大臣が必ず2人含まれる[72]。ただし少数者共同体に属する大臣は政府の決定に対する拒否権を持たないことから、同大臣の意思がコソボ政府の政策に反映される保障はない。行政府を代表する首相は少数者共同体に属する大臣に指示する権限を有する[73]。また首相は議会の同意なしに大臣を交代させ、または罷免する権限がある[74]。少数者共同体に属する大臣の指名には議会の総議席数の過半数の同意が必要である。ゆえに、政府の中枢となる大連立政権には民族的少数者が参加するが、実際、少数者共同体に属する大臣が政府の政策決定プロセスを妨害することは不可能である[75]。

②地方政府　　行政府の権限は中央機関にその大部分を集中し、地方機関には自治を保障する[76]。地方機関は自治権が中央政府により侵害された場合には、中央政府の当該行為の違憲性に関する審査を憲法裁判所に請求することができる[77]。地方自治法（2008年）[78]は地方自治体の中央機関に対する違憲

69　Constitution art. 83.
70　Constitution art. 86 para. 5.
71　Korenica and Doli, *supra* note 2, 278-279.
72　Constitution art. 96, para. 3.
73　Constitution art. 94, paras 1 and 2. b.
74　Constitution art. 94, para 4.
75　この形態の政府は、ボスニア・ヘルツェゴビナの制度と比較すれば、政治的に持続可能性があり、政府の統一が期待される（Korenica and Doli, *supra* note 2, 277）。
76　Constitution articles 123-124.
77　Constitution art. 113 para. 4.
78　Law on Local Self-Government No.03/1-040, 20 Feb 2008 ; http://www.assembly-kosova.

訴訟の事項的範囲に関し、教育、社会サービスおよび地方計画等と規定する。

行政サービス担当の公務員全体におけるセルビア民族の割合は8.17％、その他の少数者3.98％、となっている[79]。北部においては、セルビア民族が多数を占める地域が出現した。この北部地域においては、保健、教育および警察事項に関する高度な自治という特権が認められることになり、また事実上セルビア政府の支配下に置かれている[80]。

(3) 立法府

UNMIK憲法枠組における制度を踏襲し、憲法においても議会の構成は120議席とする。議員は比例代表制の選挙により選出されるが、議席に関しては少数者共同体に割振る、いわゆるリザーブシート制を採用する。120議席のうち20議席はコソボの非多数共同体の代表のために確保する[81]。すなわち民族的少数者が選挙において投票するか、しないかに関わらず、20議席は少数者共同体代表に割振られ、その内13議席をセルビア民族、4議席をロマ、アシュカリまたはエジプト民族、2議席をトルコ民族、1議席をゴラニに配分する。加えて憲法は2人の副議長の地位を少数者代表に保障する[82]。

実際には、少数者共同体は多様な政党を通じて議会に代表者を送っている。セルビア民族以外の少数者共同体は選挙権を行使しており、コソボ議会には非セルビア民族少数者共同体の意思が正当に代表されているとされる[83]。他方、コソボにおけるセルビア民族の人口に占める割合は3.87％であることから、セルビア民族共同体には、人口比以上の議席数が配分されてい

---

org/common/docs/ligjet/2008_03-L040_en.pdf.
79 Kosovo Institute for Policy Research and Development (KIPRED), Input from the KIPRED organized closed round table "Integration of Communities in Post Status Kosovo," 6 September 2006, Prishtina.
80 International Crisis Group, "The Rule of Law in Independent Kosovo," Europe Report No. 204, 19 May 2010, 19-22 ; http://www.crisisgroup.org/~/media/Files/europe/balkans/kosovo/204%20The%20rule%20of%20Law%20in%20Independent%20Kosovo.ashx.
81 Constitution art. 64, para 2.
82 Constitution art. 67, para 4.
83 Lulzim Peci and Ilir Dugolli, Integration of Minority Communities in the Post Status Kosovo, Leon Malazogu ed., *Kosovar Institute for Policy Research and Development Policy*, Research Series Occasional Paper, 2007, 11.

るという点で優遇されている。にもかかわらず、2004年3月以降、議会本会議をボイコットしている。ただし議会の委員会活動には参加している[84]。

(4) 司法府

憲法は司法府の権限は裁判所によって行使され、「司法権は唯一(unique)、独立、公正、非政治的かつ公平であり、裁判所への平等なアクセスを保障する」と規定する[85]。司法機関においては少数者優遇措置として、少数者共同体に属する裁判官および検察官が必ず選任されることを保障する。最高裁判所においては、少なくとも15％ただし3人以上は少数者共同体に属する裁判官が、司法評議会（Judicial Council）の提案にもとづき、大統領によって任命される[86]。司法評議会は行政府および立法府からの司法機能の独立を保障するための機関として憲法が規定するもので、議会、ことにリザーブシートを有する議員が任命する委員により構成される[87]。

下級裁判所[88]および検察機関[89]においても同様に、民族的配分が適用されている。少数者共同体に属する裁判官には、個別の事件審査の手続きにおける拒否権はない[90]。なお、アハティサーリ・プランでは少数者共同体への優遇措置として司法および検察機関の職員の15％を上限とすることを規定していたが[91]、憲法においては高等裁判所のみ、裁判官の15％を少数者共同体に割振ることを条件とし、その他の裁判所には数値的基準は適用していない[92]。UNMIK憲法枠組の下でも同様の規定があり、UNMIK統治下での裁判所における少数者共同体の構成員の割合については、司法行政官および裁判官の9.6％、検察官の9.28％、セルビア民族だけを見るとその割合は4.3％であった[93]。

---

84 Peci and Dugolli, *supra* note 83, 12.
85 Constitution art. 102, para. 1.
86 Constitution art. 103, paras 1-3, 6.
87 Constitution art. 108.
88 Constitution art. 103, para 6.
89 Constitution art. 110.
90 Korenica and Doli, *supra* note 2, 281.
91 Comprehensive Proposal, Annex IV, art. 1.
92 Comprehensive Proposal, art. 103, sub-paragraph 3, 6 ; Georgina Stevens, "Filling the Vacuum : Ensuring Protection and Legal Remedies for Minorities in Kosovo," *Minority Rights Group International Report*, 2009, 21.

セルビア民族の多くが集中する北部領域においては、中央政府の統治権が及んでいない状況については前述したが、司法権についても同様である。同地域ではセルビア政府が管轄権を行使する裁判所が並存している[94]。その結果、コソボ北部の地方裁判所では未処理事件の累積および侵害された権利を救済するための裁判を受ける権利が行使できないという問題が生じている[95]。

Ⅳ　コソボ憲法における人権

コソボにとって人権および少数者の権利尊重を宣言することは国内的にも国際的にも重要である。国内的には過去の歴史および内戦という政治的危機を克服し、多民族国家として存在するためには少数者の権利保護が不可欠である。対外的には国際社会がコソボを国家として承認するための条件として、少数者の権利および人権尊重は直接的に関係する[96]。コソボ憲法は、人権および自由を保障する法的基礎を憲法のみならず、アハティサーリ・プランおよび国際人権文書にも置いている[97]。

1　基本的権利および自由

個人の権利に関して規定する憲法第2章（基本的権利および自由）ではまず、基本的権利および自由は不可分、不可譲かつ不可侵であり[98]、これらの権利を「コソボ共和国が保障する」[99]と宣言する。続けて、アハティサーリ・プランに従い、8つの国際人権文書（世界人権宣言、欧州人権条約および議定書、市

93　Peci and Dugolli, *supra* note 83, 13.
94　そのために、コソボではコソボ裁判所に対する一般住民からの信頼性は低いとされる（Peci and Dugolli, *supra* note 83, 3）。
95　International Crisis Group, The Rule of Law in Independent Kosovo, Europe Report No. 204, 19 May 2010.
96　Colin Warbrick and Dominic McGoldric, eds., "Current Developments: Public International Law," 57 *International and Comparative Law Quarterly*, 2008, 675-690.
97　Doli and Korenica, *supra* note 15, 85.
98　Constitution art. 21, para. 1.
99　Constitution art. 21, para. 2.

民的、政治的権利に関する国際規約、人種差別撤廃条約、女性差別撤廃条約、子供の権利条約、地域的少数者言語のための欧州憲章および欧州民族的少数者保護枠組条約）を列挙し、これらの条約がコソボにおいて直接適用される[100]。

第 2 章では以上の他、自由権として人間の尊厳、法の下の平等、生命への権利、個人の精神的および肉体的健全さを含む人格権（Right to Personal Integrity）、拷問の禁止、残酷、非人道的または品位を害する処遇の禁止、奴隷および強制労働の禁止、身体的自由および安全への権利、刑事被告人の権利、公正な裁判を受ける権利、法的救済を受ける権利、刑事事件における適正手続および均衡性原則、移動の自由、プライバシーの権利、婚姻および家族への権利、信条および信仰の自由、表現の自由、公的文書へのアクセス、報道の自由、集会および結社の自由、参政権、財産権[101]等を、そして社会権として教育を受ける権利、職業選択の自由、子供の権利、健康および社会保障、雇用への平等なアクセス等を保障する[102]。人権に関連し、基礎条項（Basic Provisions）を規定する第 1 章において、男女共同参画にもとづき、統治機構のすべての機関において女性職員が一定の割合で配分されると規定する[103]。

2　憲法と国際人権条約

憲法と国際法との関係について、憲法は国際法優位を明示する。憲法は、合意し、批准し、自動執行性のある条約その他の国際法の法的拘束力ある国際法規範により統治され[104]、国際文書は国内法に優先する[105]。同規定からすれば、憲法は国際法と国内法とのとの間に位置づけられる。人権条約の中でも欧州人権条約は特別な地位に位置付けられ、欧州人権裁判所判決を正当な価値ある法源とみなし、憲法裁判所を含むすべてのコソボ機関は、憲法が

100　Constitution art. 22. 同様の規定は2001年 UNMIK のもとで制定された憲法枠組にも含まれていた。
101　Constitution articles 23-46.
102　Constitution articles 47-51.
103　Constitution art. 7, para. 2.
104　Constitution art. 19.
105　Constitution art. 103, para 6.

保障する人権と基本的自由は欧州人権裁判所判決と一致するように解釈される[106]。

3 共同体およびその構成員の権利
(1) 共同体およびその構成員の権利

コソボにおける民族的少数者の集団としての権利保障は UNMIK 統治下に実施された。UNMIK 憲法枠組は第4章で、少数者共同体に属する個人の権利に加え、「共同体の権利」として、裁判所および公的機関における民族語（their own language）の使用権、民族語による教育を受ける権利、民族語による情報にアクセスする権利、共同体利益促進のための団体設立権、すべてのレベルにおいて公的機関での雇用に関する平等の機会と公正な代表権[107]、コソボ議会においてすべての少数者共同体が代表される権利[108]等を保障した。個人がどの少数者共同体の構成員であるかについての意思表示を強制されることはなく、任意の少数者共同体への帰属を宣言し、またはしない権利が認められ[109]、また帰属を宣言し、またはしないことによるいかなる不利益も禁止された[110]。ただし同第4章において、少数者活動に支出される公的資金における少数者共同体の裁量権の幅を拡大したが、集団の権利としては明記しなかった。その理由は集団の権利を過度に強化することにより、分離権の根拠とされる等のリスクを減らすためであるとされる[111]。その後 UNMIK 統治下の2004年に制定された差別禁止法はヨーロッパで最も進歩的な差別禁止法の一つと評価されている。また2006年に制定された言語使用法は、アルバニア語およびセルビア語を一定の状況のもとで平等の地位で公用語とするが、他の少数者共同体の言語の使用も一定の範囲で許容す

---

106 Constitution art. 53. ただし欧州人権裁判所判決が最低基準とみなされるという意味なのか、それとも同判決がコソボ国内において法的拘束力を有するとする意味なのかについては議論がある。

107 Constitutional Framework for Provisional Self-Government (hereinafter cited as "Constitutional Framework"), Section 4. 4.

108 Constitutional Framework, Section 9. 1 and 3 (b).

109 Constitutional Framework, Section 4. 1.

110 Constitutional Framework, Section 4. 2.

111 Guliyeva, *supra* note 61, 196.

る[112]。

　憲法第3章が規定する共同体およびその構成員の権利は広範ではある[113]が、少数者共同体の民族的、文化的、宗教的および言語的アイデンティティを保持しかつ表明するという特定の目的だけに限定して保障されるものであり[114]、国際基準および人権並びに基本的自由に従っていなければならない[115]。共同体の権利の実施手段として、次に概説する協議機関を通じて少数者共同体がその意思を政府に表明する制度を導入している[116]。

　民族的少数者共同体に関する法の下の平等原則については、憲法改正手続きにも適用される。憲法改正は、政府、大統領または議会の4分の1の議員が発議し、少数者共同体議員の3分の2を含むすべての議員の3分の2の同意がなければならない[117]。この点からすれば、憲法改正手続きにおける少数者共同体の地位は多数民族と平等であり、少数者共同体の3分の2以上が賛成しない限り憲法改正はできない。

(2)　少数者共同体との協議機関

　少数者共同体が政府担当者との間で協議を実施するための仕組みとして、コソボ大統領府の下に少数者共同体との協議機関―共同体諮問評議会（Consultative Council for Communities）―が設置される。同評議会は少数の政府代表およびすべての共同体からの民間の代表者で構成される。すべての共同体代表が参加することにより、中央レベルでの法制定および政策決定プロセスにおいて、少数者が意思表明する機会を確保し、共同体構成員に発言権を与え、かつ共同体代表者に政府へのアクセスを提供する。同評議会はまた事業計画が少数者共同体の必要と利益に見合うように国際支援団体およびコソボ機関からの基金の配分方法に関して勧告する。ただし同評議会は立法または政策決定に関して正式な拒否権をもつものではない[118]。

112　Lantschner, *supra* note 17, 445.
113　Constitution art. 59, paras. 1-14.
114　Constitution art. 58, para. 2.
115　Constitution art. 58, para. 3.
116　Constitution art. 60, para, 3（2）.
117　Constitution art. 114, para. 2. この議決に先立ち、議会議長は憲法裁判所に同改正案を付託し、憲法第2章に規定される権利および自由を減ずることがないとの事前評価を得なければならない（Constitution art. 114, para. 3）。

コソボ議会内には、共同体の権利および利益に関する委員会（Committee on Rights and Interests of Communities/CRIC）が設置され、共同体の権利と利益が適正に扱われるのを保障するため、法律の見直し、法制定への勧告等の権限を行使する[119]。CRICは同時に少数者共同体の「根本的利益（vital interests）」保護の役割を有し[120]、議会の責任において共同体の関心事項に対応するために適切とみなされる法その他の措置を自発的に提案することができ、委員は個人的見解を表明することができる[121]。同委員会の3分の1はセルビア民族共同体議員、3分の1は非セルビア民族の少数者共同体議員、そして残りの3分の1は多数民族議員で構成される[122]。

首相府の下には共同体事務所（Office for Community Affairs/OCA）が設置され、少数者共同体に関連するすべての問題を統括する。すなわちOCAは首相府内の機関として、少数者共同体に影響する法、政策および実践的事項に関する分析、首相への助言、政府戦略の実施を査察する[123]。

以上の共同体関連機関の存在意義は、少数者共同体の政治的意思がコソボ政府の統治および政策決定過程に直接反映されるようにすることである。少数者協議機関は少数者共同体の利益に関する意見が実際の政策に具体化されることを目的として、少数者代表と政府機関との意思疎通の場を提供し、また政府が策定する計画を評価および実施する。以上のような共同体関連機関を設置することにより、政府と民族的少数者集団との対話を促進し、民族的少数者の意思を政府機関と共有し、政府の政策に反映させることは、民族的少数者保護枠組条約（1999年）第15条が保障する効果的参加権およびOSCEルンド勧告（1999年）規定に合致する[124]。

地方レベルでは共同体委員会（Communities Committee）および共同体および帰還者のための市町村事務所（Municipal Office for Communities and Returns/

---

[118] Constitution art. 60.
[119] Constitution art. 78, para. 2.
[120] Constitution art. 81.
[121] Constitution art. 78, para. 4.
[122] Constitution art. 78, para. 1.
[123] Visoka and Beha, *supra* note 8, 15.
[124] 拙稿「多民族国家における国内的統合の試み―欧州民族的少数者保護枠組条約第15条の実施をめぐって―」『同志社法学』第59巻6号（2008年）82―89ページ、参照。

MOCR）が設置された[125]。地方レベルにおいては、共同体構成者が当該地域人口の10％を超える場合に限り、地方行政における少数者共同体の代表権が保障される。同様の基準は地方議会の副議長の選出の場合にも適用される。副議長は地方議会による少数者共同体の憲法上の権利の侵害に関する司法審査申請を評価し、審査に付託することができる[126]。なお、セルビア民族に関しては、地方レベルにおいて特別の権限が付与され、セルビア民族が多く居住する地域に新たな行政区域が追加された。この措置の目的は、セルビア民族が住民の多数を占める行政区域において同民族の居住を保障すること、それによりセルビア民族が地方自治の利益を共有することである[127]。

(3) クウォータ制

憲法は国家の責任として、すべての共同体およびその構成員に差別なく憲法が列挙する権利の行使を保障されるよう規定する[128]。この権利を共同体構成員の権利として保障する手段として、一定の人数を共同体ごとに配分する方式、すなわちクウォータ制（割当制）を採用している[129]。すなわち議会の議員、行政機関、公的機関、公的企業および地方警察組織の職員は、すべての共同体から平等に代表される[130]。

市町村においては、その構成員が少なくとも住民の10％を占める共同体には、当該市町村議会の副議長職が配分される[131]。同副議長は共同体間の対話を促進し、非多数共同体の関心事項および利益のために尽力し、地方議会の条例または決定が憲法上保障された共同体またはその構成員の権利を侵害するとの理由で再審（reviewing）が請求されるときは、当該条例または決定について再審議（reconsideration）に付す責任を有する[132]。地方議会が条例または決定を審査しないか、または副議長が憲法で保障された権利を侵害しているとみなすときは、副議長は同事項を憲法裁判所に直接付託することがで

---

[125] Visoka and Beha, *supra* note 8, 6.
[126] Constitution art. 62.
[127] Korenica and Doli, *supra* note 2, 279.
[128] Constitution art. 58, para. 7.
[129] Constitution articles 61 and 62.
[130] Constitution art. 61.
[131] Constitution art. 62, para. 1.
[132] Constitution art. 62, para. 3.

きる[133]。市町村の行政機関においてはコソボにおける非多数共同体の代表権が保障される[134]。

Ⅴ　憲法裁判所

1　発足までの経緯

　憲法は第2章「個人の人権および基本的自由」において、侵害された権利に関して法的救済を受ける権利を保障する。憲法がコソボ住民に保障する人権規定が実施されるためには、人権が侵害された被害者個人の救済のための制度構築が必要である。立法府および行政府の行為に関する違憲審査に加え、権利侵害された個人による直接申立手続きを認めることを通じて、被侵害者のための最終的な国内的救済機能を担う機関として構想されたのがコソボ憲法裁判所である。このような裁判所の創設に関しては、ランブイエ合意に既に提示されていた[135]。同合意案はセルビアの拒否により合意に至らなかったが、同案は安保理決議1244付属書1および2に言及され[136]、その後制定されるコソボ法制度の基礎として包含されることになる。2001年、コソボ当局は UNMIK に憲法裁判所創設を要請したが、UNMIK は安保理決議1244のもとで UNMIK 事務総長特別代表に優越する法的権威を有する機関を設置することは不可能だとして、その要請を拒否した。2006年、憲法裁判所の創設はコソボの地位問題に関するウィーンでの会議で議題とされ、憲法裁判所を将来のコソボの法制度構築プロセスの枠組みに入れることになっ

---

[133] Constitution art. 62, para. 4.
[134] Constitution art. 62, para. 5.
[135] Rambouillet Agreement, art. 5, para. 1.
[136] ランブイエ合意付属書1　G8諸国の外相は、コソボ危機の政治的解決に関して、次の一般原則を採択した。
　―ランブイエ合意、ユーゴスラビア連邦共和国および地域内諸国の主権と領土保全の原則、ならびにコソボ解放軍（KLA）の非軍事化を十分に考慮しながら、コソボの実質的な自治政府を規定する暫定的な政治的枠組み合意の達成に向けた政治プロセス付属書2　8．ランブイエ合意、ユーゴスラビア連邦共和国および地域内諸国の主権と領土保全の原則、ならびに UÇK（コソボ解放軍/KLA）の非軍事化を十分に考慮しながら、コソボの実質的な自治政府を規定する暫定的な政治的枠組み合意の成立に向けた政治プロセス。解決を目指す当事者間の交渉は、民主的な自治機構の樹立を遅延または中断させてはならない。

た[137]。2008年5月、憲法裁判所設立のための作業部会の設置が承認されて設立準備が進められ、2009年1月、憲法裁判所が発足した。

2 構　成

　憲法裁判所の構成については、アハティサーリ・プランに従い、9人の裁判官で構成され、その内少なくとも15％、セルビア民族1人を含む最低2人の少数者共同体に属する裁判官を含む[138]。ただし少数者共同体に所属する裁判官は最高3人までとされる。コソボがICRおよびEULEXの監督下に置かれる移行期間においては、裁判官のうち3人は国際裁判官が選任され、その選任および任期の決定はICRが行う[139]。国際裁判官の存在は、裁判所としての権限行使と公平性を維持するためにもっとも重要であり、司法の独立にとっても不可欠とされる[140]。少数者共同体に属する裁判官は拒否権をもたない[141]。

　憲法裁判所裁判官の任期は、再任不可の9年とし、議会の推薦にもとづき、大統領が任命する。憲法裁判所裁判官のうち7人は議会の3分の2の多数決で承認され、残りの2人は議会に出席し投票する議員の過半数による同意が必要であり、かつ少数者共同体の議員の過半数の同意も必要とされる。国際裁判官は、ICRが欧州人権裁判所長官と協議して指名する。コソボ市民および隣接諸国に帰属する市民は国際裁判官となる資格はない。憲法上の基本原則である男女共同参画規定に従い、裁判官のうち3人は女性とする[142]。裁判官選任手続きに関しては、コソボ議会議長のもとに特別委員会を設置することにより、立法府において客観的かつ独立に裁判官を選任できるように担保している。同委員会には議会議長、オンバッズ・パーソン、

---

[137] Visar Morina, "The Newly Established Constitutional Court in Post-Status Kosovo: Selected Institutional and Procedural Concerns," 35 *Review of Central and East European Law*, 2010, 135.
[138] Constitution art. 103, paras 1-3.
[139] Constitution art. 152, sub-paragraph 4 ; Ahtisaari Plan, Annex I, Article 6. 1. 3.
[140] Jetish Jashari, "U. N. Field Missions in the Context of Legal and Judicial Reform: the Kosovo Case," 1 *Columbia Journal of East European Law*, 2007, 102.
[141] Constitution art. 103, para 6.
[142] Constitution art. 104, para 2.

共同体諮問委員会代表、憲法裁判所代表が委員として含まれる。以上のような条件のもとで任命される憲法裁判所裁判官は、9人のうち少なくとも5人は少数者共同体代表によって承認された裁判官または国際裁判官であることを意味する。以上の手続きから、憲法裁判所裁判官の指名権は立法府と行政府とで分有されているとみることができる。このような選任に関する手続きは、憲法裁判所に対する少数者共同体の信頼醸成をもたらすことから、重要な意味をもつと評価されている[143]。

憲法裁判所裁判官は独立性を確保するため、大学教授職を除き、政党党員、公的企業または商工組合、非政府機関の役員を兼任してはならないとされ[144]、過去に政治活動の経歴があり、または高い政治的地位にあったものは候補者から除外される。憲法裁判所裁判官には特権免除が認められ、その罷免には同裁判所裁判官の3分の2による罷免勧告および同勧告に同意する趣旨の大統領命令を必要とする。2012年現在、憲法裁判所裁判官のうち6人は法曹界から、うち4人はアルバニア民族出身であり、他の3人は学会から選出されている。国際裁判官として、ブルガリア（元欧州人権裁判所裁判官）、米国（元ボスニア・ヘルツェゴビナ戦犯裁判部国際裁判官）およびポルトガル（元旧ユーゴスラビア国際刑事裁判所裁判官）国籍の裁判官が、そして少数者裁判官として、セルビア民族およびトルコ民族に属する裁判官が選任されている[145]。

憲法裁判所のこれまでの実行においては、コソボ議会における特定の民族の裁判官の任命を阻止しようとする投票行動は見られず、またコソボ裁判官と国際裁判官との間の対立は見られない[146]。

3　管轄権

コソボ憲法裁判所規程113条は、同裁判所の管轄権に関して13タイプの手続きを列挙している。憲法裁判所は法律、政令、首相および大統領の命令、条例等に関し、抽象的および具体的問題に関する違憲審査権を有する。加え

143　Stevens, *supra* note 92, 21.
144　Morina, *supra* note 137, 141.
145　Constitutional Court of Kosovo ; www.gjk-ks.org/?cid=2,1.
146　Grewe and Riegner, *supra* note 11, 44.

て大統領、議会および政府間の紛争を解決し、提案される国民投票、緊急事態の宣言並びに同状況下で遂行された行為および議会選挙の違憲性を審査する管轄権を有する[147]。ただし審査権が及ぶのは、権限ある当事者により付託された事件だけであり、職権による審査手続きを開始する権限はない[148]。なお、アハティサーリ・プランはすべての国内法に優先されることから、いかなる形態の司法審査にも服さない。

違憲立法審査に関しては、議会の10人以上の議員の発議により、可決から8日以内に、可決されたいかなる法律または決定に関しても、手続的または実体的事由にもとづき、その違憲性を争うことができる[149]。憲法裁判所は事案の付託から60日以内に最終的決定を示す。地方機関が制定する条例に関しては中央政府機関が審査に付託する権限を有し、少数者共同体に属する地方議員は地方当局の行為の違法性問題に関し、直接憲法裁判所に審査請求することができる[150]。

批准された国際条約は、自動執行性がない場合および国内適用のために法の制定を必要とする場合を除き、国内法の一部となり、かつ直接的に適用される。また批准された国際条約および国際法の法的拘束力ある規範は共和国の法に優先する[151]。憲法裁判所には条約の違憲審査権はなく、現行憲法のもとで批准された条約に関して、憲法改正案が発議された場合に限り、同条約と憲法改正案との両立性を審査する権限だけを有する[152]。

行政府の行為に関しては、大統領の行為に関する違憲審査権[153]に加え、コソボ政府機関相互の紛争、緊急事態宣言および同事態のもとでの公的機関の行為に関する違憲審査権を有する[154]。オンバッズ・パーソンは政府、大

---

147 Constitution art. 113, para. 3.
148 Constitution art. 113, para. 1.
149 Constitution art. 113, para 5. 妨害的規範コントロール
150 Prizren Emblem case, Case No. KO 01/09, Cemaij Kurtisi v. The Municipal Assembly of Prizren, Constitutional Court of Kosovo, Judgement, 18 March 2010 ; http://www.gjk-ks.org/repository/docs/ko_01_09_Ven_ang.pdf.
151 Constitution art. 19, paras. 1 and 2.
152 Constitution art. 113, para. 3 (4).
153 憲法裁判所は、政党代表者でありながら大統領となった独立後最初の大統領について違憲判断し、およびその次の大統領を議会投票規則違反により無効と判断した (Grewe and Riegner, *supra* note 11, 48)。

統領および首相の行為に関し、法律、命令および規則のもとでの合法性問題を憲法裁判所に付託することができる[155]。

憲法裁判所は下級裁判所から付託される問題についても管轄権を有する。付託手続きに関しては、下級裁判所に係属された事件において紛争解決のために適用される法と憲法との両立性について不明確であり、付託する裁判所の判断が、争点となっている法の合憲性に依存するとき、解釈上の対立のある法が紛争中の事件に関して裁判所により直接的に適用され、当該法の合憲性が当該事件に関する決定の前提条件になっているとき、当該裁判所は争点となっている法の違憲審査を憲法裁判所に請求することができる[156]。

憲法裁判所は政府当局の行為に対する個人からの違憲審査請求に関する管轄権を有する。公的機関により憲法上の権利が侵害された個人は、侵害行為からの救済を憲法裁判所に申立てることができ、この申立ては、判決言い渡しまたは決定もしくは法律が公示された日から4カ月以内に行い、申立人が権利侵害に関する立証責任を負う[157]。申立てが受理されるための条件としては、申立人が（1）侵害された権利および自由を明確にし、（2）異議を申立てる公的当局の行為を特定し、および（3）国内においてすべての法的救済を尽くすこととされる[158]。なお、被侵害者ではない一般の個人が法令の違憲審査を憲法裁判所に直接請求することはできない。

判決は、完全な書式でアルバニア語、セルビア語および英語でアクセス可能にされなければならない。結論に至る審議過程および投票を除き、当事者は事件に関係する文書を入手する権利が認められている。なお、憲法裁判所裁判官の反対意見は、もしも公表されるならば、将来発生しうる事件を解決する際に参照されることにより、裁判所は法的概念の発展に寄与するとされるが、反対意見の公表に関して憲法裁判所規程では不明確である[159]。

---

154 Rules of Procedure of the Constitutional Court of the Republic of Kosovo (hereinafter cited as "Rules of Procedure"), 2010, art. 34 ; http://www.vfgh.gv.at/cms/vfgh-kongress/downloads/en/Rules_of_Procedure_of_the_Constitutional_Court_of_Kosovo_-_E.pdf.
155 Rules of Procedure, art. 116, para. 1.
156 Constitution art. 113, para 8.
157 Rules of Procedure, art. 69.
158 Constitution art. 113, para 7.
159 Rules of Procedure, art. 58.

4　人権保障機能

　コソボ憲法枠組においても国際人権条約のコソボへの直接適用が規定され、国際基準の人権保障の仕組みが導入された。しかし少数者の権利に関しては憲法枠組のもとでは期待された成果はみられず[160]、UNMIK は少数者の権利実施に成功していない[161]と評価された。その理由の一つとして UNMIK、EULEX その他の国際機構の権限乱用による人権侵害の疑いがあるにもかかわらず、国際機構職員には裁判管轄権からの免除を含む外交特権が付与されているため、訴追されないことが指摘されている[162]。欧州人権条約の締約国においては、住民個人が同条約で保障された人権を侵害された場合、所属国家を相手取って欧州人権裁判所へ提訴することが最終的救済手段として保障されている。同メカニズムの利用は、欧州評議会に加盟することが前提条件とされる。憲法においても欧州人権条約の適用が明記されている。しかし欧州評議会の加盟国ではないコソボにおいては、コソボ住民個人が憲法および憲法に列挙された国際人権文書で保障された人権を侵害された場合、そのようなメカニズムは利用することができない。コソボによる欧州評議会および国連への加盟要請に対しては、セルビアによる妨害が予想される。従って欧州人権条約の批准は難しく、同条約の締約国にならない限り、条約実施手続きを通じた救済は望めない[163]。

　憲法裁判所の発足により、コソボ憲法が保障する個人の権利が侵害された場合、最終的救済手段として憲法裁判所への申立手続制度が施行された。実際、これまで憲法裁判所に付託された事件のうちのほとんどは人権侵害に関する被害者個人からの申立てである。これに関連し、憲法裁判所はその権限および個人の申立ての基礎となっている法の違憲審査権を広く解釈しようとしていると見られている[164]。憲法裁判所は憲法上の権利の範囲とその実質

160　Peci and Dugolli, *supra* note 83, 18.
161　Stevens, *supra* note 92, 10.
162　Concluding Observations of the Human Rights Committee : Kosovo (Serbia), UN Doc. CCPR/C/UNK/CO/1, 14 August 2006, para. 15.
163　Marko Milanovic and Tatjana Papid, "As Bad as It Gets : The European Court of Human Rights' Behrami and Saramati Decision and General International Law"; http://papers.ssm.con/sol3/papers.cfm?abstractid=1216243.
164　Grewe and Riegner, *supra* note 11, 46.

的意味を決定する権限を有する。このことからすれば、議会が憲法上の個人の基本的権利を削減する法律、または国際人権文書で保障された権利を制限する法律を制定することは不可能であろう。憲法裁判所は立法府および行政府の行為に関する最終的審査に加えて、少数者の権利を含め、基本的権利と自由に関する憲法規定の意味の最終的な決定者としての役割を実際に果たしていると評価することができる。個人の人権保護に関しては、ことに国際裁判官の存在が機能している[165]。

Ⅵ 少数者共同体の権利保障の現状

　憲法制定プロセスにおいては、セルビア民族およびクロアチア民族は不参加であったが、以上の2民族を除く少数者共同体の参加のもとで起草されたことにより、他の多民族国家における憲法制定手続きに比べて、民族的少数者の意見が強く反映された[166]。憲法および共同体の権利の保護促進法等、コソボ国内における少数者保護の法的枠組の制定により、少数者の共同体としての権利、中でも共同体がすべての統治機構において代表される権利が確立された。コソボにおける少数者共同体に属する個人のみならず集団としての権利と利益に関する法が整備され、次はこれらの規定された権利保障を実施する段階に入る[167]。コソボの少数者保護関連法の枠組を査察した欧州評議会は、「これらの法が規定した約束を実施するのは、地方当局も含め、政府当局の肩にかかっている」と報告した[168]。

　少数者共同体の集団としての権利および少数者共同体に属する個人の権利を保障するためのシステムとして、憲法は立法機関に関してはリザーブシート制または議席保障方式、そして公的機関の職員等に関しては、少数者共同

---

[165] Katerina Novotna, "Laboratory of the International Community? Role of International Organizations in the Re-Establishment of the Rule of Law in Kosovo," 104 *American Society International Law and Procedures*, 2010, 589.

[166] Grewe and Riegner, *supra* note 11, 63.

[167] なお、憲法上の権利の実施に関する追跡調査は行われていない。

[168] Report of the Council of Europe Commissioner for Human Rights' Special Mission to Kosovo, CommDH, 23-27 March 2009, CoE, 2009 : 5, 23.

体人口に比例して人員を配分するクウォータ制を導入し、少数者共同体の意思を政府の政策決定過程に反映する仕組みを制定した。クウォータ制の実施により、公的機関では少数者共同体に属する職員の雇用が進んだ。リザーブシート制は、少数者共同体の代表権を保障するシステムとしては有効である。その一方で、複数の少数者共同体を相互に連結する連立の結成を妨げる作用もあるという点でジレンマもある。

　コソボ北部のセルビア民族が多く居住する地域においては、コソボ当局の権限が及ばず、セルビア政府が財政支援する機関がコソボ機関と併存状態にあり、実質的にセルビアの統治権の下に置かれている。セルビア民族の政治参加に関しては、2009年コソボ南部のセルビア民族共同体での投票率が若干高まった[169]という改善点が見える。しかし北部地域のセルビア民族共同体構成員の多くは選挙権を行使せず、同地域のセルビア民族共同体にはコソボ政府機関に代表を送る意思がない[170]。セルビア民族は憲法が保障する多民族国家としての基本原則である共同体としての権利を事実上もまた政治的にも放棄している[171]。

　他方、少数者共同体のうちことにロマ、アシュカリ[172]およびエジプト民族に関しては、全人口に占める割合が少ないこと、各民族集団の代表者の指導力の欠如、共同体としての政治的脆弱さ、財政的インセンティブの不足といった理由から、各共同体の政治的組織力は弱く、共同体にとって重要な問題をコソボ当局に明確に伝えるための政党としての力を結集するに至らず、政策決定過程に実効的に参加しているとは言えない[173]。ロマ、アシュカリ

---

[169] Lars Burema, "Reconciliation in Kosovo: A Few Steps Taken, a Long Road Ahead," 11 (4) *JEMIE*, 2012, 20.

[170] UNMIKは2000年に実施された地方選挙において、セルビアに登録され、基盤を有する政党もコソボ地方選挙への参加を許容すると決定をした。これは、セルビア民族の投票への参加を引き出すことをねらって、やむをえず実施した措置であったが、実際にはセルビア少数者共同体の投票率は極めて低かった。このことから、コソボ政府の正統性は非セルビア民族共同体選挙区に限定されることになろう（Peci and Dugolli, *supra* note 83, 8）。

[171] Oisín Tansey, "Kosovo: Independence and Tutelage," 20 (2) *Journal of Democracy*, 2009, 153-166.

[172] コソボに居住するロマのうち、アルバニア語を話し、アルバニア民族として登録した集団は、1999年アシュカリ集団を形成し、自らの集団とアルバニア語を話さないロマ集団とを識別している。

およびエジプト民族共同体の議会活動を通じた集団としての権利の行使に関しては以下の点が指摘されている。同3民族は、共同体および居住地域の地理的区分に沿って組織化され、政党を結成している[174]。しかし各民族代表者の指導力、少数者共同体の組織とその政治的代表者との集団内部における協力、のみならず少数者共同体の組織間の協力が、いずれも不十分である。概して少数者出身の議員の活動レベルは極めて低く、アシュカリ代表は全く政治活動をしていない[175]。その他のロマ、アシュカリおよびエジプト民族政党の議会活動を妨げる要因として、コソボ機関および国際機関の双方ともセルビア民族集団への支援を優先しているという事情がある。

　少数者共同体の集団としての権利および少数者共同体集団に属する個人の権利を保障するためのもう一つのシステム、少数者共同体の意思を政府の政策決定過程に反映する仕組みとして設置された少数者共同体と政府との協議機関についても、十分機能しているとは言えない。同システムの機能不全の原因の一つは政府自身の能力不足にもあるが、また各少数者共同体内部の結束および少数者共同体相互の協調関係の欠如にもある。前者、政府側の欠陥としては、行政府から少数者共同体協議機関に派遣される職員の人手不足および能力的限界があり、少数者共同体の権利実現のための協議の実施は時間的にも内容的にも不十分である[176]。

173　Visoka and Beha, *supra* note 8, 13.
174　Gëzim Visoka, 'Political Parties and Minority Participation : Case of Roma, Ashkalia and Egyptians in Kosovo," in Florian Bieber ed., Political Parties and Minority Participation, Skopje, 2008, 14.
175　ロマ、アシュカリおよびエジプト民族政党相互の協力と協調は少なく、これらの3民族を代表する各政党は3民族に共通する政治的綱領の作成には向かわず、むしろアルバニアおよびセルビア民族が主導する政党集団を支持している（Table compiled by authors to summarize KDI Scorecard, 2008-2010, http://www.kdi-kosova.org/alb/publications.php.）。
176　人手不足のため少数者共同体に直接影響する事項に関し、すべての少数者共同体との効果的協議を保障できていない。また職員の能力には個人差があり、民族的少数者の権利に関する専門知識をもたない職員が多い。そのため少数者共同体からの要請の記録に終始し、それらの要請はほとんど実現されていない状況にある（Georgina Stevens, *supra* note 92, 25）。ロマに関しては少数者共同体の母国語による教育を受ける権利、情報にアクセスする権利等は適切な能力を有する人材不足等の理由から保障されていない。アシュカリおよびエジプト民族共同体は、母国語による情報および教育への要請が侵害され、同化の脅威にさらされている（Peci and Dugolli, *supra* note 83, 18）。
　ことに共同体としての意思の集約が難しいとされるロマ、アシュカリおよびエジプト民族に関

コソボにおける複雑な統治構造も少数者共同体およびその構成員の権利保障が円滑には進まない原因の一つになっている。コソボの国際監視については、UNMIK、EULEX および ICR の 3 つの国際機関が関わる。そのうち EULEX および ICR は EU が設置した機関であり、2 機関の権限は国際社会全体には承認されていない。3 機関の相互の関係は不明確であり、任務は重複している。行政権の行使に関しても国内および国際機構のアクターが重層的に存在し、それらの権限および責任の範囲が不明確である。この点に関連し、少数者保護枠組条約に関する諮問委員会は2005年、「条約実施に関する多くの事項の組織的責任に関する支配的な不確実性と不安定が、少数者共同体構成員の懸念を深め、かつコソボの条約実施を複雑にしている」と報告している[177]。

　憲法が少数者の権利を保障する目的は、コソボ領域住民の政治的統合―国民としての一体性の形成―にあることは前述した。この目的達成への障害となっているのは、憲法で保障された共同体としての権利を放棄しているセルビア民族に、コソボ新国家への帰属意識がないことであろう。1989年以降、アルバニア民族とセルビア民族共同体は別個の社会に生活しているという断絶状況が続いている。双方の共同体には過去の歴史認識に関する対立状態が継続し、共同体相互の信頼レベルは低い[178]。この状況はコソボの政治的地位に関する交渉がこう着状態となっていることにより増幅されている[179]。

　しては、2008年12月、コソボ政府はロマ、アシュカリおよびエジプト民族をコソボ国民として統合するために、差別禁止問題への対処をはじめとする諸政策を掲げ、3 民族の各少数者共同体との間で 2 年以上にわたり協議を進めた。コソボ外部からも、例えば欧州少数者問題センター（European Centre for Minority Issues/ECMI）および NGO が前述の 3 つの少数者共同体のために広範に支援しているが、機動力を有する NGO とロマ、アシュカリおよびエジプト民族住民との協調的活動ができる状況になっていないとされる。その結果、どの政策もまだ実施されていない（Stevens, *supra* note 92, 13）。

[177] Advisory Committee on the Framework Convention for the Protection of National Minorities, Opinion on the Implementation of the Framework Convention for the Protection of National Minorities in Kosovo, ACFC/OP/I (2005) 004, Strasbourg, 2 March 2006, para. 17.
　これに関連し、UNMIK は少数者の権利実施に成功していないし、EULEX には少数者問題に関する政策がないとの批判がある（Stevens, *supra* note 92, 25）。

[178] Burema, *supra* note 169, 14-17.

[179] Burema, *supra* note 169, 18-22.

コソボ南部のセルビア民族共同体はアルバニア民族その他の民族共同体との活動領域を同じくするが、アルバニア民族と平和的共存形態を構築しようとする意思はない[180]。またセルビア民族が集中する北部の住民には、対話により紛争を解決する意思がない[181]。同地域での国際機関の活動は極めて限定的である。KFOR および UNMIK に関しては北部での駐留が受け入れられたが、ESDP および ICO は受け入れを拒否され、事実上、EULEX は北部において警察、関税、ルール・オブ・ローの実施という任務を遂行することができない[182]。

Ⅶ　終わりに

コソボ紛争後、国際機構による法制度整備支援により、民族的少数者の権利保障を重視する法制度が整備された。新たな法制度の目的は民族的少数者の政府への信頼を回復し、分断された民族間の溝を修復することにより地域的安定を回復することにある。憲法の「多民族社会としてのコソボ」という基本理念にもとづき、（1）民族その他の民族集団には言及せず、共同体という概念を用い、（2）立法、司法、行政府において各民族の代表権が保障され、中央および地方機関を含め、すべての公的機関の職員数は共同体ごとに割り振られ、（3）民族的少数者共同体には、その構成員個人の権利と共に、少数者共同体の集団としての権利が保障され、民族的少数者の保護に関しては、法の下の平等原則に従った待遇を上回る優遇措置が保障されている。新たな法制度にもとづいて立法、司法および行政の各分野でさまざまな施策が実施され、コソボ紛争以前と比べ、民族的少数者の人権保障が進展していることは確実である。

公的機関においてはクウォータ制の採用、そして協議機関と少数者共同体との協議制度の実施により、少数者共同体の統治機構への直接的および間接的参加の程度は飛躍的に改善した。そのうち、少数者共同体と中央機関との

---

[180] Burema, *supra* note 169, 12-13.
[181] Burema, *supra* note 169, 10-12.
[182] Stevens, *supra* note 92, 10.

VII 終わりに

　協議制度については、コソボ機関側の人材不足、少数者共同体内部の結束および少数者共同体相互の協調関係の欠如等の理由により、その機能を十分果たしていない状況である。

　憲法裁判所の設立過程では国際機構による支援は常に積極的であったとは言えない。しかし成立した憲法裁判所は広範な権限を有し、立法府および行政府の行為に関する最終的審査に加えて、少数者共同体に属する個人の権利の保護および実効的救済機関としての役割を果たす機関となっている。

　コソボ領域住民全体としての一体性の形成—国民的統合—という点では、確かに共同体の組織間の協力および協調関係の構築をめざす活動が開始された。その一方で、少数者共同体間の相互の交流が不十分という現状が、コソボ住民全体としての統合を難しくしており、コソボ住民全体による統一的アイデンティティの形成を困難にする一因となっている。コソボ領域住民全体の国家としての統合を阻害するもう一つの要因は、セルビア民族共同体に、コソボ新国家への帰属意識がないことである。現在は、すべての共同体間の一体性の形成という前途多難なプロセスの端緒が開かれた段階であろう。

第 2 章　統帥権独立制の改革と抵抗

森　靖　夫

Ⅰ　はじめに
Ⅱ　統帥権独立制から文民統制へ
Ⅲ　欧米型の法システムはなぜ拒絶されたのか
Ⅳ　おわりに

Ⅰ　はじめに

　冷戦後、世界各国の法システムやその背景にある文化や価値観の多様性が、本格的に注目されている。こうした多様性の議論は、日本においてすでに明治期以来続けられてきたものであり、われわれにとっては馴染み深い。周知の通り、近代国家を建設する過程で、日本は積極的に「先進国」である欧米の法制度を輸入する一方で、自国の伝統や文化（慣習）を保護しようという要求と激しく葛藤してきたのである。
　本稿のテーマである、軍事統制システム、すなわち軍事力を国家が如何に統制（管理・運営）していくかという問題も例外ではない。戦前、とりわけ1920年代を中心に、欧米に起源を持つ文民統制の導入や運用をめぐって、日本では政党と軍部が激しく衝突したのである。文民統制が常識化した現代の感覚からすると、文民統制に反対する軍部の主張は、政治の民主化に抵抗する時代錯誤のものと感じるかもしれない。しかし、それほど問題は単純ではない。
　現代民主主義国家における軍事統制システムは、文民統制（シビリアン・コントロール）を大原則としている。文民統制とは、職業軍人ではなく文民の

政治家が、軍事行政から戦争指導に至るまで、あらゆる軍事の責任をもつ仕組みのことである。国民から選ばれた政治家が軍事をも統制すべきという考えは、民主主義となじみやすい。そのため、1980年代までは、文民統制のレベルがその国の民主主義の成熟度を示す尺度とすら言われた[1]。日本の自衛隊も文民統制の原則によって管理されてきた。

ところが他方で、文民統制の問題も指摘されてきた[2]。その問題とは、文民統制は軍部の暴走や対外侵略を防止するという意義があるものの、そもそも文民が軍事を統制すれば戦争が起こらないとは限らないということである[3]。ドイツ国防軍を主導した文民こそ、かのヒトラーであったことを想起すれば、この指摘が妥当であることは十分理解できるだろう。具体的に言うならば、政党内閣が軍事行動を主導し、それに対して軍人が、出兵は国民の人気取りであり、兵士が党利党略の道具とされてはならないとして、出兵に反対することもありうるということである。

一般的に戦前日本の陸軍軍人は、日本を戦争に駆り立てた軍国主義の権化というイメージが先行するため、そのようなケースはそもそも想定すらされてこなかったのかもしれない。しかしながら、彼らこそ、この文民統制の是非をめぐる問題に向き合った、あるいは向き合うことを余儀なくされた集団であった[4]。

日露戦後から、大正デモクラシーの時代を迎え、日本の政治の民主化は不可逆的に進行することとなった。原敬内閣の成立（1918年9月）を画期として、1920年代後半から二大政党制の時代が幕を開ける。その流れのなかで、陸軍や海軍は、統帥権独立をたてにして政党と対決を挑むよりも、むしろ政治の民主化に順応できるように自ら組織の改革を図っていた。

1920年代において、軍事問題から文民を排除するような統帥権独立制は時

1　S. E. Finer, *The Man on Horseback : The Role of the Military in politics*. ファイナーの主張をめぐる日本での議論については、永井和『近代日本の軍部と政治』（思文閣出版、1993年）第4章が整理・紹介している。
2　現代日本の文民統制の問題については、廣瀬克哉『官僚と軍人―文民統制の限界』（岩波書店、1989年）、佐道明広『戦後日本の防衛と政治』（吉川弘文館、2003年）などを参照。
3　たとえば、三浦瑠麗『シビリアンの戦争』（岩波書店、2012年）がある。
4　拙著『日本陸軍と日中戦争への道』（ミネルヴァ書房、2010年）、拙著『永田鉄山』（ミネルヴァ書房、2011年）。

代遅れであるという主張は、陸軍省の軍事行政を担当する軍人たちなかで秘かに浸透していた。彼らに対して、軍事作戦や諜報などを任務にもつ参謀本部の幕僚や野戦部隊の指揮官・参謀に従事する軍人らは、政党政治本位の統帥権独立制改革が軍事的合理性を損なうことになると警鐘を鳴らした。もちろん、そこには陸軍の既得権益を擁護しようとする意図が見え隠れするし、彼らの主張を鵜呑みにはできない。しかしながら、1927年から28年にかけて行われた山東出兵によって、彼らの危惧は現実のものとなった。すなわち、弱腰外交を推進した憲政会党内閣に対して、居留民保護をマニュフェストとして掲げていた政友会内閣は、参謀本部が消極的であったにも拘らず、政党主導の政略出兵に踏み切ったのである[5]。山東出兵は結果として、中国国民革命軍との不用意な軍事衝突を招き、さらには政府に対する関東軍の越軌行動（張作霖爆殺事件）を生み、間接的にではあれ満州事変へと繋がっていく。戦前日本の文民統制の試みは、皮肉にも「軍部の時代」のプロローグを演出することとなったといえよう。

　繰り返しになるが、小論は、1920年代に陸軍統制をめぐる法システムの「欧米化」（文民統制）が進行していたこと、それに警鐘を鳴らした軍人の予想通り、「欧米化」の弊害が顕在化したこと、さらにそれが満州事変の拡大や日中戦争が拡大する伏線となったことを示す。小論では、1930年代前半に一大勢力を築くことになる荒木貞夫の議論を中心に取り上げる。政党による陸軍統制を試みようとした側とそれに抵抗した側の主張を追うことで、現代の文民統制にも通じるような課題が浮き彫りになるだろう。

II　統帥権独立制から文民統制へ

1　陸軍統制の歴史と統帥権独立制

　近代日本の軍統制の制度は「統帥権の独立」として、広く知られている。統帥権独立のもとで、国務（一般行政）に該当しない軍事事項（軍令、統帥）を

5　山東出兵を政友会の政略出兵として扱った研究は、小林道彦「田中政友会と山東出兵（1）（2）」『北九州市立大学法政論集』32（2・3）、33（1）、2004年12月～2005年6月（同上『政党政治の崩壊と満州事変』ミネルヴァ書房、2011年に所収）が先駆的である。

掌る統帥機関（陸軍は参謀本部、海軍は軍令部とよばれる）は制度的には天皇に直隷し、軍令には文官が介入できないものとされていた。軍令のなかでも、予算がともなうような案件は、国務と統帥の混成事項と言われ、軍部の専管とはいかず、内閣と軍部の協議によって決定した[6]。

とはいえ、明治国家建設当初から、統帥権独立制が敷かれていたわけではない。当時は「軍人」と「文官」が未分化であった。国務であろうと統帥であろうと、重要問題は大臣・参議からなる閣議で決定した。陸軍省（1872年4月に兵部省が陸・海軍省に分離）の職員が職業軍人となり、国家官僚から分化していく1872年以降も、その慣例は残った[7]。当時陸軍の指導者になりつつあったのは山県有朋であったが、山県とて薩摩・長州両藩の指導者（文官）であった大久保利通や木戸孝允、彼らの後継者となる伊藤博文に相談なく、軍事政策を自由に決定できるものではなかった[8]。

1878年に参謀本部が陸軍省から独立した。参謀本部は統帥機関として天皇に直隷し、軍令を専管的に担当することとなった。だがその参謀本部も、軍が独自に設置したわけではなく、伊藤や大隈重信ら文官が山県と共に主体的に設置に関わっていた[9]。初代参謀本部長は、伊藤らの支持を受けて山県が就任した。当時は、藩閥官僚の間に協力関係があったため、軍部と内閣が対立したり、軍部が暴走したりするようなことは想定されていなかった。

陸軍のなかでは陸軍大臣（1885年までは陸軍卿）が最も格上のポストであった。それは参謀本部独立以降も変わらなかった。陸相は陸軍人事権を権力の源泉としていたが、それだけではない。藩閥内閣の一員として、民党との政治的攻防の正面に立ち、とりわけ軍事政策を推進する政府の責任者であったことが、陸相の軍内における地位を不動のものとしていた[10]。

陸相人事は、藩閥内の了解のもとで、陸軍の山県や大山巌（薩摩出身）が

6　軍令と軍政との関係について簡潔に整理したものとして、伊藤孝夫『大正デモクラシー期の法と社会』（京都大学学術出版会、2000年）を挙げておく。

7　大島明子「明治維新期の政軍関係」（小林道彦・黒沢文貴編『日本政治史のなかの陸海軍』第1章、ミネルヴァ書房、2013年）。

8　伊藤之雄『山県有朋』（文春新書、2009年）第四章。

9　梅渓昇「参謀本部独立の決定経緯について」（『軍事史学』9（2）、1973年9月）。

10　前掲、拙著『日本陸軍と日中戦争への道』第1章。

中心になって決定した。それゆえ、藩閥官僚の信任をえた現役軍人が陸相を歴任した。1885年に内閣制度が創設され、1889年には議会が始まるが、陸相人事は、引き続き藩閥が独占し、民党は蚊帳の外におかれた[11]。1900年、将来的に民党が組閣することを考慮して、薩長藩閥一致のもと、陸相の補任資格は現役大中将に限ることを制度化した（軍部大臣現役武官制）。

ところが藩閥のなかで、政党と提携し、自らも政党（立憲政友会）を率いることになる伊藤ら藩閥改革派と、官僚勢力を結集させ、政党の権力伸長を抑えようとする山県ら藩閥保守派（山県閥）との対立構図が鮮明になると、統帥権独立制を楯にとる陸軍は、後者の牙城としての役割を担った。薩摩閥の弱体化すると、陸軍内においても山県の権力が一極化し、山県のもとで桂太郎や寺内正毅といった長州出身の陸軍軍人が陸相として山県閥の中核を担った。桂は現役大将のまま首相にまでのぼり詰め、寺内は陸相として桂を支えた[12]。

他方で、1880年代から軍事がより機密を要し、高度に専門分化していくなかで、帷幄上奏が制度化していった[13]。軍事事項について軍部が単独で上奏できるこの制度は、軍部大臣現役武官制と並んで統帥権独立制の中核をなすものと言われている。もっとも予算にかかわる案件は、帷幄上奏の有無にかかわらず国務との調整が必要であったし、必ず天皇が国務と統帥の不一致がないか下問した[14]。こうした仕組みのなかで、陸相が内閣を支え、部内を統制している限りにおいて、帷幄上奏が軍部暴走の装置になることはなかった。

日清・日露戦争に勝利したことで、軍の権威は高まった。他方で、戦勝は国際環境の安定をもたらしたため、ロシアとの復讐戦を懸念する山県の軍拡案は非現実的であり、戦後不況のなかで政党を説得するのは厳しい状況となった。というのも政友会を中心とする政党が、日露戦争前から陸軍にも行財政整理の断行を求め、軍部大臣現役武官制の廃止すら訴えていたからであ

11　前掲、伊藤『山県有朋』第8章。
12　北岡伸一『日本陸軍と大陸政策』（東京大学出版会、1978年）第1章。小林道彦『日本の大陸政策』（南窓社、1996年）第2章。
13　前掲、永井『近代日本の軍部と政治』第2部第1章。
14　前掲、拙著『日本陸軍と日中戦争への道』21頁。

る[15]。

　西園寺公望政友会総裁と「桂園時代」を築いた桂は、政友会の勢力を抑えつつ、自らの軍統制能力を活かして陸軍改革を行おうとした。実は、その改革の内容は、行財政整理だけでなく、政友会が要求していた軍部大臣文官制にまで及んでいた。桂は伊藤と同様、自らの政党を率いて、来たる政党全盛時代に備えようとしたのである。しかし、桂を閥族の代表とみる大衆によって、桂は政権から引きずりおろされた（第一次護憲運動）[16]。皮肉にも、桂が引きずりおろされた後に成立した第一次山本権兵衛内閣のもとで、軍部大臣任用資格の改正がなされ、予備役大中将にまで任用資格が拡大された（1913年）。それにより、制度上は、軍部の反対があっても文官の首相が軍部大臣人事を強行し、組閣を妨害されないことになったのである。もっとも、その後も、歴代首相が軍部との軋轢を避けるため、後任陸相候補を前陸相に相談したため、軍部大臣には現役軍人が続いた。

　桂園時代を通じて陸相を1902年から約九年半も勤めあげた寺内は、元帥として陸軍最高権力者に君臨し続けていた山県の支持の下で、参謀本部をはじめとする軍全体を統制していた。他方で、彼もまた桂と同様に、政党と虚々実々の駆け引きを繰り返し、ときには山県の不満を知りつつ政党と妥協することも厭わなかった。それ以外に政党政治の時代に適応しうる陸軍のあり方はないと、桂も寺内も実務経験から身にしみて感じたのだろう。寺内は首相として、シベリア出兵など軍事問題を含む大陸政策を政党も交えて討議する場（臨時外交調査会）を設けるなど、柔軟な姿勢をみせた[17]。寺内は1918年に米騒動の責任をとって内閣を総辞職し、初の本格的政党内閣となる原敬内閣に道を譲った。元老として後継首相の決定に強い影響力を持っていた山県も、原に組閣を任せざるを得なかった。

　以上のように、陸軍の指導者として一時代を築いた桂や寺内は、政党政治が発展していくなかで、統帥権独立制を楯に政党と対立するのではなく、むしろ政党（世論）の攻撃をかわすためにも、統帥権独立制の改革へと向う姿

15　小林道彦『桂太郎』（ミネルヴァ書房、2010年）。
16　前掲、小林道彦『日本の大陸政策』（南窓社、1996年）第3章第3節。
17　雨宮昭一『近代日本の戦争指導』（吉川弘文館、1997年）第2章。

勢を見せたのである。

2　統帥権独立制の改革

　桂、寺内に続く次世代の陸軍指導者が、田中義一、宇垣一成である。彼らは、桂や寺内のもとで省部の要職を歴任して、行政能力を身につけていった。田中や宇垣も政党の勢力拡大にはもともと警戒心が強かった。1913年に、政友会と協力して第一次山本内閣が軍部大臣任用資格の拡大を推進した時、陸軍省にいた田中（軍務局長）と宇垣（軍事課長）はそれに強く反対したのであった。だがその彼らも、時代の勢いには抗うことができなかった。

　山県の推薦により、田中は原敬内閣で初めて陸相に就任した。田中は、参謀次長としてシベリア出兵を積極的に推進したことで知られる。ところが一転して、原首相と協力して、部内の反対を押し切ってシベリアからの撤兵を推進した。陸軍内の改革について原首相は田中に一任していた。それをうけた田中は、部内の反対を考慮して、制度そのものにメスを入れることはしなかったものの、人事を通じて参謀本部の弱体化をはかった[18]。1922年2月には山県が死去し、田中は山県に配慮する必要もなくなった。田中は、第二次山本権兵衛内閣で陸相を再任した後、1925年4月に政友会に入党し、遂に陸軍軍人で初めての政党総裁となる。

　ここでいう陸軍改革とは何か。それは、内閣の手が及ばない参謀本部の権限を縮小することと陸軍省優位の確立である。前述した軍部大臣任用資格拡大のときに、将来的に政党の息のかかった予備役軍部大臣が就任することを想定して、内規を改正して陸軍省の権限を参謀本部に移譲していた。参謀本部が主導したシベリア出兵には、国務と統帥の混成事項であった編制事項（平時や戦時の部隊の編成や動員に関わるもので、兵力量の決定や海外派兵のための動員が挙げられる）において参謀本部の発言権が強まったことが背景としてあった。原内閣になると、高橋是清蔵相が参謀本部廃止論を唱え、世論もまた統帥権独立制に批判の矛先を向けた[19]。そのため、田中陸相は改革を迫られたわけである。制度改革までいかずとも陸軍省の優位が確立すれば、首相と陸

18　前掲、小林『政党政治の崩壊と満州事変』第1章。
19　前掲、拙著『日本陸軍と日中戦争への道』第1章。

相が協力関係にある内閣としては都合がよかった。

　宇垣一成は、田中の引き立てにより陸軍次官から清浦奎吾内閣の陸相に就任した。当時、普通選挙運動がピークを迎え、普選即行を唱える護憲三派からなる内閣が清浦内閣に代わって成立する（第二次護憲運動）。宇垣の陸相就任は、二大政党制の幕開けと時を同じくしていた。宇垣は自ら政党に参加することはなかったものの、田中と同様に政党と協力しながら陸軍の改革を進めた。宇垣のパートナーは憲政会（後の立憲民政党）総裁の加藤高明であった。宇垣は加藤首相と協力して陸軍の行財政整理（宇垣軍縮）を大胆に行う一方で、陸軍改革では加藤から白紙委任をとりつけ、人事権を掌握して部内を統制し、限られた予算内で軍備の近代化を推進した[20]。

　宇垣は強力な統制能力を備えていることを自負していた。参謀本部の縮小を制度化してしまえば、平時において組織運営が容易になる。しかし、国務（内閣）と統帥（参謀本部）の政策対立をまとめ上げられるのは、内閣の一員であり統帥権に関わることのできる自分（陸相）しかいないと自覚していた。自らの存在感を両サイドに示すことのできる現制度の方が、都合がよかったのであろう。しかし、護憲運動の高まりを受けて政党は再び軍部大臣文官制を建議し、統帥権独立制の本丸に攻撃を加えた。こうした主張を行うもののなかには、陸軍出身の代議士も含まれており、彼らは政党参加型の国防会議の設置を提唱していた[21]。

　さて、田中・宇垣時代において、陸軍省内ではどのような議論がなされていたのだろうか。小論の冒頭で述べたとおり、陸軍省の軍事官僚たちは、統帥権独立制が時代に合わなくなってきていることを認め、制度改正に舵を切っていた。

　1920年代中ごろの陸軍省には、宇垣の腹心であった津野一輔や畑英太郎のほか、その後大臣や次官を務めることになる阿部信行、杉山元、梅津美治郎や、著名な軍政官僚である永田鉄山などの軍人が勤務していた。彼らは改革を前提としたうえで、どこまで統帥権の範囲を限定できるのかを考えた。統帥事項は「国務の遂行上支障なき事項に限らねばならぬ」と考えていたの

20　奈良岡聰智『加藤高明と政党政治』（山川出版社、2006年）第6章第2節。
21　前掲、拙著『永田鉄山』105頁。

は、なにも政党に限ったことではなかった。彼らとて、政党が統帥権にみだりに介入し、党利党略のために兵を動かすような事態は避けねばならなかった。しかし、彼らの認識によると、第一次大戦でドイツが敗戦した理由は、「統帥部の異常なる権力の拡大」「戦争全般の指導権を自己の掌中に収めんとした統帥部の増長慢」にあり、統帥権独立制が時代遅れであることは百も承知であった[22]。

参謀本部では文官制に否定的な意見が強かった。その理由は、大臣が武官であるからこそ軍令(混成事項)にも関与でき、初めて全軍人を統制できる、文官制となれば政党政派が軍の団結を破壊し、軍隊の分裂を招く、というものであった。

陸軍省の中では永田鉄山が、より柔軟な考えを持っていた。永田は、軍部大臣の任用資格が制限されている事実を認め、文官武官にかかわらず適材を任用すべきという政党の意見にも理解を示した。さらに、陸相は陸軍の長であると同時に国務大臣としての立場を重視しなければならず、政党内閣の政綱や政策と歩調を同じくしなければならないとした。

1926年4月に陸軍省の意見書がまとめられた。その結論は、軍部大臣文官制を容認する趣旨のものであった。画期的なのは、文官大臣の場合も現役武官の大臣とほぼ同様に統帥権への関与を認めるという点であった。すなわち、文官大臣は軍令を奉行し、帷幄上奏権も認められるというのである。文書は「統帥関与を武官に限定することは絶対の条件にあらず」と明言していた。もっとも、文官陸相が党派的人事を行えないように人事権を制限し、専門知識の浅い文官陸相を陸軍省の次官や局長が「補佐」する仕組みも考えられていた[23]。まさに、彼らが考えていたのは文民統制の制度化にほかならなかった。

彼らがなぜそのような発想に至ったのか。答えは明瞭である。彼らは、権力者であった田中や宇垣の手足となって軍政を支え、参謀本部を統制してき

---

[22] 「大正一四年四月　統帥権の独立」(『陸海軍任用資格問題に関する件』防衛書防衛研究所図書館所蔵)。

[23] 「極秘　陸軍大臣文官制に関する研究」(前掲、『陸海軍任用資格問題に関する件』防衛書防衛研究所図書館所蔵)。

た。1913年に制度上は参謀本部の発言権を認めてはいたが、実質的には陸軍省の優位は変わらなかったのである。それゆえ、彼らが文官陸相を補佐すれば、憲政の運用が阻害されるような事態は起こらないということなのであった。

結果的に宇垣陸相は、文官制を時期尚早と考え、上の意見書を部外へは出さなかった。宇垣は陸軍装備の近代化を使命と考えており、その「大なる仕事、思切りたる芸当は、矢張り政党政派を超越したる偉人［宇垣本人―筆者注］によりて始めて求め得べきである」のであった[24]。恐らく、陸軍省の意見書完成が、統帥権独立制が文民統制へもっとも近づいた瞬間であった。しかし皮肉にも、陸相による部内統制が効き、統帥権独立制を政党政治と共存させることに成功していたことが、かえって文民統制の制度化への道を閉ざしていった。

もっとも、制度改革まではいかずとも、陸軍省の優位は変わらなかった。統帥権独立制の運用を陸軍省の軍事官僚たちにリードされてきた参謀本部のなかには、陸軍省に不満を持つものがいても不思議はない。次章では、その象徴的軍人として荒木貞夫を取り上げる。

III　欧米型の法システムはなぜ拒絶されたのか

1　荒木貞夫と統帥権独立制

荒木貞夫は、1931年12月から34年1月まで陸相を務めた1930年代の軍部を代表する著名な軍人である。しかし、彼は順当に出世の階段を上って陸相になったわけではなかった。荒木の陸相就任は、実のところ陸軍の人事慣行を根底から崩すほどの出来事だった。それを可能にしたのは、満州事変という非常時であった。順当にいけば、宇垣一成前陸相のもとで次官を務めた阿部信行が就任するはずだった。だが、陸軍を抑えられるのは荒木しかいないと、内閣を担当することになった政友会に触れ込んだ結果、政友会は陸軍が推薦した阿部と荒木のうち、荒木を選択したのだ[25]。

24　角田順校訂『宇垣一成日記I』（みすず書房、1968年）456頁。
25　前掲、拙著『日本陸軍と日中戦争への道』第3章。

Ⅲ　欧米型の法システムはなぜ拒絶されたのか　　47

　まず荒木のキャリアを概観する。荒木は、1877年5月26日に、6人弟妹の長男として東京市麹町に生まれた。先祖代々は久留米の有馬藩士だったが、勤王家の祖父は脱藩して一橋家に仕えた。そのため、荒木は参謀本部系の陸軍九州閥に数えられることもある。その後は浅草で育ち、14歳で杉浦重剛が経営する東大予備門の東京英語学校（入学後日本中学校に改称）へ進んだ[26]。同学校の4年先輩には芳澤謙吉（犬養内閣の外相）や2年後輩に吉田茂が名を連ねる。そのまま進学すれば人生は変わったかもしれないが、経済的理由で退学を余儀なくされた。荒木が軍人の道に進むきっかけとなったのは1895年の三国干渉だったという。もっとも日清戦争で得た遼東半島が、ロシア、ドイツ、フランスの介入により、清国へ返還を余儀なくされたことに憤ったのは、荒木だけではなく当時の一般的な世情であった。

　一度の落第を経て、荒木は近衛歩兵第一聯隊の士官候補生として陸軍士官学校に入校した。この部隊の通称である近歩一は、皇太子が入隊する栄誉ある部隊で、天皇も親しく部隊を閲兵することで知られる。陸軍大学校入校後に日露戦争が始まり、荒木は近衛後備歩兵第一旅団（後に近衛後備混成旅団）の副官（中尉）として出征した。この旅団は、旅団長の名前をとって、後に「花の梅沢旅団」と称され、後備にもかかわらず沙河会戦で勇名を馳せた部隊であった。荒木は日露戦争の経験から、戦いは2年以上続けてはならず、「速戦即決」が要諦であり、戦争を始めると同時に終了についても直ちに努力すべきとの持論を持つようになったという[27]。「速戦即決」は荒木に限らず、長期戦が困難な日本陸軍の基本方針であった。

　その後荒木は陸大を首席で卒業し、参謀本部第二部ロシア班へと赴任した。その後は二度のロシア駐在（しかも一度は第一次大戦でロシア軍に従軍）を経て、シベリア出兵では浦塩派遣軍参謀として出征する。この長年のロシア畑での経験を買われ、1921年には参謀本部作戦課長、1925年には参謀本部作戦部長となり、27～8年の三度にわたる山東出兵を経験することになる。

　以上のように、荒木は作戦指揮官として軍事的合理性を追究すること徹底的に教育され、陸大をトップで卒業した。そして、その戦争観は花々しい実

26　橘川学『秘録陸軍裏面史　上巻』（大和書房、1954年）34～49頁。
27　同上、橘川『秘録陸軍裏面史　上巻』第2部。

践経験によって裏付けられた。荒木は、参謀本部が生んだ、まさに政治とは無縁の典型的な作戦屋だったといえよう。

　ところで、「速戦即決」を期するならば、緒戦で数的有利を確保し、敵を圧倒しなければならない。そうすれば、将兵の犠牲も抑えられることになる。逆に、対外あるいは国内に対する政治的配慮から兵力を逐次投入すれば、かえって戦争を長引かせかねない。シベリア出兵の際、荒木はロシアの赤化を防止するため、ザバイカル以西へ三個師団を投入して、連合国としての責務を果たすべきだという大胆な派兵案を二度にわたって献策した。これも荒木の軍事的合理性に基づく判断だった。しかし、ロシア内政不干渉方針をとる中央には容れられず、途中で熊本の歩兵第23連隊長へと配置替えとなった[28]。

　その後、シベリア出兵の過程で尼港事件という悲劇が起こる（1920年3～5月）。アムール川河口のニコラエフスクで、赤軍パルチザン（約4300名）が、氷結して交通が遮断され孤立した状況のなか、居留民保護の任務に就いていた日本軍守備隊に武器引き渡しを要求した。パルチザンは、それに反対した守備隊を殲滅したばかりか、日本領事を含む居留民を虐殺した[29]。尼港事件が発生した要因として、日本軍の暴力行為や日本漁船の乱獲や営業独占といった問題があったが、日本居留民への虐殺が日本の新聞などによって誇張されて報道されたため、世論に強い衝撃を与えた[30]。

　尼港事件の特集を組んだ雑誌『日本及日本人』では、パルチザンの想定外の残虐行為を批判する一方で、パルチザンの台頭が前年末から報じられていたにもかかわらず、救援を行わなかったとして、原内閣と軍当局者が痛烈に批判されていた（もっともこの論者の一人である斎藤素軒は、尼港事件に対する報復として出兵することは軍閥に台頭の機会を与えるだけであるとして反対している。）[31]。こ

28　前掲、橘川『秘録陸軍裏面史　上巻』307～308頁。
29　参謀本部編『西伯利出兵史　大正七年及至十一年　中巻』（新時代社、1972年）833～836頁。
30　原暉之「『尼港事件』の諸問題」（『ロシア史研究』23号、1975年2月）、小林幸男「外交政策と世論─『尼港事件』と北樺太占領政策─」（『立命館産業社会論集』43号、1985年3月）。
31　たとえば、生方敏郎「軍閥の横暴を抑制」（『日本及日本人』787号、1920年7月、以下同じ）、田中香涯「政府と軍閥とに祟れ」、布施辰治「官僚軍閥の犠牲」、斎藤素軒「尼港事件と現内閣の責任」。

こで重要なのは、①軍事力行使を伴う居留民保護は内閣と軍閥の責任であると批判されていること、②荒木が主張してきたように、居留民を保護するために十分な兵力を派兵することはここでは否定されておらず、むしろ一つの選択肢とすら考えられているということである。

すなわち、尼港事件は軍事の民主化がもたらす重大な問題を議会勢力や世論に投げかけることとなったのである。統帥権独立を批判してきた議会勢力や世論は、軍部大臣現役武官制の改正などを実現し、軍事の民主化への道を切り開いた。初の本格的政党内閣である原内閣の成立は、まさにその一つの重要な到達点を示していた。しかしながら、統帥権独立を批判してきた手前、政権を担当する立場となった政党には、軍事の責任をも負うことが求められることとなる。もし、政党が軍事政策を主導していながら失敗するようなことがあれば、軍は再び統帥権独立の殻に閉じこもり、文官を軍事に介入させてはいけないとの主張を強めることとなるであろう。そうなれば、首相と協力して軍を統制してきた陸相の軍内における権威も、同時に失墜する。つまり、政党が軍内に協力者を求められなくなり、政党による軍の統制＝文民統制がますます困難になるだろう。

この事件を受けて田中陸相は引責辞職をしようとしたが、原首相がその必要なしとして田中を助けたのは当然ともいえた。当時は、シベリア撤兵に反対し続ける上原勇作参謀総長以下参謀本部を統制するためにも田中の存在は必要だったからである。政友会と田中の蜜月関係は原の死後も続き、田中は1925年4月に、政友会の総裁に迎え入れられることとなる。

尼港事件から6年後、政党による軍の統制は早くも試練を迎えることとなった。長く軍閥の抗争が続いた中国では、国家統一を目指す蒋介石が北伐を開始し、北伐は日本居留民が多く住む山東省に及ぼうとしていた。時の内閣総理大臣は、政友会を率いる田中義一である。尼港事件のときの陸相が田中であったというのも因縁を感じさせるに十分であった。田中は政権獲得後いちはやく居留民保護を強く訴え、山東出兵を決定した[32]。

田中が居留民保護を訴えたのには、伏線があった。1927年3月南京の外国

---

32 田中義一「時務の最も急なるもの」(『政友』315号、1927年5月)、同「現内閣の重大なる使命」(『政友』320号、1927年8月)。

領事館が北伐軍に襲撃される事件が発生した。このとき、イギリスから対抗措置として共同で艦砲射撃を行うことを提案されたが、政友会に対抗する憲政会の若槻礼次郎内閣（幣原喜重郎外相）は中国への内政不干渉を堅持し、提案を断った。その結果、海軍陸戦隊が無抵抗のなか、日本の領事館員らへ暴行・略奪がおこなわれた[33]。南京事件のすぐ後、漢口の日本租界でも在留邦人が殺到した中国人暴徒に襲撃された。野党政友会は幣原外交を軟弱として厳しく批判し、居留民保護を政策の争点として訴えたのであった。

　重要なのは、この山東出兵が政友会の主導した政略出兵だったという点である。さらに、第一章第二節で述べたように、陸軍省が軍部大臣文官制の再検討を行い、統帥権行使を認めた上で文官大臣を容認する結論を出したのは、前年4月のことであった。白川義則陸相率いる陸軍省は、政友会の山東出兵を支持した。山東出兵の結果、沿岸部の青島から離れた内陸部の済南において日中軍事衝突が起こり、中国世論を排日に向わせることになっただけでなく、日本が国際的な非難を浴びたのは周知の通りである（済南事件）。

　荒木はこの山東出兵の後、1928年8月に陸軍大学校長へ異動となった。異動となる3カ月前、荒木は東京倶楽部晩餐会において、財界人を前に山東出兵について興味深い講演を行っている（1928年5月）[34]。まず、左に示すように、荒木は、山東出兵とシベリア出兵（尼港事件）とを結び付けて考えており、中途半端な出兵には反対していたようである。

> …（前略）今では過去に属して居りますから申し上げまするが、どうも陸軍が奥深く一本の鉄道で這入ってやると云ふことは非常な苦痛である、是は西伯利亜に於て随分苦い経験を嘗めて居りますし、一般の原則から見ましても、一本の鉄道で擁護すると云ふことは中々容易なことで無い。<u>殊に吾吾としましては煮切らない兵の使ひ方ほど困るものは無い。</u>是は色々な政策上の関係も有りますし、無論無策と連絡を取らなければならぬのでありますから、出来得る限り其協調は取りますけれども、嘗ては尼港事件が有って、尚其事がマザマザと吾々の頭に残って居ります。…（中略）…<u>結局兵隊は何をして宜いか分らないと云ふことが尼港事件を惹起したので</u>、若しあれがハッキリして居ったならば、仮令一大隊の兵でありましても、決して彼の悲惨な光景は見なかったと思

---

[33] 戸部良一『日本陸軍と中国』（講談社選書メチエ、1999年）第4章。
[34] 荒木貞夫「山東出兵と済南事件」（『銀行通信録』第85巻第509号、1928年6月）。

III 欧米型の法システムはなぜ拒絶されたのか　51

ひます。

　また1927年5月の第一次山東出兵（武力衝突は起こらず）では、荒木らが算出した居留民保護に必要な兵数は半分の約5000名に削減された。さらに国内世論や居留民は、かなり強硬な態度で出兵を煽っていたようである。

　…（前略）…我々は西伯利亜の経験に基いて算盤を採って見ますと約百里許りの鉄道に対して、西伯利亜の最も悪い時期でありましても、一キロに数名を要する。一番多いときは二十何名を要する訳で、それでも西伯利亜は鉄道等を破壊されたのであります。それから計算して見ると一万以上の兵を遣って済南と青島を占めて且つ鉄道の沿線を守らねばならぬ、<u>然るに多くは出したくなし、兵は出さなければならぬと云ふやうな色々な経緯があって、段々詰めて到頭新聞にも屢々出ました通り五千、是は色々な関係も有りましたから無理もないが、斯う云ふことで昨年は五千に極りました。更に二千でも宜しい、中には日本軍が百名もあれば支那人は何でも無いと云ふやうな説もあって、中々議論百出、今日は皆相当知識が進んで居りますから、吾々が言ひ出しても中々肯かない。</u>…（中略）…私は撤兵の為めの善後処置の頭を持って［山東へ］行ったのでありますが、…（中略）…どうも荒木は今度―外務省からも谷君が御一緒に行ったのでありますが―撤兵に来るさうだ、さう云ふ者が来ては、好ましからざることであるからお断りすると云ふ電報を認めて居た。其位に撤兵の声は禁物で有ったのであります。

　1928年4月の第二次山東出兵で済南事件が起こった。その結果、兵の逐次投入がなされ、第三次出兵へと続く。荒木によれば、北伐軍には土匪や共産党系の軍隊が盛んに排外熱を煽っており、それが済南に入れば危険であると認識されていた。しかも済南に向かう北伐軍は4、5万と言われた。しかしながら、田中内閣は済南に僅かに4000名あまりの部隊しか置かなかった。兵数はまたしても三個師団を送るという参謀本部の方針が政府によって覆された。荒木は言う、衝突すれば、兵隊は戦うだけである、と。

　吾々としましては爾来兎に角兵の動く時分には皆剣を研ぎ弾は入れて水杯をして出て行って居る。だから<u>兵隊の行く所には間違へば戦闘の起るものと覚悟して居らなければならぬ。事が起れば兵隊は外のことは知らぬ。敵を遣っ付けるより外ない。</u>詰り攻勢を取る、之が日本の軍隊の強みであります。…（中略）…尼港の過去を思ひます時には、どうも坐して四万の兵を引き受けては、而も千人余りの足手纏ひの居留民を手許に置いては戦ふことは出来ない。…（中

略)…元来軍隊は本当の戦争になりました時に役に立たなければならぬのは申す迄も無いのでありまして、斯う云ふ出兵で以て崩れてしまひますと後で役に立たぬのであります。

　荒木は陸軍省の畑英太郎次官に、「君は二度目には統帥々々と云うが大体政治の前には統帥もへちまもないじゃないか。」と、政府の方針で押し切られたという[35]。その結果が済南事件と兵の追加投入であった。国民革命軍に敗れ、奉天へ敗走する張作霖軍（満州軍閥で日本の庇護を受けていた）は5万を超え、満州の治安すら危ぶまれた。にもかかわらず、田中首相は現地軍（関東軍）の出動を禁止した。荒木は作戦部としては責任が負えないとして、作戦部長を辞職した。

　田中首相もこのとき、尼港事件の記憶を喚起し、自らの出兵政策を正当化しようとした[36]。しかしそれは、北伐軍の暴虐性を強調するにとどまり、兵力の逐次投入（＝煮え切らない兵の使い方）が惨事をもたらしたとする荒木のそれとは根本的に異なっていた。

　山東出兵の代償は大きかった。関東軍は、政府の意に反し独自の行動に出、奉天へ敗走する張作霖を列車ごと爆殺したのである。関東軍の一部将校は、息子の張学良を擁立することで、満州の権益を確保・拡大しようともくろんでいた。関東軍首脳や関係者らは処罰され、そのもくろみは断たれた。しかし、それ以上に過激な満蒙領有を計画する石原莞爾が関東軍に送り込まれた。そして、田中内閣は表向きは非を認めなかったものの、張作霖爆殺問題が原因（田中首相が天皇に叱責される）で総辞職する（1929年7月）。

　先述したとおり、山東出兵は政友会にとっては野党・民政党に違いを見せつける絶好の機会であった。他方でこの政略出兵は、陸軍省にとっては文官大臣制が機能するか否かが試される出兵でもあった。白川義則陸相は現役大将であったが、陸軍の大先輩である田中首相の意にほぼ従った。政党でも用兵をうまくこなせることを示せば、統帥権独立の改革は一気に進む可能性があっただろう。しかしながら、山東出兵が統帥権独立の改革にとどめをさした。

35　前掲、橘川学『嵐と闘ふ哲将荒木』（荒木貞夫将軍伝記編纂刊行会、1955年）80頁。
36　「第五五帝国議会報告書」（『政友』331号、1928年6月）。

2 文民統制の帰結

　政党に対してだけでなく、政党内閣に協調する陸軍省に対する反感が高まっていたのも無理からぬことであった。荒木が作戦部長を辞した後、荒木を陸軍省へねじ込もうという動きが起っていた。陸軍省の乗っ取りである。陸軍人事は実質的に陸相が統括していたが、形式的には陸軍三長官（陸相と参謀総長と教育総監）が協議することになっていた。教育総監は、日露戦争から荒木をよく知る武藤信義大将で、荒木らに同情的であった[37]。荒木は陸軍省入りこそならなかったが、1931年8月に教育総監部本部長として中央復帰を果たす。

　田中内閣の後に成立した浜口雄幸民政党内閣は、加藤前総裁の盟友であった宇垣前陸相を陸相とした。宇垣は再び強権を発動し、参謀総長に金谷範三大将を着けた。宇垣ら陸軍省に反感を持つ勢力は武藤を推したが実現しなかった。しかし宇垣は中耳炎が悪化し、中途で辞職を余儀なくされる。自らが育てた後継者を相ついで亡くしていた宇垣は、やむなく経験不足で不安の残る南次郎（前参謀次長）を後継にすえた。このことが、満州事変での陸軍中央の混乱を引き起こすことになる。武藤教育総監は、荒木陸軍次官案を実現すべく南に働きかけていた[38]。

　陸軍省・参謀本部の課長級には、政党内閣の大陸政策に限界を感じていたものが多く、一夕会という横断的グループを結成し、有効な大陸政策を政府に働きかけようと動いていた。彼らは荒木のもとにも頻繁に出入りしていた[39]。

　遭難した浜口首相に代わって若槻礼次郎が民政党内閣を引き継いだ。若槻内閣は満州問題を張学良政権と外交交渉で解決しようとしたが、中村震太郎大尉が中国兵に惨殺された事件が報道されて以降世論が硬化し（8月17日）、政府に対する不満が高まっていた。

　こうしたなかで、石原莞爾関東軍参謀が中心となって満州事変を起こし、

37　前掲、拙著『日本陸軍と日中戦争への道』87頁。
38　1931年9月1日真崎甚三郎宛武藤信義書簡「真崎甚三郎文書」992－12（国立国会図書館憲政資料室所蔵）。
39　舩木繁『支那派遣軍総司令官　岡村寧次大将』（河出書房新社、1984年）。

前述の通り荒木陸相が誕生したのである。陸軍省のなかでは、それでも山東出兵と同様に、民政党内閣による政略出兵によって問題解決を図ろうと模索していた。その試みも石原らによって吹き飛ばされた[40]。関東軍を救援するために、国境を独断で渡った朝鮮軍に対し、参謀本部はその行為が憲法違反に当たらないとの上奏を行った。その際、参謀本部は、関東軍の北上により奉天以南の日本軍が孤立し「尼港事件」を再発させるおそれがあり、それを未然に防ぐために朝鮮軍の出動はやむをえなかったと述べたのであった[41]。

荒木は、陸相の権力をいかんなく発揮し、陸軍省で権勢を誇った軍事官僚たちを次々に追い出し、自らの人脈を使って荒木体制を敷いた。そして、満州事変に対しては、これまで抱えてきた不満を爆発させるが如く、軍事的合理性を最優先しようとした。

関東軍の電撃的作戦により、東三省から張学良軍が排除され、満州国が建国された（1932年3月）。北満洲への作戦を指揮した第二師団長の多門二郎が、ニコラエフスクで包囲された日本兵や居留民を救出するために派遣された多門支隊の隊長であったことは、人々に尼港事件を想起させるのに十分であっただろう。

東三省攻略後、残る熱河省も満州国に組み込まれることが既定であったが、日本は国際連盟において強く非難されていたため、政府は事変が自衛のものであり、これ以上の拡大意図はないと訴えていた。しかし荒木が優先するのは、何より軍事的合理性であった。上海事変の際に、荒木が次のように新聞に語っているのはそのことを象徴していよう。

現在の如く第十九路軍が暴虐をほしいままにしているようであっては尼港事件や南京事件の苦しい経験もあるのであるから自衛上積極的に出て一戦を交へても速かに平和状態に導くよう努力しなければならない[42]。

40　前掲、拙著『日本陸軍と日中戦争への道』88〜89頁。
41　「朝鮮軍独断出兵の際の上聞案」（『満州事変作戦指導関係綴』別冊其ノ二、防衛省防衛研究所図書館所蔵）
42　「東京朝日新聞」1932年2月15日。

熱河作戦を直前に控えた1933年1月17日、荒木は遠藤三郎関東軍参謀に次のように述べている。

　事態の拡大するの不利は之を認むるも、事態の拡大とは地域的、兵力的、時間的にこれを見ざるべからず。単に地域的、兵力的にのみ事態拡大を避けんとせば、地域的、兵力的には寧ろ拡大の要あることも考慮せざるべからず。用兵を単に地域的、兵力的に制限せらるるは承諾し得ざるものなり[43]。

　「速戦即決」を実現することを不拡大（＝長期戦を避けるという意味）と考えるならば、地域的・兵力的な拡大が必要なこともあるという、この荒木の発言はまさに軍事的合理性を追求したものといえよう。この直後、関東軍は荒木の発言を中央のゴーサインと受け止め、熱河作戦（熱河省を満州国に吸収する）をスタートさせた。その結果、日本の国際連盟脱退は決定的となり、関東軍はその後中国軍と約4ヵ月の激闘を繰り広げ、5月末に塘沽停戦協定を結ぶに至る。
　結果的に、欧米流の文民統制は近代日本に定着することはなかった。荒木らは、欧米流に対して、日本のあるべき姿を「皇道」と称した。たしかに政党は軍に文民統制が有効であると納得させることに失敗し、文民統制制度化の試みは失敗に終わった。しかしながら、軍事的合理性が優先されるべきという荒木らの論理は、軍人の越権的な独断専行を蔓延させた。軍事が政治に優越するという論理が拡大解釈されたことは、直線的に日本を泥沼の戦争へ向かわせたわけではないにせよ、その大きな起爆剤になったことは否定できないだろう。

IV　おわりに

　荒木は参謀本部第一部長時代に次のような言葉を残している。「皇軍を欧

43　「遠藤三郎日誌」1933年1月17日（狭山市立博物館所蔵）。

米の流より皇軍たらしむる」[44]。これはメモ書きのため文脈は明らかではないが、これまで見てきた通り、荒木のいう「欧米の流」とは、政党による軍の統制のことを指しているように思われる。

　荒木が指摘したように、1920年代後半における日本の陸軍統制は、統帥権独立制のもとにありながら、政党による軍の統制が機能していた。

　そもそも軍の統制は、文武官を合わせた薩長藩閥指導者らによる集団統治に始まった。やがて軍事の専門性が高まると、軍事問題の決定過程から非軍人が排除されるようになり、統帥権の独立が慣例化していった。たしかに、統帥権独立は軍部と内閣の二重権力状態を招く可能性を持っていたが、その反面、軍の一体性を維持し、軍事的合理性に配慮し、兵力行使の政治的濫用を防ぐという大義名分を持っていたのである。しかしながら、初期議会や桂園体制の経験を経て力をつけつつあった政党（とりわけ政友会）は、大衆の支持を背景に「軍閥の横暴」を批判し、統帥権独立制にも改革を迫った。もっとも政党の要求は、軍部大臣文官性や帷幄上奏権の廃止といった制度改革に限られていた。

　政党との正面衝突はかえって陸軍が追い込まれると考えた陸相・陸軍省は、政党との正面対決ではなく政党との協調の途を模索することになる。その到達点は初の本格的政党内閣である原敬内閣の成立である。それを機に、原政友会内閣と陸軍（田中義一陸相）との協調によって陸軍が事実上文民によって統制されることとなった。原と田中がシベリアからの撤兵に反対する参謀本部を抑えてそれを推進したのは、そのことをよく示していよう。

　だが言うまでもなく、これは属人的な統制システムであり、政党内閣の閣僚で陸軍の長官である陸相が政党と協調し、陸軍省を中心に陸軍全体を統制することで辛うじて成り立つシステムであった。陸軍省では政党の要求する軍部大臣文官制を容認してでも、このシステムを制度化することを模索したが、時の陸相宇垣一成は自分の強い指導力がある現段階では時期尚早として退けた。

　政党と陸相（陸軍省）に統制されてきた参謀本部の荒木貞夫は、この統制

44　「荒木貞夫関係文書」Ⅱ―152―Ⅲ（東京大学法学部近代日本法政資料センター原資料部所蔵）。

システムに対して次第に不満を募らせていった。いや、単なる不満ではない。荒木にとって1920年の尼港事件は、政治が軍事より優先されたことで被害が大きくなった事件であり、防ぐことの出来た悲劇なのであった。荒木はまた、1927〜28年の山東出兵が、尼港事件の再発になることを懸念し、出兵そのものに否定的であった。しかし政友会が出兵を決定すると、居留民の保護と、なにより出征した兵士の安全確保のために大規模な派兵を要求した。しかしながら田中政友会内閣は、国内外への配慮から小規模の派兵を行った。その結果、市街地への大量の中国革命軍の流入を招き、済南事件につながった。

　荒木らにとって済南事件は、政党が主導して始めた軍事行動が招いた結果であった。まさに文民統制＝欧米化の弊害である。にもかかわらず、山東出兵から派生して起こった張作霖爆殺事件でも田中内閣は、現地の陸軍軍人を処罰しただけで内閣の責任を認めなかった。

　政党内閣は、予野党相互の政治スキャンダルの暴露合戦で議会の停滞を生んだ。また、世界恐慌への対応を誤り（金解禁）、深刻な経済不況を招いた。だが、政党内閣の崩壊を招いたのはそれだけではない。繰り返しになるが、山東出兵の失敗が、文民統制の可能性を大きく狭め、軍部の政党離れを加速させたのである。このような状況のなかで、関東軍が満州事変を起こし、荒木が陸相として登場したのであった。

　満州における日中の摩擦を外交交渉でなく武力によって解決すべく、関東軍や朝鮮軍は、政党内閣を無視して独自に行動を起こした。朝鮮軍が、関東軍を援助するために独断越境した際、参謀本部は尼港事件の再来を防ぐためやむを得なかったと彼らを擁護した。彼らは尼港事件の記憶を利用して、政党を窮地に追いやったのである。参謀本部だけではない。同年12月に陸相となった荒木もまた、尼港事件の記憶を利用して、政党内閣の意思を顧みず、独自に軍事作戦を展開させていったのである。

　近代日本の陸軍統制がなぜ崩壊したのかを考える場合、政治が軍事を統制する制度がなかったから、あるいは政党による軍統制が制度化に至らなかったからと言う説明は、もちろん否定できない。しかしながら、単に文民が軍事について責任をもつことを制度化することが文民統制なのではない。文民

統制を制度として安定的に運用するためには、軍部の暴走を抑止する一方で、軍事的合理性を確保していく必要がある。しかしながら、近代日本の政党には文民統制の実績がなく、しかも統帥権独立制のもとでは、陸軍のなかで協力者＝陸相を得ることが必要不可欠であった。逆に言えば、軍内の協力者を得られれば、統帥権独立制のもとでも文民統制を実現することは間接的ながら可能だったのである。

しかし田中政友会内閣は、軍事的合理性を軽視した山東出兵を主導した。その結果、田中内閣は総辞職に追い込まれたばかりか、軍の政党離れを促し、文民統制の定着をますます困難にしたのであった。現代における文民統制も、ただ「欧米の流」を模した制度によって保障されるだけではなく、文民の軍事政策能力と文民への軍側の協力があって、はじめて有効に機能しうるといえるのではないだろうか。

第3章　刑事精神鑑定の現状と課題

瀬 川　　晃

- Ⅰ　はじめに
- Ⅱ　責任能力鑑定
- Ⅲ　責任能力鑑定の今日的な課題
- Ⅳ　責任能力鑑定以外の精神鑑定
- Ⅴ　むすび

Ⅰ　はじめに

　一見したところ「犯罪」と思われる行為であっても、それが責任無能力者によって実行されたときは、その行為を行った者に刑事責任を問い、刑罰を科すことはできない。この責任主義の原則は近代刑法の基本原則として、今日では洋の東西を問わず、広く採用されている。ただし、何をもって、「責任能力あり」とするかは、国によって異なる。後述するが、わが国の現行刑法は、責任無能力を「心神喪失」と呼び、その具体的内容について、判例は「精神の障碍により事物の理非善悪を弁識する能力（弁識能力）またはそれに従って行動する能力（制御能力）のない状態」と解している。このうち、「精神の障碍」は、生物学的要素と理解されている。このため、その有無や程度を明らかにするためには、専門家である精神科医によって実施される「精神鑑定」を参考にする必要がある[1]。
　刑事訴訟法上、「精神鑑定」とは、裁判所または裁判官の命令によって精

---

[1] 大谷實『刑法講義総論』（成文堂、新版第4版、2012）322頁。なお、佐伯千仭「裁判官と精神鑑定」『団藤重光博士古稀祝賀論文集第1巻』（有斐閣、1983）386頁、青木紀博「責任能力の諸問題」刑法雑誌31巻4号（1991）538頁。

神医療の専門家が行う「精神の障碍」の有無、内容および程度に関する証拠調べを指す。ただし、一般的には、これに加えて警察や検察などの捜査機関の依頼で行う場合、さらに被疑者・被告人の弁護人らの依頼に基づく場合を含めた総称として用いられている[2]。また刑事司法システムの中で、精神鑑定は、被疑者・被告人の責任能力を判断する資料としてだけでなく、被告人の情状、訴訟能力、死刑・自由刑の執行を受ける能力を判断する際の資料としても用いられる。さらに2005年の「心神喪失等の状態で重大な他害行為を行った者の医療及び観察等に関する法律」の施行により、入院命令の要件である「医療の必要性」を判断するための資料としても、精神鑑定が必要となった。

このように、今日では、刑事司法システムにおける精神鑑定の役割は多岐にわたる。しかし、その運用には、なお不明確な部分も少なくない。とりわけ、2008年と2009年に相次いで下された責任能力に関する最高裁の判断（最決平成20年4月25日刑集62巻5号1559頁、最決平成21年12月8日刑集63巻11号2829頁）を受け、精神鑑定は、「変革期を迎えている[3]」などと指摘される。このような現状認識に立ち精神医学の観点からは、精神鑑定のあり方について活発な議論が繰り広げられている。しかし、そうした精神医学界の状況に比べて、刑事法の観点から精神鑑定について考察が試みられる機会は少数にとどまっている。

精神鑑定は、わが国固有の発展を遂げ、変革期を迎えたとされているが、なお未解明な点が多い。刑事司法において果たしている精神鑑定の役割の重要性からすれば、現状と課題を明らかにしておく意義は小さくないものと思われる。そこで、本稿では、まず、精神鑑定と切り離すことのできない責任能力の意義について簡単に確認した後、責任能力鑑定制度の現状を概観し、さらに、同制度が抱える今日的な課題について検討を加える。次に、責任能力の判断以外の場面で用いられる精神鑑定についても考察を加え、それぞれの現状と課題を示したい。

2　中田修ほか編『精神鑑定事例集』（日本評論社、2000）3頁以下も参照。
3　松下正明「精神鑑定をめぐる諸問題」司法精神医学2巻1号（2007）71頁。

II 責任能力鑑定

　刑事司法において精神鑑定が用いられる中心的な場面の一つが、被疑者・被告人の行為時の責任能力の有無または程度を判断するための資料とされる責任能力鑑定である。責任能力鑑定は、しばしば精神鑑定と同義で用いられる。

1　責任能力の判断基準
(1)　責任能力の意義

　現行刑法は、責任能力について、心神喪失者の行為は罰せず（39条1項）、心神耗弱者の行為はその刑を減軽する（同2項）旨を定めている。ここでいう心神喪失と心神耗弱の意味について、判例は、「孰れも精神障碍の態様に属するもの」であることを前提にしつつ、心神喪失は「精神の障碍に因り事物の理非善悪を弁識するの能力なく又は此の弁識に従って行動する能力なき状態を指称し」、心神耗弱は「精神の障碍未だ上叙の能力を欠如する程度に達せざるもその能力著しく減退せる状態を指称する」と述べている[4]。つまり「精神の障碍」により、「理非善悪を弁識する能力（弁識能力）」と「行動を制御する能力（制御能力）」が欠如していた場合を責任無能力と解し、減退していた場合を限定責任能力と解しているのである。このように判例は責任能力の有無を判断するにあたって、「精神の障碍」という生物学的要素と、弁識能力と制御能力という法的要素の両方を併用する混合的方法を用いてきた[5]。

(2)　「精神の障碍」

　ただし、ここでいう「精神の障碍」は、精神医学が治療の対象とする精神障害よりも、その意味するところが限定される法的概念であるという点には留意を要する。具体的には、「一般に、統合失調症や精神病症状を伴ううつ

---

[4]　大判昭和6年12月3日刑集10巻682号。
[5]　青木紀博「責任能力の法的基礎」風祭元・山上皓編『臨床精神医学講座19司法精神医学・精神鑑定』（中山書店、1998）17頁以下。

病のような狭義の精神病、意識障害、重度の発達遅滞など、重篤な判断能力の障害を伴う精神障害[6]」が「精神の障碍」に当たると説かれる。

2 可知論・不可知論と慣例（コンベンション）
(1) 不可知論

「精神の障碍」の存在が確認できたとしても、それが「弁識能力」や「制御能力」を欠如させる原因でなければ、責任能力の存在は否定されない。ところが、精神医学の世界においては責任能力の有無の判断にあたって、一定の精神障害が、人の意思や行動の決定プロセスにどのように影響するかは経験科学的には判断できないという立場（不可知論）が有力に唱えられ、それを判断できるという立場（可知論）との間に激しい対立を繰り広げてきた。つまり、不可知論の立場からは、弁識能力や制御能力には形而上学的・哲学的なレベルで論じられる意思自由の問題が隠されていると考えられ、そうした問題の帰結は、経験科学である精神医学的な観点からは導き出せないと結論付けられた。そして、精神鑑定に基づいて責任能力を判断するためには、鑑定医と裁判官の間で、予め統合失調症や躁うつ病など一定の精神疾患（大精神病）の状態の者については、自動的に責任能力を否定するように、「慣例（コンベンション）」にしておく必要があると説かれたのである[7]。こうした主張を受けて戦後の一時期、判例上は「一定の精神疾患＝責任無能力」という不可知論的な鑑定結果を採用する裁判例が相次いだこともあった。

しかし不可知論が有力に展開された1940年代以降、精神医療の発展に伴い精神疾患の実態が明らかになるにつれ「一定の精神疾患＝責任無能力」とい

6　五十嵐禎人「精神鑑定とは何か」科学80巻6号（2010）641頁。
7　西山詮「責任能力の精神医学的基礎」風祭元・山上皓編・前掲注5）41頁以下、岡田幸之「刑事責任能力と精神鑑定」ジュリスト1391号（2009）84頁以下。なお、「慣例（コンベンション）」の確立の必要性は、刑法における実質的責任論の立場からも唱えられてきた。そこでは、「責任能力の有無、とりわけ制御能力の有無」は、「法の要求に従った動機づけができるような心理状態であるかどうか、という問題であり」、「何ら形而上学的要求が介入するものではなく」、「経験的に認識できる性質のものであるが、実際上は、その認識は不可能に近い」ことから、「一方では、精神の障碍という生物学的要素に基づく場合にかぎって、責任能力がないとするほかないし、他方では、一定の生物学的要素がある場合には責任能力がないと考えるほかないことも多い」と説かれた（平野龍一『刑法総論II』〔有斐閣、1975〕286頁以下）。

う固定的な判断への支持は減少した[8]。そして「精神の障碍」の弁識能力や制御能力への影響を経験科学的に測れないことが、なぜ「一定の精神疾患＝責任無能力」という結論につながるのか、その根拠が必要となるはずであるが、必ずしも説得的な説明はなされてこなかったというのが実情である。

(2) 可知論

これに対して、可知論は「不可知論に対するアンチテーゼとして出てきた考え方[9]」であり、弁識能力や制御能力を形而上学的・哲学的な意思自由と切り離して捉えその有無について経験科学的な観点から判断することがある程度は可能であると考える。そこでは、精神医学的な診断に加えて、精神疾患の質と程度、行為への影響などをも考慮しながら、責任能力の判断が下されてきた。こうした可知論の考え方は、「精神病を罹患しているからといって、一律に刑事責任を免除しない」という点で、精神障害者のノーマライゼーションという国際的な潮流と合致し、「診断結果が普遍的・絶対的であった、かつての病因論に基づく診断分類と異なり、症候学に基づく診断分類では、時々の対象者の症状に応じて、診断名が可変的で、複数の診断結果の重複もあり得る」という点で、『ICD－10』と『DSM－Ⅴ』といった操作的診断基準が普及した精神医学の実情と親和的である。しかし、「精神の障碍」が、どのように弁識能力や制御能力に影響を及ぼすのか、その具体的な仕組みが医学的にすべて解明されているわけではなく、その意味では可知論にも限界があるといえよう[10]。

(3) 判例の動向

判例は、最決昭和58年9月13日[11]において、「被告人の精神状態が刑法39

8　山上皓「精神鑑定および司法精神医学の今後」こころの科学75号（1997）98頁。これに対して、現在でも、コンベンションを支持する有力な見解として、中田修「司法精神医学と患者の人権」こころのりんしょうà・la・carte28巻3号（2009）471頁。

9　五十嵐禎人「刑事責任能力総論」同編『刑事精神鑑定のすべて』（中山書房、2008）9頁。

10　岡田・前掲注7）85頁。近時まで、精神医学の世界では、可知論と不可知論のどちらが優勢ということはなかったと指摘するものとして、中谷陽二ほか「〈座談会〉裁判員裁判下の刑事精神鑑定はどうあるべきか」精神医学66号（2012）817頁〔高岡発言〕。なお、影山任佐「精神鑑定をめぐる現状と展望」中田修ほか編著『精神鑑定事例集Ⅱ』（日本評論社、2010）443頁以下も参照。

11　裁判集刑232号95頁。

条にいう心神喪失又は心神耗弱に該当するかどうかは法律判断であって専ら裁判所に委ねられるべき問題であることはもとより、その前提となる生物学的、心理学的要素についても、右法律判断との関係で究極的には裁判所の評価に委ねられるべき問題である」と述べるなど[12]、可知論に立つことを明確にしている。こうした姿勢は今日まで一貫しており、殺人罪で起訴された被告人について精神鑑定意見の一部を採用しつつ、被告人が心神喪失の状態にあったとする部分を前提資料や推論過程に疑問があるとして採用せず、心神耗弱の状態にあったと認定した原審判決について、最決平成21年12月8日[13]は「責任能力の有無・程度の判断は、法律判断であって専ら裁判所にゆだねられるべき問題であり、その前提となる生物学的、心理学的要素についても、上記法律判断との関係で究極的には裁判所の評価にゆだねられるべき問題である。したがって、専門家たる精神医学者の精神鑑定等が証拠となっている場合においても、鑑定の前提条件に問題があるなど、合理的な事情が認められれば、裁判所は、その意見を採用せずに、責任能力の有無・程度について、被告人の犯行当時の病状、犯行前の生活状態、犯行の動機・態様等を総合して判定することができる」と述べて原審判決を支持し、被告人の上告を棄却した。

ただし、混合的方法を採用する以上、「精神の障碍」という生物学的要素に関する精神科医による精神鑑定の結果は尊重されるべきであることは言うまでもない[14]。判例においても、最判平成20年4月25日[15]は精神鑑定書が証拠となった事案での責任能力の認定について、「鑑定人の公正さや能力に疑いが生じたり、鑑定の前提条件に問題があったりするなど、これを採用し得ない合理的な事情が認められる場合でない限り、その意見を十分に尊重して認定すべき」と判示し、この点について確認している。

---

12 最決昭和59年7月3日も、「被告人の精神状態が刑法39条にいう心神喪失又は心神耗弱に該当するかどうかは法律判断であるから専ら裁判所の判断に委ねられている」と述べる（刑集38巻8号2783頁）。
13 刑集63巻11号2829頁。
14 西田典之『刑法総論』（弘文堂、第2版、2010）282頁、西田典之・山口厚・佐伯仁志編『注釈刑法第1巻・総論』（有斐閣、2010）617頁〔古川伸彦〕。
15 刑集62巻5号1559頁。

3　現行の責任能力鑑定制度

現行の刑事司法システムにおいては、複数の責任能力鑑定が認められている（表参照）。具体的には、まず検察段階で簡易鑑定が行われ、その結果をふまえ、検察官が必要と判断した場合に起訴前嘱託鑑定が実施される。さらに、起訴前に鑑定が実施されていなかった場合や起訴前鑑定だけで不十分と裁判所が判断した場合は、公判鑑定または公判前鑑定が実施される[16]。

(1)　起訴前鑑定

刑事訴訟法は、検察官が、犯罪の捜査をするについて必要があるときに、被疑者以外の者の出頭を求め、これに鑑定を嘱託することができる旨を定めている（223条）。わが国の刑事の責任能力鑑定で、最も多く行われているのは、このように起訴前の段階で、検察官が被疑者を起訴するか否か判断するための参考とするために実施される「起訴前鑑定」である[17]。起訴前鑑定には、後述する公判・公判前整理手続において実施される鑑定と同様に、拘置施設や精神科病院に留置された対象者（被疑者）に対して一定の期間をかけて行われるもの（起訴前嘱託鑑定）と、簡易な方法で短時間で行われるもの（簡易鑑定）とがある。このうち前者の起訴前嘱託鑑定における鑑定留置処分は強制処分であり、検察官からの請求を受けた裁判官が、その請求を相当と認めるときに、その処分をすることで実施される（224条1項・2項）。これに対して、後者の簡易鑑定は比較的短時間で済み、留置処分を伴わないことから、裁判所の許可を要せず、対象者本人の同意のみに基づき実施される任意処分である。二つの鑑定の用途は同じで、いずれも対象者を起訴すべきかど

表　刑事司法における鑑定の種類と特徴

	鑑定の種類	命令・委嘱者	犯行からの時間経過	鑑定時間	鑑定資料	情報量
起訴前	①簡易鑑定	検察官	短時間	短時間	検察の資料	少ない
起訴前	②起訴前嘱託鑑定	検察官	①より長時間	長時間	検察の資料	①より多い
起訴後	③公判前鑑定	裁判所	②より長時間	長時間	両方の資料	②より多い
起訴後	④公判鑑定	裁判所	③より長時間	長時間	両方の資料	②より多い

（五十嵐禎人「司法精神医学からみた精神鑑定」法と精神医療27号（2012）90頁以下を参考に作成）

16　五十嵐禎人「司法精神鑑定からみた精神鑑定」法と精神医療27号（2012）90頁以下。
17　青木・前掲注1）538頁以下。

うかの判断の参考にするために用いられる。したがって、判断内容も同じであるが、簡易鑑定が、その性質上限られた客観的情報に基づく短時間の鑑定で結論が導かれるのに対して、起訴前嘱託鑑定は、鑑定留置し、簡易鑑定よりも多くの情報を参考に、時間をかけて（通常3・4ヶ月）行われる。いずれも犯行後の早い時期に、犯行時の精神状態について診断することができるという利点を有するが、起訴前嘱託鑑定は、時間をかけて行われる分、そうした利点が後退することになる。また、鑑定にあたって参考とする情報の量は、簡易鑑定に比べて起訴前嘱託鑑定の方が大きくなるが、いずれも検察から提供されたものに制限されるという限界がある。

(2)　公判・公判前鑑定

起訴後に、裁判所が必要であると判断したときに、期間を定めて対象者を拘置施設や精神科病院に留置したうえで行う鑑定が、公判・公判前鑑定である（刑訴法165条）。これらの鑑定は、起訴前嘱託鑑定と同様、一定の期間、鑑定留置する中で行われる（167条1項）。簡易鑑定に対して、起訴前嘱託鑑定、公判鑑定および公判前鑑定の3つを総称して、「本鑑定」と呼ぶ。裁判官は、鑑定留置状を発してこれをしなければならない（167条2項）。また、留置につき必要があるとき、裁判所は被告人を収容すべき病院や拘置施設の管理者の申出により、または職権で、司法警察職員に被告人の看守を命ずることができる（同3項）。公判前整理手続制度の導入後、公判前整理手続が実施されるときは、責任能力鑑定は、原則として、公判前に実施されている。

公判・公判前鑑定は、いずれも検察側だけでなく、弁護側からの意見もふまえて実施される点で、公平性が保証される点ではメリットは大きい。しかし、犯行時からかなりの時間を経てから実施されるために、犯行時の責任能力を判断するための参考資料として扱うに際しては留意を要する。

(3)　私的鑑定・意見書

これまでに述べたように、起訴前鑑定は、検察官の判断で行われ（鑑定留置については、裁判官の判断で行われ）、公判・公判前整理手続は、裁判官の判断で行われる。弁護人は、起訴前鑑定が実施されていないとき、または起訴前鑑定は実施されたが、不十分もしくは誤りだと考えたとき、裁判所に対して公判鑑定・公判前鑑定を行うように求める。しかし、裁判所がこの求めに応

じず、鑑定を行わなかったとき、弁護人が自らの証拠収集の一環として、精神科医に依頼して実施されるのが「私的鑑定」である。鑑定を行う鑑定人や鑑定の方法では、本鑑定と異なるところはないが、対象者との面接にかけられる時間は、公判のスケジュールの制約を受けるため、数回の面接となることが多いとされる[18]。公判において証拠として採用されるか否かは、検察官の同意・不同意による。不同意の場合は、証拠の採否が公判において争われることになる。

　法律上、明示された制度ではないが、私的鑑定には、以下のような重要な機能を果たしている実例がある[19]。①起訴前簡易鑑定の不備を指摘し、判決で採用された。②責任能力の有無が争点とならないまま結審した一審判決が、控訴審で破棄される根拠となった。③控訴審で、公判鑑定が実施されるきっかけになった。

Ⅲ　責任能力鑑定の今日的な課題

1　精神鑑定基準の標準化の試み—理想と現実のギャップ

　客観的で、中立的であるはずの鑑定ではあるが、これまでの運用を振り返ってみると、現実には鑑定を行った者によってまったく逆の結論が示されることがあった[20]。その要因の一つは、鑑定基準や方法の不統一性に求められよう。

　精神医学界では、こうした状況を改善するために精神鑑定書の標準化を目指した共同研究が行われ、その成果が2005年に『刑事責任能力に関する精神鑑定書作成の手引き[21]』としてまとめられた。そこでは、責任能力判断に当たり、法曹関係者が基準とする項目を整理し、「犯行前の精神機能と行動」

18　高田知二・高岡健・金岡繁裕「私的精神鑑定の意義」臨床精神医学36巻9号（2007）1080頁。
19　高田ほか・前掲注18）1080頁。
20　風祭元「司法精神鑑定における診断の不一致」こころの科学75号（1997）75頁以下、中村陽子「一般人から見た司法精神医療」加藤進昌・岩波明編『精神鑑定と司法精神医療』（批評社、2010）139頁。
21　「他害行為を行った者の責任能力鑑定に関する研究」班編①『刑事責任能力に関する精神鑑定書作成の手引き平成18～20年度総括版（ver. 4.0）』（2008）、同②『「刑事責任能力に関する精神鑑定書作成の手引き」追補（ver. 1.1）』（2011）。

として以下の「刑事責任能力評価の着眼点（7つの着眼点）」を提示した[22]。①犯行動機の了解可能性、②犯行の計画性、③行為の意味・反道徳性・違法性の認識、④精神障害による免責可能性の認識、「犯行時の精神機能と行動」としての⑤犯行時精神状態の平素の人格からの質的不連続性、⑥犯行手順の一貫性・合目的性、「犯行後の精神機能と行動」としての⑦犯行直後の自己防御的・危機回避的行動。

これら7つの項目は、あくまでも着眼点であり、そこから責任能力の有無を直接導くことができる評価尺度や診断基準のようなものではない。最初に研究成果が公表された際には、位置づけが不明確な面があったが、最新版（平成18～20年度総括版〔ver. 4.0〕）では、法律家の視点から、法廷などで問われる可能性が高い質問を経験的に列挙したもので、法廷での説明の準備に用いる「整理のツール」であり、精神鑑定医が任意で採用すべきものである旨が明示されている[23]。しかし、そうした位置づけにもかかわらず、7つの着眼点は多くの精神鑑定医によって評価尺度や診断基準のように取り扱われた。その主な理由は、精神鑑定基準の標準化の試みにおけるいわば「理想と現実のギャップ」に求めることができよう。すなわち、責任能力の有無の判断は、裁判官の専決事項であり、精神鑑定医の役割は、生物学的な要素である「精神の障碍」について診断し、それが弁識能力や制御能力に及ぼした影響を検討することにあるという判例の立場にもかかわらず、実際には、7つの着眼点は「事後の証人尋問ではほとんどの場合に責任能力について相当踏み込んだ意見を求められる。精神障害の有無や程度について述べれば事足れりとされるのはむしろ例外である[24]」という状況にさらされてきた多くの精神鑑定医にとって有用性の高いものであったためであろう。

こうした理想と現実のギャップのために、7つの着眼点に対しては、厳しい批判も加えられている。①心理学的要素に踏み込みすぎ、精神科医が判断できる内容を逸脱しており、結果的に、行き過ぎた説明によって犯行了解性

22　岡田幸之ほか「刑事精神鑑定書の書き方―「刑事責任能力に関する鑑定書作成の手引き」の開発―」精神科治療学23巻3号（2008）367頁以下。
23　「他害行為を行った者の責任能力鑑定に関する研究」班編①・前掲注21）3頁以下。
24　中谷陽二『司法精神医学と犯罪病理』（金剛出版、2005）123頁。

への道を過度に広げることにつながる[25]。②精神鑑定医が、精神医学の診断や種々の判断のうえで最も重要な要素である生活史や現病歴といった項目を簡略化し、その裏付けとなる情報の収集を怠ってしまうことで、診断はもとより、精神障害と犯行との関係についての解釈も誤ってしまいかねない[26]。③これらの項目が、どのような基準で選択されたのか、項目相互の関係や重要度について、必ずしも明らかでない[27]。

2 裁判員裁判制度と精神鑑定
(1) 裁判員裁判制度と責任能力

2009年5月21日より実施されている裁判員裁判制度の下、死刑や無期懲役に係る犯罪（裁判員の参加する刑事裁判に関する法律2条1項1号）および故意の行為で人が死亡した犯罪（同2号）については、国民から無作為に選ばれた6人の裁判員と3人の裁判官が一緒に犯罪事実の認定（6条1項1号）、法令の適用（同2号）および刑の量定（同3号）を行うことになった。こうした新しい刑事裁判制度の導入によって、事実認定の面においては、それまで公判廷に提出された書面を裁判官が読み込み、判断を下していた書面中心主義の状況を転換し、直接主義の原則を実践する必要性が生じた。また、もっぱら事実認定を役割とする英米の陪審員制度と異なり、量刑判断にも関与する裁判員の負担は小さくない（とりわけ、新派刑法学の影響を残し、法定刑の幅がかなり大きいわが国では、そうした量刑面での裁判員の負担は軽視できない）ことから、負担軽減に資する何らかの手当てが求められた。とりわけ、裁判員制度の導入に際して大きな問題となったのは、専門的で難解な法律概念を裁判員にも理解可能なものとすることであった。

この課題に取り組むため、裁判官と刑事法研究者による共同研究が実施され、2009年に、その結果である『難解な法律概念と裁判員制度[28]』が公表さ

---

25 髙田知二『市民の為の精神鑑定入門』（批評社、2012）111頁以下、吉川和男「精神鑑定をめぐる諸問題」こころのりんしょうà・la・carte 28巻3号（2009）73頁。
26 吉川・前掲注25）76頁。
27 浅田和茂「責任能力と精神鑑定」犯罪と刑罰21号（2011）64頁。
28 佐伯仁志・酒巻匡・村瀬均・河本雅也・三村三緒・駒田秀和『難解な法律概念と裁判員裁判』（法曹会、2009）44頁以下。

れた。その中で困難を極めた概念の一つが、責任能力に関するものであったとされる。同書の公表後も、継続されてきた議論の現段階での到達点は以下のように整理されている。①精神の障害の内容、その障害がいかに本件犯行に影響したのかに関する具体的な機序を、鑑定医が説明した後、裁判官と裁判員が説明を参考に、責任能力の有無・程度について議論し、判断するという枠組みが基本的に妥当である。②鑑定事項は、こうした枠組みを意識し、裁判官と裁判員のニーズを具体的に伝えられるものにする。③責任能力の判断は、基本的に法律判断であり、鑑定事項としてはならないし、裁判員にも鑑定人の役割を十分説明しておく。④鑑定人は、精神病名ではなく、当該「精神の障碍」による具体的な症状が本件犯行に影響を与えたプロセスの具体的な説明をする。⑤公判での鑑定の説明方法は、鑑定人が口頭で話した後に裁判員からの質問に答える方式が分かりやすく、そのために公判前に鑑定人と裁判官、検察官、弁護人が打ち合わせておく（カンファレンスを開く）[29]。

(2) 裁判員裁判制度と精神鑑定

裁判員制度の実施後、責任能力鑑定を中心とする精神鑑定については、以下のような必要が生じている[30]。①起訴前の鑑定について、簡易鑑定より起訴前嘱託鑑定を用いること。②起訴後の鑑定でも、従来のように被告人質問を含む主要な証拠調べを終えてから鑑定を実施するのではなく、公判前整理手続において実施決定がされ、鑑定作業を了すること。③必要に応じて、公判前整理手続の段階で論点を整理するため、鑑定人、裁判官、検察官、弁護人によってカンファレンスを実施すること。④予備知識のない裁判員に公判廷での審理だけで理解できるように、鑑定医が鑑定人尋問において平易な言葉遣いで説明すること（「法廷にはパソコンとプロジェクターが用意され、鑑定医が裁判員に鑑定結果をプレゼンテーションする光景が日常的になった[31]」などと指摘される）。⑤鑑定書について、尋問が実施されない場合にはとりわけ、読み上げ

---

[29] 河本雅也「責任能力の判断と裁判員裁判」法と精神医療27号（2012）103頁以下。
[30] 金岡繁裕「裁判員裁判下の刑事精神鑑定」精神医療66号（2012）42頁以下。なお、岡田幸之「裁判員制度と精神鑑定」五十嵐編・前掲注9）66頁以下、田口寿子「裁判員裁判は精神鑑定をどう変えたか？」法と精神医療59号（2013）59頁以下、芦沢政治「刑事責任能力が問題となる裁判員裁判の審理の在り方」法と精神医療28号（2013）81頁以下も参照。
[31] 平田豊明「起訴前簡易鑑定の意義と課題」法と精神医療27号（2012）85頁。

るのに適した体裁および分量であり、かつそれだけで内容が理解可能であること。こうした要求は、いずれも精神鑑定医の負担の増加につながるものである。それだけに精神鑑定人の質・量の両面での整備こそが、裁判員制度における精神鑑定制度の帰趨を決するといえよう。また、こうした裁判員への配慮が、論理的な緻密さよりも視覚的・直観的なインパクトが重視され[32]、被告人の法的な権利を侵害することにつながらないように留意することも必要となろう[33]。

Ⅳ 責任能力鑑定以外の精神鑑定

1 情状鑑定
(1) 情状鑑定の意義

責任能力のためではなく、量刑において、被告人の酌量すべき情状の一種として精神鑑定を用いるのが、情状鑑定である。古くは、「訴因事実以外の情状を対象とし、裁判所が刑の量定、すなわち被告人に対する処遇方法を決定するために必要な知識の提供を目的とする鑑定[34]」などと定義されていた。つまり情状鑑定は、鑑定の目的・対象いずれも、訴因に直接関係する事柄だけでなく、被告人を取り巻く環境や生い立ちなど広範囲のものが含まれる点でも責任能力鑑定と異なるのである[35]。

情状鑑定に関しては、これまでのところ必ずしもまとまった議論は十分につくされていない。また、実際の裁判においても、責任能力の有無の判断に資するために行われた鑑定が、責任能力ではなく、情状の一つとして採用さ

32　平田・前掲注31) 86頁。なお、五十嵐禎人「裁判員制度における精神鑑定の実際と課題」精神医学53巻10号（2011）937頁以下。

33　高岡健「裁判員裁判と刑事精神鑑定」精神医療66号（2012）3頁以下、中島直「裁判員裁判制度開始後の刑事精神鑑定について」精神医療66号（2012）31頁以下。そこでは、前述した7つの着眼点が用いられることも問題点として指摘されている。同様に、論点が「弁識能力があったかなかったか」に集約される傾向を加速させることへの懸念を示すものとして、中谷陽二「責任主義の行方と精神鑑定」司法精神医学2巻1号（2007）78頁以下。

34　兼頭吉市「刑事鑑定の法理」上野正吉ほか編著『刑事鑑定の理論と実務』（成文堂、1977）114頁以下。

35　中谷陽二ほか・前掲注10）22頁〔高岡健発言〕。

れるケースは存在した。さらに、精神鑑定医への鑑定依頼の中には、最初から「責任能力鑑定を依頼しているのではありません」と断ってなされるものもあるとされる[36]。

(2) 情状鑑定の役割

情状鑑定の機能を重視する論者の中には、そうした鑑定を量刑の資料にとどまらず、処遇方法を決定するために用いることの重要性が説かれる。すなわち、「狭くは、当該犯罪に至った要因を分析する犯罪心理鑑定と同義であろうが、情状鑑定は本来、より広く、犯罪に至った要因を払しょくできているかどうか、払しょくするにはどのような処遇が望ましいかを関係諸科学の知見から解明していくことを目指すもの[37]」と位置づけられるのである[38]。

ただし、精神鑑定医からは、情状に関しては、専門家として言えることは何なのか、必ずしも明確でないとの指摘もなされており[39]、今後の議論の蓄積が望まれる[40]。

2 医療観察法鑑定

(1) 医療観察法鑑定の概要

心神喪失等の状態で重大な他害行為を行った者の医療及び観察等に関する法律(医療観察法)の目的は、対象者に関し、精神障害者であるか否か(疾病性)および対象行為を行った際の精神障害を改善し(治療反応性)、これに伴って同様の行為を行うことなく、社会に復帰することを促進する(社会復帰要因)ことである。そして、この目的を達成するにあたり、同法に基づく医療を受けさせる必要があるか否かについて判断するため、裁判所が、精神保健判定医またはこれと同等以上の学識経験を有すると認める医師に鑑定(医療観察法鑑定)を命じなければならない旨を定めている(37条1項)。医療観察法鑑定を行うに当たっては、①精神障害の類型、②過去の病歴、③現在およ

---

36 中谷ほか・前掲注10) 23頁〔高岡健発言〕。
37 金岡・前掲注30) 47頁。
38 中谷陽二「精神鑑定について」刑政112巻12号 (2001) 81頁。
39 中谷ほか・前掲注10) 23頁〔岡田幸之発言〕。
40 近時の情状鑑定の具体例を紹介するものとして、木村一優「意識狭窄及び情動行為と情状鑑定」精神医療66号 (2012) 77頁以下。

び対象行為を行った当時の病状、④治療状況、病状および治療状況から予測される将来の症状、⑤対象行為の内容、⑥過去の他害行為の有無および内容ならびに⑦当該対象者の性格を考慮するものとされている（同条2項）。

こうした鑑定のために、検察官から入院決定等の申立てを受けた地方裁判所の裁判官は、対象者に対して、鑑定入院を命じなければならない（34条1項）。入院期間は、命令が執行された日から起算して2ヶ月以内であるが、必要な場合は、裁判所の決定によって、1ヶ月を超えない範囲で延長することができる（37条1項）。鑑定の結果を基礎とし、裁判所は、①入院をさせる旨の決定、②入院によらない医療を受けさせる決定、③医療を行わない決定のいずれかをしなければならない（42条1項）。

(2) 「医療の必要性」

前述したように、医療観察法鑑定において、「医療の必要性」は、①疾病性、②治療反応性、③社会復帰要因の3つの観点から検討される。具体的には、①疾病性については、「対象行為を行った際の精神障害の診断・重症度・対象行為との関連性の程度、そして鑑定時も同じ精神障害が持続しているかどうか」が検討され、②治療反応性については、「対象者が、治療を受ける動機をもちうるか（治療準備性）、治療に同意して積極的に治療に参加できるか（治療同意）、実際に治療が認められ、それが他の場面にも般化できるか（治療の効果・般化）」が検討され、③社会復帰要因では、「社会復帰を促進あるいは阻害する要因はあるか」が検討される[41]。したがって、刑事責任能力がないと判断された者であっても、①疾病性が否定される鑑定時に症状が消失しているアルコール酩酊や薬物による一過性精神障害者、②障害の性質上治療反応性がないと解されている知的障害、認知症などの器質性精神障害者や精神病質者は、「医療の必要性」が否定され、医療観察法による治療を受けられない。

では、これら3つの要件を充足し、医療観察法の「医療の必要性」が認められた対象者について、精神保健福祉法に基づく入院でも足りるとして、不処遇決定を行うことは許されるであろうか。この点について、1審と2審で

---

41 田口寿子「心神喪失者等医療観察法をめぐる私論」中谷陽二ほか編『精神科医療と法』（弘文堂、2008）161頁以下。

判断の分かれた最決平成19年7月25日[42]は、「医療観察法の目的、その制定経緯等に照らせば、同法は、同法2条3項所定の対象者で医療の必要があるもののうち、対象行為を行った際の精神障害の改善に伴って同様の行為を行うことなく社会に復帰できるようにすることが必要な者を同法による医療の対象とする趣旨であって、同法33条1項の申立てがあった場合に、裁判所は、上記必要が認められる者については、同法42条1項1号の医療を受けさせるために入院をさせる旨の決定、又は同項2号の入院によらない医療を受けさせる旨の決定をしなければならず、上記必要を認めながら、精神保健及び精神障害者福祉に関する法律による措置入院等の医療で足りるとして医療観察法42条1項3号の同法による医療を行わない旨の決定をすることは許されないものと解するのが相当であ」ると述べ、検察官から申立てのあった対象者に、「医療の必要性」が認められる場合、入院決定または通院決定のいずれかを行う義務があるとした。この決定については、医療観察法が、対象者の社会復帰を促進するため最適な医療体制を構築していることを根拠に支持する見解が見られる一方で[43]、過度な人権侵害に当たり、最適の治療を受ける機会を妨げることになるなどとして、疑問も呈されている[44]。

(3) 医療観察法鑑定の問題点

医療観察法鑑定については、刑事手続を終了した対象者の身柄を鑑定留置のために拘束するための根拠規定の不備など手続面の不備が、施行前から指摘されていた。また、精神科医サイドからは、鑑定入院を指定入院医療機関でない一般の精神医療機関が担うことについて、この入院期間中に、最も厳重な安全確保を必要とするはずの急性期治療が行われるという矛盾があるとされる[45]。

---

42 刑集61巻5号563頁。
43 江見健一「心神喪失者等医療観察法の施行の状況について」法律のひろば59巻12号(2006) 8頁、安田拓人「医療観察法の解釈・運用に関する問題点と検討」季刊刑事弁護49号(2007) 114頁以下。
44 中山研一「医療観察法による『医療の必要性』について」判例時報1992号(2008) 11頁、渡辺修「医療観察法の『医療の必要』とは何か」自由と正義59巻3号(2008) 81頁以下、山本輝之「心神喪失者等医療観察法における強制処遇の正当化根拠と『医療の必要性』について」中谷ほか編・前掲注41) 143頁以下。
45 田口・前掲注41) 166頁。

また、鑑定によって導き出された治療反応性や社会復帰要因などについての評価にも限界があり、入院後に、診断が変更されるケースも存在する[46]。医療観察法鑑定の質は、医療観察制度の根幹にかかわるだけに、一層の向上が望まれるところである。

3　訴訟能力鑑定
(1)　訴訟能力の意義

刑事訴訟法上、公訴を提起された被告人が心神喪失の状態にあるとき、裁判所は、検察官および弁護人の意見を聞き、決定で、その状態の続いている間、公判手続を停止しなければならない（314条1項）。また、回復の見込みがない場合には、検察官の公訴取消しをまたず、手続の打切り[47]や公訴棄却[48]が考慮されることになるとされる。ここでいう心神喪失は、現在の訴訟能力が欠如することを指し、過去（犯行時）の刑事責任無能力（刑法39条）とはまったく意味が異なる。その意義について、最判昭和29年7月30日は「一定の訴訟行為をなすに当り、その行為の意義を理解し、自己の権利を守る能力[49]」としていたが、最決平成7年2月28日は「被告人としての重要な利害を弁別し、それに従って相当な防御をすることのできる能力[50]」と定義し、より防御権に重点を置いた[51]。ただし、判例はそうした能力が著しく制限されていても、「弁護人及び通訳人からの適切な援助を受け、かつ、裁判所が後見的役割を果たすことにより、これらの能力をなお保持していると認められる」場合は、「心神喪失の状態」には当たらないとしてきた[52]。

46　五十嵐禎人「精神鑑定専門医に必要な技量とは」司法精神医学8巻1号（2013）96頁。
47　指宿信『刑事手続打切り論の展開』（日本評論社、2010）130頁、白取祐司『刑事訴訟法』（日本評論社、第7版、2012）236頁、田口守一『刑事訴訟法』（弘文堂、第6版、2012）196頁。なお、最決平成7年2月28日刑集49巻2号481頁（千種秀夫判事補足意見）。
48　田宮裕『刑事訴訟法』（有斐閣、新版、1996）30頁、光藤景皎『口述刑事訴訟法（中）』（成文堂、補訂版、2005）16頁、上口裕『刑事訴訟法』（成文堂、第3版、2012）38頁以下。
49　最判昭和29年7月30日刑集8巻7号1231頁。
50　最決平成7年2月28日刑集49巻2号481頁。
51　青木紀博「判批」判例評論448号（1996）230頁以下、香川喜八朗「判批」平成7年度重要判例解説・ジュリスト1113号（1997）172頁以下。
52　最判平成10年3月12日刑集52巻2号17頁。

(2) 訴訟能力の判断基準

　責任能力と同様、訴訟能力も法的な概念であり、その有無は裁判官によって判断される。しかも、責任能力と違って、その理由が「精神の障碍」であることは要件とされていない。そのためもあって、訴訟能力の有無の判断に当たって、鑑定が実施されるケースは必ずしも多くなく、訴訟能力鑑定の方法や基準について論じられる機会も限られてきた[53]。この点は、訴訟能力に関する司法判断が多数下されてきたアメリカ合衆国とは対照的であると指摘される[54]。また、訴訟能力を争ったわずかな数の判例も、控訴取り下げの有効性が事後的に争われるという特殊な事案が中心であったことから[55]、学説においては、一般的な訴訟能力と分けて、宣誓能力や証言能力などを含めた個別の訴訟行為能力についても考える必要があるとの指摘もなされている[56]。

　しかし、そうした中でも、従来、訴訟能力を「刑事手続において自らの置かれている立場、各訴訟行為の内容、黙秘権等に関する一般的・抽象的・言語的な理解能力ないし意思疎通能力」と解する立場と「自活能力や社会適応能力」と解する立場に分けて理解されてきた[57]。従来の裁判では、後者の立場から訴訟能力が緩やかに認められる傾向にあったが[58]、訴訟の当事者に要求される能力としては、単に日常生活を送れるだけでなく、訴訟空間という抽象度の高い空間において、意思疎通を図れる能力が必要であるとの精神医学サイドからの指摘は傾聴に値する[59]。責任能力に関するものと比較して、数の上で決して多くない訴訟能力鑑定の事例研究の蓄積と並行して[60]、こう

---

[53] 訴訟能力をめぐる裁判例を検討した文献として、金岡繁裕「訴訟能力に関する刑事裁判例研究」季刊刑事弁護47号（2006）111頁以下、中島直①『犯罪と司法精神医学』（批評社、2008）84頁以下、中島直②「訴訟能力について」精神医学43号（2006）89頁以下、高岡健『精神鑑定とは何か』（明石書店、2010）69頁以下。
[54] 西山詮「精神障害者の訴訟をする権利と能力」精神医学35巻8号（1993）875頁。訴訟能力をめぐるアメリカ合衆国の動向を紹介するものとして、中谷・前掲注24）149頁以下。
[55] 中谷・前掲注24）136頁以下。
[56] 田宮裕・前掲注48）30頁、白取・前掲注47）38頁以下。
[57] 中島①・前掲注53）94頁以下。
[58] 渡辺修「判批」判例評論480号（1999）246頁。
[59] 西山詮「精神遅滞者の訴訟能力」精神神経学雑誌90巻2号（1988）111頁、高田知二「裁判員裁判と訴訟能力鑑定」精神医療66号（2012）75頁以下。

した訴訟無能力を広く認める見解の是非を含め、法的な観点からも訴訟能力の検討が要求されよう[61]。

4 死刑・自由刑の執行を受ける能力の鑑定
(1) 死刑の執行停止と心神喪失

死刑の言渡しを受けた者が心神喪失の状態にあるとき、法務大臣の命令によって、刑の執行は停止される（刑事訴訟法479条1項）。その理由としては、一般的に、①刑罰として無意味であること[62]、②責任主義の観点から無意味であること[63]、③正義に反すること[64]などが指摘される。したがって、ここでいう「心神喪失」は、責任能力とも訴訟能力とも異なり、「死刑の執行の際における自己の違法行為を非難する裁判に基づいて自己の生命を絶たれることの認識の能力の程度を指す[65]」と解されている[66]。これに加え、アメリカ合衆国での議論を参考に、「死刑執行の最後の瞬間まで弁護人等を助けて訴訟法上の法的手続きを行う能力」や「精神的・心理学的に死への準備ができているか」を上げる見解もある[67]。いずれにせよ、社会生活に適応できず、入院治療を要するような精神疾患を患っていたとしても、そのすべてが、ここでいう「心神喪失」に当るわけではない[68]。

(2) 自由刑の執行と心神喪失

同様の理由で、自由刑（懲役・禁錮・拘留）の言渡しを受けた者が心神喪失

60　近時の訴訟能力鑑定の事例を紹介するものとして、高田・前掲注59）68頁以下。
61　北潟谷仁「刑事裁判と訴訟能力」中谷陽二編『責任能力の現在』（金剛出版、2009）197頁以下。
62　松尾浩也監修『条解刑事訴訟法』（弘文堂、第4版、2009）1181頁、三井誠ほか編『新基本コンメンタール刑事訴訟法・別冊法セミ207号』（日本評論社、2011）629頁〔上野友慈〕、河上和雄ほか編『大コンメンタール刑事訴訟法第10巻』（青林書院、第2版、2013）349頁〔玉岡尚志・飯島泰〕、後藤昭・白取祐司編『新・コンメンタール刑事訴訟法』（日本評論社、第2版、2013）1125頁〔水谷規男〕。
63　松尾浩也編『刑事訴訟法II』（有斐閣、1993）613頁〔飛田清弘〕。
64　河上ほか編・前掲注62）349頁〔玉岡・飯島〕。
65　青柳文雄『刑事訴訟法通論（下）』（立花書房、5訂版、1979）656頁。
66　河上ほか編・前掲注62）348頁〔玉岡・飯島〕。
67　中島直「死刑と精神科医にまつわる問題」高岡健・中島直編『死刑と精神医療』（批評社、2012）120頁。
68　青柳・前掲注65）656頁。

の状態にあるときも、刑の言渡しをした裁判所に対応する検察庁の検察官または刑の言い渡しを受けた者の現在地を管轄する地方検察庁の検察官の指揮によって、その状態が回復するまで執行が停止される（刑事訴訟法480条）。死刑の執行停止の場合とパラレルに解すれば、ここでいう「心神喪失」は、「裁判によって自由刑に服してることを認識し得る能力が欠如すること[69]」となる。ただし、死刑の場合と異なり、自由刑の目的のうちに、社会復帰に向けた教育刑としての意義を認めるのであれば、「死刑の場合よりもこれに当る場合が広く認められる[70]」べきであろう。もちろん、そうした前提に立ったとしても、精神疾患を患った場合のすべてが、ここでいう「心神喪失」に当るわけではないという点は死刑の執行停止事由と同様である。

(3) 死刑・自由刑の執行を受ける能力と精神鑑定

責任能力と同様、心神喪失は法的概念であり、「自己の生命を絶たれることを認識する能力」や「自由刑に服していることを認識する能力」の有無は、検察官によって判断されることになる。しかも、そうした能力が欠如する理由として、「精神の障碍」の存在は要求されていないことから、死刑・自由刑の執行を受ける能力の有無を判断すべき場面でも、精神鑑定が必要的に参照されるわけではない。むしろ、実際には、執行停止を求める受刑者の弁護人らが、訴訟を提起する際に、参考意見書として付すために依頼する例の方が多いものと思われる。

いずれにせよ、死刑・自由刑の執行を受ける能力の有無の判断にあたって精神鑑定が要請されるケースがどれほどあるのか、その正確な数字は公表されていないが、少数にとどまると考えて間違いないであろう。また受刑能力を判断するために必要な精神鑑定の内容や基準についても確立されているとは言い難い。したがって、死刑・自由刑の執行を受ける能力の鑑定についても、鑑定内容や鑑定基準に関する活発な議論が望まれる[71]。

なお、心神喪失と判断され、死刑の執行停止になった者は、自由刑を執行

---

69 青柳・前掲注65）657頁。
70 青柳・前掲注65）657頁、河上ほか編・前掲注62）348頁〔玉岡・飯島〕、伊藤榮樹ほか『注釈刑事訴訟法第 7 巻』（立花書房、新版、2000）297頁〔朝倉京一〕。
71 死刑の執行を受ける能力について精神鑑定が行われた実例を紹介する貴重な文献として、中島直「死刑適応能力および再審請求能力が問われた事例」中谷編・前掲注61）209頁以下。

停止された者が釈放されるのとは異なり、刑事施設に拘置され（刑法11条2項）、刑事施設の長の裁量で、必要に応じて、施設外の病院等に入院させられるにとどまる（刑事施設収容法62条3項）。こうした規定の差異が、どのような影響をもたらすかは定かでないが、精神科医サイドからは、治療を施しても、「能力を回復すれば、死刑が執行されるというジレンマ[72]」が指摘されている。また、国際的に見ても、世界精神医学会の「マドリッド宣言」を始めとして、精神科医の死刑執行への関与を非倫理的とする声明が少なからず出されてきたことから、日本精神神経学会も「この議論が一定の結論に至るまでの間は、当面、精神科医は死刑執行に関与すべきではないと考えるものである」との学会の見解を発表している[73]。

V　むすび

　精神鑑定は、責任能力の有無を判断する場面だけでなく、情状、訴訟能力、死刑・自由刑の執行を受ける能力、さらには医療観察法における医療の必要性の有無を判断する際など刑事司法のさまざまな場面で重要な機能を果たしている。しかし、それにもかかわらず、今なお、その役割や効果、判断すべき内容や範囲、判断の基準など、いくつもの点で未確定な部分が残されている。それらの点について、近時、司法精神医学のサイドでは活発な議論が展開されているのに対して、刑事法学における議論は十分とは言い難い。そもそも刑事法学においては、「責任能力」、「情状」、「訴訟能力」、「受刑能力」、「医療観察法における医療の必要性」の有無といった法的な判断を行うに当って、精神鑑定によって求められた精神医学の知見をいかに用いるか、その具体的な方法や基準すら十分確立されていないのである[74]。そうした状況は、2008年と2009年の最高裁の判断の後も基本的には変わらない。そのよ

72　中島・前掲注67）121頁。
73　社団法人日本精神神経学会理事長佐藤光源「死刑執行への精神科医の関与に関する当学会の当面の態度について」〈http://nagano.dee.cc/dp.htm〉
74　近時の最高裁の判断をふまえて、責任能力鑑定における定性的可知論的判断方法を実践すべきとの立場から、その具体的な手順を論じるものとして、森裕「責任能力に関する四つの最高裁判例を踏まえた精神鑑定の在り方について」法と精神医療28号（2013）24頁以下。

うな中で、精神科医からの「精神科医学と司法の論理は水と油ではないかと感じることが少なくない[75]」との指摘がなされたのは無理からぬところである。精神鑑定の抱える問題点の解決のために、刑法学サイドも、精神鑑定への関心を高めていかなければならない。

その一方で、精神鑑定には、本質的な制約があることを忘れてはならない[76]。第一に、責任能力鑑定は、現在ではなく、過去の行為時の「精神の障碍」の有無と内容を明らかにしなければならないが、過去の一時点での症状を確定するという作業は、必ずしもたやすいものでなく、いわば「推定」の域にとどまることも否定できない。第二に、精神鑑定は、初診時に大まかな見通しを立てたうえで治療に着手し、経過を観察しつつ診断を確定していくという手順がとられる一般の精神科診療と異なり、期限が定められており、その間で蓄積したデータで結論を下す必要がある。また、多くの場合、対象者は、拘禁という特殊な精神状態にあるため、精神障害と拘禁反応のいずれによる症状かを見分ける必要も生じるが、そうした作業には困難がともなう。第三に、精神鑑定のレベル向上のためには、過去の鑑定事例の批判的な検証が不可欠であるが、内容的に個人のプライバシーに深くかかわるため、プライバシー保護の観点から、鑑定医の間で情報を共有することが容易でない。

近年、精神医学の世界では、脳科学の知見に基づいた責任能力判断（精神鑑定から脳鑑定へ）を模索する試みも見られる[77]。しかし、そうした試みが一定の成果を生み出すことがあるとしても、それには時間が必要であろう。その間にも行われ続ける「精神鑑定」を適正に運用していくためには、こうし

---

75 中谷陽二「責任能力について語る前に」こころのりんしょう â・la・carte 28巻3号（2009）98頁。

76 影山任佐『罪と罰と精神鑑定』（集英社インターナショナル、2009）189頁以下、中谷・前掲注38）81頁以下。

77 福井裕輝「脳と責任能力」こころのりんしょう â・la・carte 28巻3号（2009）517頁以下、吉川和男ほか「〈座談会〉新たな法制度における精神鑑定と責任能力のあり方」こころのりんしょう â・la・carte 28巻3号（2009）456頁〔福井裕輝発言〕、吉川・前掲注25）76頁。海外の動向について、David Hodgson, Guilty Mind or Guilty Brain?―Criminal Liability in the Age of Neuroscience, The Australian Law Journal vol. 74（2000）, at pp. 661-680；Richard E. Redding, The Brain-Disordered Defendant : Neuroscience and Legal Insanity in the Twenty-First Century, 56 AM. UNIV. L. REV. 51, 51-127（2006）.

た精神鑑定の本質的な限界をしっかりと認識したうえで、精神科医学と刑事法学の相互理解を深めていくことが重要である[78]。

78　田口寿子「精神鑑定に何が求められているか？」こころの科学149号（2010）14頁以下。

第4章　株主等の権利の行使に関する利益供与罪に関する一考察

川　崎　友　巳

Ⅰ　はじめに
Ⅱ　株主等の権利の行使に関する利益供与罪のアウトライン
Ⅲ　利益供与罪の本質と保護法益
Ⅳ　利益供与サイドの犯罪（第1項の罪）の構成要件
Ⅴ　供与利益受領サイドの犯罪（2項—4項の罪）の構成要件
Ⅵ　むすび

Ⅰ　はじめに

　他の経済法令罰則と同様、会社法罰則に定められた犯罪の多くも、母法であるドイツやアメリカ合衆国の法令の中に、そのモデルとなった犯罪を見つけることができる。しかし、例外的に、そうしたモデルをもたない、日本特有の犯罪が存在する。株主等の権利の行使に関する利益供与罪（970条）である。

　1960年代後半以降、日本では、総会屋の問題がますます深刻化し、有効な対策の必要性が強く認識されるようになった。ところが、その中心となるべき商法旧494条の「会社荒し等に関する贈収賄罪」は、「不正の請託」を要件にしていたことが足かせとなり、効果的な運用が望めなかった。そこで、1970年代半ばに、何らかの形で商法の罰則規定を改めるべきという機運が急速に高まっていった。

　こうした機運を受けて、法務省民事局参事官室では、1978年（昭和53年）に、「株式会社の機関に関する改正試案」をまとめて公表した。そこでは、総会屋対策の強化策として、次の異なる2つのアプローチが提案された。①

494条の「会社荒し等に関する贈収賄罪」の成立要件である「不正ノ請託」の「不正ノ」を削除することによって、同罪の適用範囲を広げる（試案一・三a・b）。②一部の株主に、株主の権利行使に関して、利益を供与することを新たに犯罪化する（試案一の二8a、三c、d）。このうち、①494条の成立要件の緩和については、493条の「取締役等の贈収賄罪」よりも成立要件が緩和されることになり、均衡を失する点や処罰範囲が広がりすぎる点に疑問が呈され、実現に至らなかった。これに対して、②利益供与罪の新設については、「一部ノ株主」への利益供与を犯罪化しても、株主でない総会屋への金品の供与に適用できないことから、これを「何人ニ対シテモ」と改めた上で、「考えられる限りの立法技術を駆使して、総会屋への会社資金の流れを切断する[1]」ための法整備の一環として、①単位株制度の採用、②総会議長権限の明確化、③取締役等の説明義務とその例外の明確化、④株主の提案権の制限、⑤取締役会議事録閲覧の制限などとともに、昭和56年商法改正に盛り込まれることになった。

　ところが、こうして新設された株主等の権利の行使に関する利益供与罪については、立法当初より、本質的な問題点が指摘されていた。また、同罪の立法化によって、総会屋の活動は量的に減少し、一定の成果を残したものの、他方では、活動の巧妙化を招いたとの指摘も見られる。このため同罪の規定には、その後、数度にわたって改正が施されてきたが、それまでに生じた同罪の規定への疑念を完全に払しょくするには至っていない。総会屋への対策は、グローバル化を迎え、日本経済における株式会社制度が国際的な信頼を保持し続けるためにも、不法勢力を経済活動から排除するためにも、きわめて重要性が高い課題であるといえよう。そこで、本稿では、このように日本固有の「総会屋」という問題への対策として立法化された、株主等の権利の行使に関する利益供与罪について立法時からの経緯を跡づけるとともに、判例および学説の動向を整理し、その現状と課題を明らかにしたい。

1　河本一郎「株主の権利行使に関する利益供与の禁止（その1）」法学セミナー349号（1984）117頁。

II　株主等の権利の行使に関する利益供与罪のアウトライン

1　利益供与の民事規制
(1)　利益供与の禁止と民事法上の効果

　1981年（昭和56年）の商法改正は、会社が、株主の権利行使に関し、財産上の利益を供与することを禁じた（旧294条ノ2第1項）[2]。また、特定の株主に対して、①無償で財産上の利益が供与されたときや②有償で財産上の利益が供与されたが、会社の受けた利益が、供与した利益に比べ、著しく少ないときには、「株主の権利に関して」利益が供与されたと推定されることとされた（同2項）[3]。

　会社が、この禁止規定に違反したとき、その利益の受領者は、当該利益を会社に返還しなければならない。他方で、会社が、利益供与に対して反対給付を受けていた場合には、受領者は、その返還を求めることができる（商法旧294条ノ2第3項）[4]。また、取締役も、供与した利益につき、会社に対し、受領者と連帯して弁済の責任を負う（旧266条1項2号）。なかでも、供与が取締役会の決議に基づく場合には、賛成した取締役だけでなく、決議に参加して議事録に異議をとどめなかった取締役も、反証をあげない限り、責任を負担しなければならない（同2項・3項）。さらに、監査役も、その任務懈怠により、取締役の違法な利益供与を見逃してしまったときには、取締役と連帯して会社に損害賠償の責任を負わねばならない（旧277条、278条、281条ノ3第2項10号）[5]。もし、受領者や取締役らが、供与した利益の返還・弁済に応じなけ

---

[2]　商法旧294条ノ2第1項は、2000年（平成12年）に改正され、親会社の取締役等が子会社の計算において利益を供与することも禁止されるようになった（商法旧295条）。

[3]　稲葉威雄「商法等の一部を改正する法律の概要」法務省民事局参事官室編『別冊商事法務50号・改正商法の概要』（商事法務研究会、1981）90頁以下、深山健男①「総会屋対策からみた商法改正」警察学論集34巻7号（1981）28頁、同②「総会屋をめぐる犯罪」石原一彦ほか編『現代刑罰法大系第2巻』（日本評論社、1983）372頁以下、竹内昭夫「株主の権利行使に関する利益供与」商事法務研究会編『利益供与の禁止』（商事法務研究会、1982）113頁以下。

[4]　稲葉・前掲注3）91頁、深山①・前掲注3）29頁、同②・前掲注3）373頁、竹内・前掲注3）117頁以下。

[5]　稲葉・前掲注3）91頁、深山①・前掲注3）29頁、同②・前掲注3）374頁、竹内・前掲注3）121頁以下。

れば、会社は、訴訟によって、強制的に返還または弁済させることになるが、当該会社の代表取締役が訴訟を提起しない場合、株主が代表訴訟を提起することも認められる（旧294条ノ2第4項）[6]。

(2) 会社法への継受

利益供与の民事規制を定めた商法294条ノ2の規定は、2000年（平成12年）の商法改正の際に295条に移され、2005年（平成17年）に制定された会社法にも踏襲された。具体的には、①利益供与の禁止（120条1項）、②株主の権利行使に関する推定（同2項）、③利益の返還義務（同3項）、④取締役等の民事責任（同4項）、⑤株主代表訴訟（847条）が、それぞれ規定され、総会屋等への利益供与の抑止が図られた。

2　利益供与の刑事規制

(1)　利益供与罪の構造

1981年（昭和56年）の商法改正では、こうした民事規制と併せて、利益供与の刑事規制にも踏み切った。すなわち、取締役を始めとして、会社の財産を処分することができる地位にある者が、株主の権利の行使に関し、会社の計算で財産上の利益を人に供与したときに、6月以下の懲役または30万円以下の罰金に処する旨の規定が新設されたのである（商法旧497条）。また、事情を知って利益の供与を受けた者や第三者に供与せしめた者も同様に処罰されることとされた。

このように利益供与罪を定めた商法旧497条では、まず総会屋等に対して利益供与を行った会社関係者を処罰する旨が定められ、次に供与された利益を受領した総会屋等を処罰する旨が定められるという規定の順番がとられた。ここからは、「総会屋の根絶のためには、まず供与する会社関係者の意識を改める必要がある」との立法者の意図を読み取ることができよう。

(2)　その後の規定の改正

株主等の権利の行使に関する利益供与罪の創設は、総会屋数の減少につながるなど一定の成果を上げていたが[7]、1997年（平成9年）に発覚した総会屋

6　稲葉・前掲注3）93頁、深山①・前掲注3）30頁、同②・前掲注3）374頁、竹内・前掲注3）119頁以下。

スキャンダルを受けて、同年に、商法旧497条の改正が施されることになった。そこでは、①利益供与の前段階である要求罪の新設（3項）、②威迫をともなう供与利益の受領罪と要求罪の加重処罰規定の新設（4項）、③3年以下の懲役または300万円以下の罰金への法定刑の引き上げなど、主として総会屋を中心とした被供与利益の受領者サイドへの規制の強化が図られた[8]。

また、平成12年（2000年）には、294条ノ2第1項の改正と同様、親会社の取締役が子会社の計算において利益を供与することも、本罪に該当するように文言が改められた（497条1項・3項）。

これらの総会屋等に対する利益供与罪は、2005年（平成17年）の会社法制定の際にも、そのまま引き継がれ、さらに、新たな自首減免規定が設けられた。

III 利益供与罪の本質と保護法益

1 現行の株主等の権利の行使に関する利益供与罪のラインアップ

1981年（昭和56年）の商法改正で新設された当初、旧497条には、①利益供与罪、②被供与利益受領罪、③第三者供与罪の3種類の犯罪が定められていた。しかし、1997年（平成9年）に発覚した総会屋スキャンダルを受けた同年の商法改正で、総会屋対策の一層の強化が図られ、④被供与利益要求罪と⑤威迫による被供与利益受領等罪が新設された。そして、これら5種類の犯罪が、2005年（平成17年）制定の会社法にも規定された。このうち、①～④の犯罪の法定刑は、3年以下の懲役または300万円以下の罰金と定められている。これに対して、②・③・④の犯罪の加重類型である⑤の犯罪の法定刑

---

7 警察庁のデータによれば、1981年に6000人を超えていた総会屋の人数は、1981年の商法改正後、急速に減少し、1983年には、約1700にまで減少した（川崎友巳「総会屋等への利益供与罪1」新会社法A2Z17号（2006）44頁以下）。

8 平成9年の商法改正における総会屋対策の概要については、北島孝久「商法及び株式会社の監査等に関する商法の特例に関する法律の改正の概要等について」警察学論集51巻2号（1998）146頁以下、中井隆司「いわゆる総会屋対策としての商法等改正について」法律のひろば51巻3号（1998）38頁、斎藤豊治「総会屋に対する利益供与と商法罰則の強化」法学セミナー519号（1998）8頁以下、商法・金融罰則研究会編『新しい商法・金融罰則Q&A』（商事法務、1998）3頁以下など参照。

は、5年以下の懲役または500万円以下の罰金と定められている。

2　株主等の権利の行使に関する利益供与罪の本質

　商法旧497条の立法目的は、総会屋等の排除・根絶にあったことは間違いない[9]。しかし、これだけでは、株主等の権利の行使に関する利益供与罪の本質を説明し尽くすことはできない。というのも、規定上、株主の権利行使に関連して利益が供与された場合でなければ、同罪は成立しないし、株主の権利行使に関連して、総会屋に利益が供与されたとしても、その出所が会社の財産からでなければ、同罪は成立しないからである。逆に、会社の財産からであれば、総会屋以外の者に利益が供与されたケースでも同罪は成立する点も問題として残される。このため総会屋等への利益供与罪の本質をどのように理解するかという問題について、学説上、主に、①会社資産浪費説、②株主の権利行使妨害説および③並立説という3つの説が唱えられている。

　このうち最も多くの支持を集めているのが、会社資産が浪費される点を重視する①会社資産浪費説である[10]。そこでは、取締役らが、株主総会における自らへの批判や攻撃などを抑えるために、会社の財産を用いることに本罪の本質があると説かれる。つまり、会社財産の減少こそが問題と捉えるわけである[11]。

　たしかに、この説によれば、供与された利益が、会社の財産でない場合に、本罪が成立しない点を合理的に説明することができる。しかし、他方では、そうしたケースは、本罪がなくても、背任罪が適用され、総会屋との取

9　芦刈勝治「商法改正と総会屋対策」金融法務事情1001号（1982）16頁、林則清「商法改正と特殊暴力対策」商事法務955号（1982）654頁、大塚英明「総会屋犯罪とは？」刑政109巻6号（1998）80頁など。

10　竹内・前掲注3）108頁以下、津田賛平「総会屋と改正会社法の罰則」ジュリスト769号（1982）33頁、森本滋「違法な利益供与の範囲」監査役167号（1982）7頁以下、大和正史「利益供与の禁止規定について」関西大学法学論集32巻3・4・5合併号（1982）320頁、佐々木史朗①「株主に対する利益供与罪について」名城法学創刊号（1994）65頁、同②「株主総会の正常化に向けて」企業法研究7号（1995）40頁以下、正井章筰「株主の権利行使に関する利益供与の禁止」『改正会社法の研究』（法律文化社、1984）586頁以下、伊藤榮樹ほか編『注釈特別刑法第5巻―Ⅰ』（立花書房、1986）110頁〔伊藤榮樹〕、上柳克郎ほか編『新注釈会社法（13）』（有斐閣、新版、1990）614頁〔谷川久〕など。

11　伊藤ほか編・前掲注10）226頁〔伊藤〕、佐々木②・前掲注10）44頁。

引に必要性と相当性が認められる場合（たとえば、総会屋が発行する業界紙や専門誌でも、内容と価格が適切な場合）には、本罪は成立しないことになるという結論が導かれる点で疑問が残る[12]。

　こうした①会社資産浪費説に対する疑問をふまえて唱えられているのが、②株主の権利行使が妨害される点を重視する株主の権利行使妨害説である[13]。そこでは、会社を所有・支配する株主の権利を適正に行使できなくさせることこそが本罪の本質であり、そうした事態は、株式会社制度の根幹にかかわる重要な局面であるとされる。その防止のため、刑罰による抑止を図ったのが、会社法970条と解されるのである。

　なるほど、この説によると、権利の行使に関して利益が供与された場合にのみ、本罪が成立する点を上手く説明できる。また、必要性と相当性が認められるような取引であっても、総会屋に対して利益を供与した場合には、本罪の成立する余地を認めることもできるだろう。しかし、この見解からは、株主の権利行使に関して、取締役らの個人資産から利益が供与された場合に、本罪が成立しない点の説明がうまくつかない。

　このように、株主等の権利の行使に関する利益供与罪は、会社資産の浪費だけでも、株主の権利行使の妨害だけでも、説明しきれない側面をもっている。そこで、本罪は、その両面を並立的に捉えることで、初めて理解することができるという③並立説が提示されている[14]。この説に対しては、二つの要素の関連性こそが問題であり、単に両者を並列的に捉えるだけでは、本罪

12　これに対して、必要性と相当性の認められる総会屋等との取引について、本罪の成立を否定すべきと説くものとして、森本・前掲注10）7頁以下、大和・前掲注10）327頁、正井・前掲注10）586頁など。とくに、結合企業関係における親子会社間の取引への本罪の適用の危険性を指摘するものとして、大和・前掲注10）323頁。

13　元木伸『改正商法逐条解説』（商事法務研究会、1981）266頁以下、河本・前掲注1）119頁以下、橋爪隆①「利益供与」法学教室201号（1997）3頁、同②「総会屋に対する利益供与」西田典之編『金融業務と刑事法』（有斐閣、1997）210頁以下、西田典之「利益供与」法学教室240号（2000）10頁、芝原邦爾『経済刑法研究・上』（有斐閣、2005）156頁以下、282頁、298頁以下、山口厚編著『経済刑法』（商事法務、2012）50頁〔古川伸彦〕。

14　垣口克彦①「総会屋の排除と商法罰則」『中山研一先生古稀祝賀論文集第2巻』（成文堂、1997）239頁、同②「利益供与罪に関する一考察」阪南論集・社会科学編33巻4号（1998）220頁以下、東京弁護士会会社法部編『利益供与ガイドライン』（改訂版、2001）14頁、落合誠一編『会社法コンメンタール21―雑則（3）・罰則』（商事法務、2011）143頁以下〔佐伯仁志〕。

の本質は不明確なままであるとの批判が加えられている[15]。しかし、これまで述べてきたことからも明らかなように、二つの異なる性質を並列的に兼ね備えているという構造こそが、株主等の権利の行使に関する利益供与罪の特徴であり、むしろ、いずれかに比重をおけば、かえって本罪の本質を見失いかねないといえよう。したがって、本罪の本質は、③会社資産の浪費と株主の権利行使の妨害の両方に求められるべきである[16]。

3 保護法益

株主等の権利の行使に関する利益供与罪の本質に関する議論とパラレルに、同罪の保護法益については、会社運営の健全性の保持に求める説が通説である[17]。したがって、ここでいう「健全性」とは、主として、会社の資産面についての健全性を指している。

しかし、すでに述べたように、本罪の本質は、会社資産の浪費だけではなく、株主の権利行使の妨害と並列的に捉えるべきであり、この理解を前提にすれば、ここでいう「会社運営の健全性」には、適正な会社資産の運用と株主の適正な権利行使の両方が含まれると解すべきであろう。また、同罪は、二次的には、株式会社制度への社会の信頼も保護しているといえよう[18]。

Ⅳ 利益供与サイドの犯罪（第1項の罪）の構成要件

会社法970条が定める5種類の犯罪のうち、970条1項は、利益を供与する会社サイドの犯罪である利益供与罪を規定している。同罪は、①株式会社の取締役等の一定の身分を有する者が、②株主の権利行使に関して、③当該株式会社またはその子会社の計算で、④財産上の利益を、⑤供与した場合に成

---

15 芝原・前掲注13) 159頁。
16 川崎友巳「株主等の権利の行使に関する利益供与罪―2」新会社法A2Z18号（2006）49頁。
17 神崎武法「罰則規定の運用について」商事法務研究会編『利益供与の禁止』（商事法務研究会、1982）169頁、田中誠二ほか『コンメンタール会社法』（勁草書房、四全訂版、1984）1618頁以下など。
18 本罪を社会法益の罪として捉えることに批判的な見解として、河上和雄「利益供与罪の禁止規定の限界」商事法務1106号（1987）3頁、中山研一ほか編『経済刑法入門』（成文堂、第3版、1999）90頁以下〔斎藤豊治〕。

立する。

1　主　体

　本罪は、身分犯であり、その主体は、960条1項3号から6号までに掲げる者またはその他の会社の使用人に限定される。

(1)　960条1項3号から6号に掲げる者

　会社法960条1項3号から6号までに掲げる者とは、会社法960条1項が定める取締役等の特別背任罪の主体のうち、①取締役、②会計参与、③監査役、④執行役、⑤取締役等の職務代行者、⑥一時取締役等の職務を行うべき者、および⑦支配人を指す。

　①取締役とは、株式会社の業務を執行する者をいう（348条1項）。ただし、取締役会設置会社では、業務執行権を有するのは代表取締役と取締役会の決議によって選定された取締役に限られ（363条1項）、他は、取締役会において、業務執行の決定等を行うにとどまる（362条2項）。取締役が、その会社の株主である必要はないが、会社法には、一定の欠格条件が定められており（331条）、その1つにでも該当する者を選任した株主総会は決議無効となり、在任中に欠格条件に該当すれば、その時点から取締役としての地位を失うことになる。ただし、本罪の保護法益を「適正な会社資産の運用」と「株主の適正な権利行使」の両方の意味での会社運営の健全性と解する以上、株主の権利の行使に関して、会社の計算で、利益供与を行った取締役について、行為時に欠格条件に該当していたことが事後的に発覚した場合、刑法上は、主体の不能[19]には当らず、なお取締役として、本罪の主体を構成するものと思われる。

　②会計参与とは、会計参与設置会社において、取締役と共同して、計算書類等を作成する者をいう（374条1項）。その地位につけるのは、公認会計士もしくは監査法人または税理士もしくは税理士法人に限られる（333条1項）。このうち、監査法人や税理士法人が会計参与に選任された場合、両法人は、

---

[19]　塩見淳「主体の不能について（1）・（2・完）」法学論叢130巻2号（1991）1頁以下・130巻6号（1992）1頁以下。なお、山中敬一「『主体の不能について（1〜2）』塩見淳（法学論叢130巻2号、6号）」法律時報65巻2号（1993）109頁以下も参照。

その社員の中から、会計参与の職務を行うべき者を選定し、これを株式会社に通知しなければならない（333条2項）。しかし、これをもって、選定された社員自身が会計参与としての身分を取得するわけではない。会社法は、970条1項の罪の主体が法人である場合、法人自身ではなく、その行為をした取締役、執行役その他業務を執行する役員または支配人に対して同条を適用する旨を定めている（972条）。したがって、選定された社員が、単なる使用人であるときは、株主の権利の行使に関する利益供与罪の主体としての身分を有する者がいないことから、同罪は成立しないことになる[20]。

③監査役とは、取締役および会計参与の職務の執行を監査する者をいう（381条1項）。監査役には、会計参与とは異なり、特別な資格は要求されない。ただ、取締役と同様、一定の欠格条件が定められているので（335条）、その一つにでも該当する者を選任した株主総会の決議は無効となり、在任中に欠格条件に該当するようになれば、その時点から監査役としての地位を失うことになる。株主の権利の行使に関して、会社の計算で、利益供与を行った監査役について、行為時に欠格条件に該当していたことが事後的に発覚した場合は、取締役と同様、本罪の主体となり得るものと解される。

以上の①取締役、②会計参与および③監査役は、株式会社と委任関係にある役員であり（330条）、株主総会の決議によって選任され（329条1項）、その任期は選任時から開始される。したがって、一般的には、選任された時点で、それぞれの身分も取得することになるが、例外的に、選任された者が就任を固辞した場合には、承諾を得るまで、その身分も取得されないと解するのが通説である[21]。

これに対して、④執行役とは、委員会設置会社の取締役会の決議によって委任を受け（402条2項）、同社の業務執行の決定および業務執行を職務として行う者をいう（418条）。会社法には、前述の取締役等と同様、執行役と委員会等設置会社の関係は委任に関する規定に従う旨が定められている（402条

---

[20] 特別背任罪に関して同様の問題に言及したものとして、川崎友巳「特別背任罪（1）」新会社法A2Z5号（2005）36頁。

[21] 大森忠夫ほか編『注釈会社法（8）—II』（有斐閣、1969）389頁〔藤木英雄〕、伊藤ほか編・前掲注10）127頁〔伊藤〕、上柳ほか編・前掲注10）559頁〔谷川〕、佐々木①・前掲注10）18頁。

3項)。

⑤取締役等の職務代行者(「民事保全法第56条に規定する仮処分命令により選任された取締役、監査役又は執行役の職務を代行する者」)とは、裁判所が、仮処分として、選任決議の無効・取消しや解任の訴え等を受けた取締役、監査役または執行役の職務執行停止と併せて、その職務を代行させるために選任した者をいう。これらの者と株式会社の関係は、委任関係ではなく、「一種の法定代表というべき関係に立つ[22]」と解されている。このうち取締役と代表取締役の職務代行者に認められているのは、日常的な業務だけで、それ以外の行為をするには、裁判所の許可が必要である (352条1項)。また、これに違反した行為は、無効となるが (同条2項)、会社法には、株式会社は、これをもって善意の第三者に対抗できないとも定められており (352条2項)、本罪の主体としての身分も認められることになろう。

⑥一事取締役等の職務を行うべき者(「第346条第2項、第351条2項又は第401条第3項の規定により選任された一時取締役、会計参与、監査役、代表取締役、委員、執行役又は代表執行役の職務を行うべき者」)とは、取締役等の役員、委員または執行役・代表執行役に欠員が生じた場合に、利害関係人の申立てにより、一時的にその職務を執行するため、裁判所が選任した者を意味する。

⑦支配人とは、会社によって選任され、その本店または支店において、会社の事業を行う者をいう (10条)。名称にかかわらず、会社の業務について、包括的な代理権を付与された商業使用人である。実質的権限がない表見支配人 (13条) は、ここでいう支配人に含まれない[23]。

(2) 使用人

特別背任罪 (960条1項) は、使用人については、「事業に関するある種類又は特定の時効の委任を受けた使用人」のみを主体としているが、970条1項には、文言上の限定がなく、あらゆる使用人が主体に含まれることが予定されている。その理由について、特別背任罪の主体を、「主として雇主が営業

---

[22] 伊藤ほか編・前掲注10) 127頁〔伊藤〕。
[23] 上柳克郎ほか編『新注釈会社法 (13)』(有斐閣、新版、1990) 560頁〔芝原邦爾〕。これに対して、会社法上の概念との相対性を前提に、表見支配人も主体に含むと解する見解として、落合編・前掲注14) 145頁〔島田聡一郎〕。

のため行うべき一定範囲の法律行為（例えば出納、仕入、販売）を代理する職務に服する使用人」と解し、新聞社の社会部副部長がここに含まれないとした裁判例をふまえると、本罪の主体を同様に限定した場合、実際に総会屋との交渉の窓口になる総務部長、総務課長、社長室長なども含まれないことになってしまうという認識に基づくものと説明されてきた[24]。また、960条のような限定を加えずとも、本罪は、後述するように、当該株式会社またはその子会社の計算において財産上の利益を供与することが構成要件となっており、こうした会社財産の支出についての権限によって一定の限定を加えることができるので、成立範囲の不当に広がることにはつながらないともいえよう[25]。使用人には、嘱託社員も含まれる[26]。

(3) 主体に関する課題

なお、利益供与罪の主体には、①商法旧497条と同様、実際上の必要性が認められないという理由から、清算人が、②株主と同時期に存在することがないという理由から、発起人や設立時取締役が含まれていない[27]。

しかし、後述するように、株主でない総会屋に対しても、将来取得すべき株主権について、利益供与罪が成立することをふまえれば、少なくとも、発起人や設立時発起人については本罪の主体とすべきであろう[28]。

2 株主の権利に関し

本罪が成立するためには、利益の供与が、「株主の権利の行使に関し」てなされることを要する。

(1) 株主の権利

ここでいう権利について、968条の株主等の権利の行使に関する贈収賄罪のような具体的な列挙は見当たらない。したがって、基本的には、株主とし

24　神崎・前掲注17) 169頁、津田・前掲注10) 34頁、伊藤ほか編・前掲注10) 228頁〔伊藤〕、上柳ほか編・前掲注10) 616頁〔谷川〕。
25　津田・前掲注10) 34頁、上柳ほか編・前掲注10) 617頁〔谷川〕。
26　竹内・前掲注3) 34頁、伊藤ほか編・前掲注10) 228頁〔伊藤〕、平野龍一ほか編『注解特別刑法第4巻経済編』（青林書院、第2版、1991) 112頁〔佐々木史朗〕、落合編・前掲注14) 145頁〔佐伯〕。
27　神崎・前掲注17) 169頁、津田・前掲注10) 34頁、上柳ほか編・前掲注10) 617頁〔谷川〕。
28　上柳ほか編・前掲注10) 616頁〔谷川〕。

て行使することができるすべての権利を意味し、株主総会における発言・議決権、株主提案権、代表訴訟提起請求権・提起権などの共益権はいうまでもなく、剰余金配当請求権（105条1項1号）、株式買取請求権（469条1項、116条1項、785条1項）といった自益権も含まれる[29]。他方、会社のスキャンダルの雑誌への掲載をちらつかせたブラック・ジャーナルに、これを防ぐために金銭を支払っても、株主の権利の行使とは無関係であるため、本罪は成立しない[30]。

(2) 権利行使との関連性

また、ここでいう「権利の行使に関し」の意義については、利益供与の動機が株主の権利の行使または不行使に関する事項であることを意味するという説明がしばしば加えられてきた[31]。つまり、財産上の利益の供与には、必ずしも客観的に、株主の権利行使・不行使に影響を及ぼす依頼と対価関係が認められる必要はなく、供与者の主観において、そうした関係を認識していれば足りるという理解が示されている。また、ここから、実際に株主の権利行使に影響を与える可能性が認められる必要はなく、結果的に影響を全く与えなかったという場合でも、本罪は成立するとの理解も導かれている[32]。

しかし、こうした帰結は、立法趣旨を根拠にしたものであり、文言から導かれる必然の帰結ではないという点には注意が必要である。前述の理解に対しては、あまりにも用件を緩やかに理解しすぎているとの批判も呈されている[33]。たしかに、本罪の保護法益を適正な会社資産の運用のみに求める見解からは、利益供与と株主の権利行使との間の客観的な対価関係は重要でないという理解も可能であろう。しかし、適正な株主の権利行使も保護法益とする見解からは、単に供与者が主観的に認識するだけでなく、客観的に対価関係が認められることが必要となるべきという結論が導かれている[34]。

29　落合編・前掲注14）145頁〔佐伯〕。
30　永野義一『企業犯罪と捜査』（警察時報社、1992）223頁。
31　古田佑紀「商法の利益供与罪について」商事法務1015号（1984）34頁、伊藤ほか編・前掲注10）228頁〔伊藤〕。
32　神崎・前掲注17）171頁、津田・前掲注10）34頁、伊藤ほか編・前掲注10）229頁〔伊藤〕、上柳ほか編・前掲注10）617頁〔谷川〕、野村稔『経済刑法の論点』（立花書房、2002）112頁以下。
33　中森喜彦「利益供与罪の新設」判例タイムズ471号（1982）2頁以下、落合編・前掲注14）147頁〔佐伯〕。

(3) 株主の権利の内容

「不正の請託」を要件とする968条と異なり、970条の罪の成立にとって、株主の権利の行使が不正（違法）なものである必要はなく、適正なものでも構わない。たとえば、総会屋に対して、他の株主の発言を違法な手段を用いて妨害するように依頼する場合はもちろん、会社や取締役にとって不利益な発言や提案権行使を差し控えたり、議事の円滑な進行に協力したりするように依頼し[35]、その対価として金品を支払う場合も、ここに含まれる[36]。また、株式の譲渡は株主の権利の行使とはいえないので、株式の譲渡や不譲渡そのものが本罪を構成するわけではないが[37]、株主の権利を行使しないための方法として譲渡される場合は、「株主の権利の行使に関し」に該当する[38]。

また、本罪の立法趣旨や性質をふまえ、行使される権利は、利益の受領者のものである必要はなく、第三者のものでも構わないという帰結が導かれる。したがって、受領者自身は株主でなくても、その者が影響力をもつ第三者への働きかけを依頼し、その対価として金品を支払えば権利行使との関連性は認められる[39]。同様に、その時点では、株主でない者に、将来の権利の行使に関し、利益を供与する行為も、本罪に該当するとされる[40]。さらに、ここでいう「株主の権利の行使に関し」には、」権利の行使そのものではないが、これと密接に関連する行為も含む趣旨との理解も広く支持されてい

34　河本一郎「株主に対する不法な利益供与の禁止（その2）」法学セミナー296号（1979）38頁、田中誠二ほか『コンメンタール会社法』（勁草書房、四全訂版、1984）1620頁以下、中森・前掲注33）2頁、垣口②・前掲注14）223頁以下、服部榮三編『基本法コンメンタール会社法3』（日本評論社、第7版、2001）198頁〔阿部純二〕、芝原・前掲注13）303頁、山口編著・前掲注13）51頁以下〔古川〕。

35　大阪地判昭和60年2月12日判タ553号268頁。

36　あらかじめ議決権行使書を会社側に手渡し株主総会への出席を差し控えたことについて、本罪の成立が肯定されたものとして、名古屋地判昭和62年1月28日商事法務1103号43頁。

37　神崎・前掲注17）169頁、津田・前掲注10）34頁、伊藤ほか編・前掲注10）229頁〔伊藤〕。

38　落合編・前掲注14）145頁〔佐伯〕。なお、会社からみて好ましくないと判断される株主が議決権等の株主の権利を行使することを回避する目的で、当該株主から株式を譲り受けるための対価を何人かに供与する行為が、商法旧294条ノ2第1項にいう「株主の権利の行使に関し」利益を供与する行為に該当すると判断した判例として、最判平成18年4月10日民集60巻4号1273頁。

39　東京地判昭和63年6月29日資料版商事法務70号40頁。

40　伊藤ほか編・前掲注10）229頁〔伊藤〕、橋爪②・前掲注13）213頁、芝原・前掲注13）302頁、山口編著・前掲注13）52頁。また、大阪地判昭和60年2月12日・前掲注32）268頁も参照。

る[41]。本罪は対向犯ではないため、受領者サイドに株主の権利の行使に関する利益の供与であるという認識がなくても、供与者の利益供与罪の成立に影響はない[42]。

なお、会社法120条2項は、「株式会社が特定の株主に対して無償で財産上の利益の供与をしたときは、当該株式会社は、株主の権利の行使に関し、財産上の利益の供与をしたものと推定する」と規定しているが、この規定は、取締役等の民事責任に関するものであり、970条1項の構成要件には適用されないことはいうまでもない[43]。

3　会社または子会社の計算

利益供与罪の成立には、利益供与が、当該株式会社またはその子会社の計算において行われることを要する。

(1)　株式会社と子会社

「当該株式会社」とは、株主の権利行使の対象となっている株式会社を意味し、「その子会社」とは、当該株式会社がその総株主の議決権の過半数を有する株式会社ならびに当該株式会社が財務および事業の方針の決定を支配している他の会社を意味する（2条3号、会社法施行規則3条1項）。ここでいう「事業の方針の決定を支配している」場合とは、①有効な支配従属関係が存在しない一定の会社を除く他の会社等の議決権の総数に対する自己の計算において所有している議決権の割合が50％を超えている場合、②他の会社等の議決権の総数に対する自己の計算において所有している議決権の数の割合が40％以上である場合で、他の会社等の議決権の総数に対する自己所有等議決権数の割合が50％を超えている場合を指す（会社法施行規則3条3項）。

子会社の計算で利益が供与された場合、子会社の取締役等は、事情を知っ

41　神崎・前掲注17）175頁、古田・前掲注31）34頁、平野ほか編・前掲注26）113頁〔佐々木〕など。これに対して、関連行為への拡張に批判的な見解として、中山ほか編・前掲注17）92頁〔斎藤〕、落合編・前掲注14）146頁〔佐伯〕。

42　神崎・前掲注17）176頁、津田・前掲注10）35頁、深山②・前掲注3）376頁、伊藤ほか編・前掲注10）229頁〔伊藤〕、芝原・前掲注13）301頁。

43　神崎・前掲注17）167頁、津田・前掲注10）35頁、伊藤ほか編・前掲注10）229頁〔伊藤〕、上柳ほか編・前掲注10）619頁〔谷川〕。

ていれば、共同正犯として刑事責任を問われる可能性があり、知らなければ、間接正犯の道具と解されることになる[44]。

(2) 計算において

「計算において」とは、財産上の利益の供与による損益が会社に帰属することをいう[45]。当該会社またはその子会社の損益に帰属していれば、名義が誰なのかは、本罪の成立にとって問題にはならない[46]。したがって、銀行が関連金融機関を介した迂回融資の形式で利益を供与しても、最終的に、その損益を銀行で負担する限りは、「会社の計算において」行われたことになる[47]。取締役らが、総会屋対策費を給与や手当として受け取った後に、個人名義で供与した場合も同様である[48]。これに対して、会社の金品を横領した後、これを株主に供与しても、横領の時点で金品は会社の支配から離れているので、利益供与は会社の損益に帰属せず、本罪は成立しない[49]。

4 財産上の利益

本罪は、株主の権利の行使・不行使の対価として、財産上の利益が供与された時に成立する。「財産上の利益」とは、貨幣価値に換算可能な利益を意味する。これは、取締役等の贈収賄罪（967条1項）および株主の権利の行使に関する贈収賄罪（968条1項）における「財産上の利益」と同義である。したがって、金銭、物品、有価証券などの財物のほか、債務の免除や信用の供与などの無体物がここに含まれるが、地位・名誉の供与や情交は、貨幣価値に換算不可能な利益であるため、本罪の「財産上の利益」には含まれない[50]。建設業者に適正な工事を請け負わせることも「財産上の利益」との見

---

44 原田晃治「会社分割法制の創設について（下）」商事法務1566号（2000）14頁。
45 伊藤ほか編・前掲注10）230頁〔伊藤〕、平野ほか編・前掲注26）114頁〔佐々木〕、上柳ほか編・前掲注10）619頁〔谷川〕。これに対して、「総会屋の活動を促進する危険が類型的に高まるところの、『利益供与の実質的な資金源が会社である』場合を指し示す」と説くものとして、山口編著・前掲注13）51頁〔古川〕。
46 東京地判昭和62年2月3日別冊商事法務92号267頁、東京地判平成11年9月8日判タ1042号285頁。なお、藤永幸治編代『会社犯罪』（東京法令出版、1994）300頁〔新穂均〕。
47 東京地判平成10年10月19日判時1663号150頁。
48 古田・前掲注31）34頁。
49 神崎・前掲注17）176頁、津田・前掲注10）34頁、落合編・前掲注14）146頁〔佐伯〕。

解も示されているが[51]、取引上の有利な地位を得るだけでは、貨幣価値への換算ができないので、「財産上の利益」に当らない[52]。ただし、ゴルフ・コンペや旅行への参加などは、その費用を株式会社またはその子会社の計算で負担している限り、「財産上の利益」に当たるといえる[53]。なお、不正の請託との対価性が希薄な中元・歳暮などは、「財産上の利益」に当たらないと解される。

5　供　与

本罪の実行行為である「供与」とは、相手方に帰属させる意思で財産上の利益を提供し、受領されることを意味する。実際に、供与した財産が、相手方の所得になったという結果までは要求されない。ただし、受領を拒まれた場合は、ここには含まれない[54]。

財産上の利益の供与を受ける相手方は、供与者以外の者を指し、自然人であるか、法人であるかは問わない。また、総会屋が主宰する権利能力なき社団も含まれる[55]。さらに、970条2項の第三者供与罪にいう「第三者」である株主の権利を行使する以外の者も含まれる。したがって、本罪は、第三者供与罪に照応する供与にも成立することになる[56]。

6　他罪との関係

利益供与罪は、特別背任罪（960条1項）との関係では補充関係に立ち、特別背任罪が成立する場合には、本罪はそちらに吸収され、特別背任罪だけが成立すると解されている。また、968条2項の株主等の権利の行使に関する

50　神崎・前掲注17) 177頁、竹内・前掲注3) 112頁以下、平野ほか編・前掲注26) 114頁〔佐々木〕。
51　元木・前掲注13) 250頁、竹内・前掲注3) 112頁、稲葉・前掲注3) 91頁、橋爪①・前掲注13) 3頁。
52　中森・前掲注33) 2頁以下、伊藤ほか編・前掲注10) 230頁、平野ほか編・前掲注26) 114頁以下〔佐々木〕、芝原・前掲注13) 305頁。
53　上柳ほか編・前掲注10) 619頁〔谷川〕。
54　伊藤ほか編・前掲注10) 231頁〔伊藤〕。
55　神崎・前掲注17) 178頁、深山②・前掲注3) 376頁、田中ほか・前掲注34) 1620頁、平野ほか編・前掲注26) 115頁、〔佐々木〕。
56　伊藤ほか編・前掲注10) 231頁〔伊藤〕。

贈賄罪との関係では、両罪が保護法益を異にしていることから、観念的競合（刑法54条1項）と解される。こうした理解も、保護法益を適正な会社資産の運用と解した場合にのみ可能となるものであり、適正な会社資産の運用と株主の権利行使の両方を並立的に保護法益とするのであれば、特別背任罪とも、株主の権利行使に関する贈賄罪とも、観念的競合になると解することになろう[57]。

さらに、証券会社が、顧客への損失補てんの形で財産上の利益の供与を行った場合、本罪と損失補てん罪（金商法198条の3）が成立する。ここでも両罪の関係は、観念的競合に当たる[58]。なお、その際、利益供与となる損失補てんが証券会社の自己売買取引を顧客の取引勘定に付け替える方法で行われた場合には、付け替えのあった取引日ごとに利益供与罪と損失補てん罪のそれぞれについて包括一罪が成立することになる[59]。

Ⅴ　供与利益受領サイドの犯罪（2項―4項の罪）の構成要件

1　被供与利益受領罪（第2項の犯罪①）

情を知って、970条1項が定める利益の供与を受けた者は、被供与利益受領罪が成立する（970条2項）。

(1)　主体

本罪の主体として、「総会屋」が想定されていることはいうまでもない。ただし、本条の規定には、主体の範囲を限定する文言はとくにないことから、本罪は、身分犯ではなく、したがって、総会屋でなくても、「情を知」った者であれば、誰でも、本罪を実行する可能性はある。また、利益供与と株主の権利行使の間に対価関係が認められれば、その権利は第三者のものでも、将来のものでも構わないと解されている。従って、本罪の主体は、株主

---

[57] 深山②・前掲注3）377頁、垣口②・前掲注14）224頁以下。なお、特別背任罪との関係では、観念的競合となり、株主の権利行使に関する贈収賄罪との関係では、同罪のみが成立すると解するものとして、芝原・前掲注13）302頁。

[58] 東京地判平成10年7月17日判時1654号148頁、東京地判平成10年9月21日判時1655号184頁、東京地判平成10年10月15日判タ1000号340頁、東京地判平成12年3月28日判時1730号162頁。

[59] 東京地判平成10年10月15日判タ1000号340頁。

である必要すらない。

このように本罪の主体が、「情を知」った者でなければならないことを理由に、学説には、本罪の主体に法人を含まないと説く見解がある[60]。この見解に従えば、本罪は、本質的に、法人には実行できない犯罪ということになる。しかし、法人が、「情を知」ることができないという理由で犯罪の主体に含まれないのであれば、故意や過失を要件としているあらゆる犯罪を実行できないということになろう（法人の犯罪能力否定説）。ところが、現実には、会社法を含めて、600以上の法令に両罰規定が採用され、法人処罰が認められている。したがって、本罪の主体に法人を含まないのは、本罪に両罰規定の適用が認められていないからであり、新たに両罰規定の適用範囲に含まれれば、本罪の主体に法人を含むことも可能になると考えるのが妥当である。

(2) 知　情

既述のとおり、本罪の成立には、1項の利益を受領するにあたって、「情を知って」いることが必要とされている。「情を知って」とは、受領する利益が、①株主の権利行使に関するものであることと②当該株式会社または子会社の計算においてなされたことを認識していることを指す[61]。こうした認識が存在さえすれば、供与者側の依頼や期待に応じる意思がない場合にも本罪は成立する。ましてや、株主総会に出席したり、発言したりするのを控えるなどの具体的な行為は、本罪の成立に必要とはされていない。

「情を知って」いるという要件が付与されている理由として、970条1項の利益供与罪と本罪が対向犯の関係にないことを明確にするためという説明が加えられている[62]。たしかに、970条1項の利益供与罪については、利益を受領する側に、株主の権利行使に関して供与されたものであるという認識がなくても、適正な会社資産の運用と株主の権利行使の両方の意味での会社運営の健全性を侵害している限り、その成立が認められるが、被供与利益受領

60　神崎・前掲注17）179頁。
61　神崎・前掲注17）178頁、元木・前掲注13）251頁、竹内・前掲注3）108頁以下、伊藤ほか編・前掲注10）232頁〔伊藤〕、上柳ほか編・前掲注10）616頁〔谷川〕、服部編・前掲注34）198頁〔阿部〕。
62　神崎・前掲注17）179頁、津田・前掲注10）36頁、平野ほか編・前掲注26）113頁〔佐々木〕。

罪については、前述したように「情を知って」いることや1項の利益の受領が成立要件になっていることから、供与側に株主の権利行使に関して利益を供与する意図がないといった利益供与罪が成立しないケースについては、受領者側にも、本罪の成立は認められないということになる[63]。

(3) 被供与利益の受領

被供与利益受領罪は、利益の供与を「受け」たときに成立する。供与される「利益」には、貨幣価値に換算可能なあらゆる利益が含まれることから、ここでいう「利益の供与を受け」ることには、「財物の占有を取得したり、利益を享受」したりすることが広く含まれる

2 第三者供与罪（第2項の罪②）

1項の財産上の利益の供与を自ら受けるのではなく、第三者に供与させた者も、第三者供与罪が成立する（970条2項）。

(1) 第三者供与罪の立法趣旨

第三者供与罪が設けられた理由については、一般的に、次のような説明が加えられている。すなわち、株主の権利に関して依頼を受けた総会屋が、その対価である財産上の利益を第三者に供与させた場合、総会屋に対して被供与利益受領罪を適用するためには、第三者が総会屋のダミーであったことや第三者と総会屋との間で共謀が存在したことを立証する必要があるが、そうした立証は容易でないことから、第三者供与を別個の犯罪として定めたとされるのである[64]。適正な会社資産の運用と株主の権利行使の両方の意味での会社経営の健全性を970条が定める株主の権利の行使に関する利益供与罪の保護法益とする点をふまえれば、供与された利益を自ら受領することだけでなく、第三者に供与させる行為も取り締まる必要性が認められるであろう。

(2) 主　体

第三者供与罪の主体は、「情を知っ」た自然人である[65]。この点は、被供

63　上柳ほか編・前掲注10) 621頁〔谷川〕、服部編・前掲注34) 198頁〔阿部〕。これに対して、本罪は、「重婚罪等と同じく、必要的共犯」であり、受領者側にも、本罪の共同正犯が成立すると説くものとして、神山敏雄ほか編『新経済刑法入門』（成文堂、第2版、2013) 186頁以下。
64　上柳ほか編・前掲注10) 621頁〔谷川〕。
65　上柳ほか編・前掲注10) 622頁〔谷川〕。

与・利益受領罪と同様である。また、主体が株主であることを要しない点も被供与・利益受領罪と一緒である。

(3) 第三者

　本罪は、「情を知っ」た者が、1項の財産上の利益の供与を第三者に対して行わせた場合に成立する。ここでいう「第三者」とは、広く自己以外の者を意味する。自然人だけでなく、法人や権利能力なき社団も、「第三者」に含まれる[66]。したがって、総会屋が、出版物の定期購読など、自らの経営する会社との取引という形態をとって、株式会社に1項の財産上の利益を供与させた場合、総会屋には、本罪が成立する[67]。

　供与を受ける第三者の指定は、本罪の主体によってなされることを必ずしも要せず、供与側からの提案や申出を受け入れたという場合も、「供与させた」ことになる[68]。第三者は、「情を知って」いることを要しない。「情を知って」いた場合には、被供与・利益受領者の共同正犯が成立する可能性が生じることになる[69]。

3　利益供与要求罪（3項の罪）

　平成9年の商法改正によって、総会屋等に対する利益供与罪では、利益供与を要求しただけで処罰されることになる（970条3項）。これによって、総会屋に対する制裁の強化を図るとともに、会社関係者が捜査当局に届け出て、取締りを求めることができる時期を前倒しして、効果的な摘発の実現が目指された[70]。

66　伊藤ほか編・前掲注10）232頁〔伊藤〕、上柳ほか編・前掲注10）622頁〔谷川〕。
67　津田・前掲注10）36頁、伊藤ほか編・前掲注10）232頁〔伊藤〕、戸田修三ほか編『注解会社法（下巻）』（青林書院、1987）1041頁〔内田文昭〕。
68　上柳ほか編・前掲注10）622頁〔谷川〕。
69　神崎・前掲注17）181頁、竹内・前掲注3）128頁以下、平野ほか編・前掲注26）116頁〔佐々木〕。
70　中井隆司「いわゆる総会屋対策としての商法等の改正について」法律のひろば51巻3号（1998）42頁、関一穂「『商法及び株式会社の監査役等に関する商法の特例に関する法律の一部を改正する法律』の概要」金融法務事情1504号（1998）18頁、商法・金融罰則研究会・前掲注8）42頁。

(1) 主　体

利益供与要求罪も、主体に限定を設けていない。また、被供与利益受領罪や第三者供与罪と同じく、主体が株主であることも構成要件とされていない。

(2) 要　求

利益供与要求罪は、株主の権利に関し、株式会社またはその子会社の計算において、第1項の利益を自己または第三者に供与するように、利益供与罪の主体である者に対して要求したときに成立する。ここでいう「要求」とは、財産上の利益の供与を要求することを意味し、基本的には、967条1項や968条1項の賄賂要求罪における「要求」と同義と解することができる[71]。

したがって、相手方に認識可能な状態で財産上の利益の供与を求める意思表示をすれば足り、要求が、直接的か間接的か、明示か黙示か、相手方がこれを認識したか否かは、本罪の成立に関係ない。また、株式会社側が、実際に要求に応じることも要しない[72]。

4　威迫による被供与利益受領罪（4項の罪）

(1) 威迫による被供与利益受領罪の意義

会社法970条の規定ぶりからも明らかなように、本条の下では、利益を供与する株式会社の関係者と利益を受領する総会屋は、「持ちつ持たれつ」の関係にあり、両者が癒着して、適正な会社資産の運用と株主の権利行使の両方の意味での会社経営の健全性という本罪の保護法益を侵害していると位置づけられてきた。しかし、実際には、そうした位置づけとは異なり、総会屋が、会社関係者に不当な圧力をかけているケースが少なからず存在することから、そうしたケースにおける総会屋の悪質性を適切に評価した被供与利益受領罪等の加重類型が、1997年（平成9年）の商法改正の際に、新たに設けられた[73]。本罪の新設によって、総会屋による「圧力」が「脅迫」の程度に

71　上柳克郎ほか編『注釈会社法（補巻4）』（有斐閣、新版、2000）373頁〔上柳克郎〕。
72　久木元伸・森本和明「企業犯罪と刑事罰」ジュリスト1129号（1998）43頁、中井・前掲注69）42頁。なお、川崎友巳「取締役等の贈収賄罪」新会社法A2Z15号（2006）32頁も参照。
73　商法・金融罰則研究会・前掲注8）42頁。

までは至っていないケースやその立証が困難なケースに対しても、5年以下の懲役または500万円以下の罰金という重い刑罰を科すことが可能になった[74]。

(2) 主体

威迫による被供与利益受領罪の主体は、「前2項の罪を犯した者」、すなわち、①被供与利益受領罪、②第三者供与罪、③利益供与要求罪を犯した者に限定される。したがって、これらの犯罪が行われることなく、威迫のみが行われたにすぎないときは、本罪は成立しない[75]。

(3) 威迫

本罪にいう「威迫」とは、相手方に対して言動や動作をもって気勢を示し、不安または困惑の念を抱かせるに足りる行為を意味し[76]、①証人等威迫罪（刑法105条の2）、②利得目的等強談威迫罪（暴力行為等処罰ニ関スル法律2条）、③選挙人等威迫罪（公職選挙法225条3号）等にいう「威迫」と同義と解される。これは、「人に畏怖の念を抱かせるに足りる行為」である「脅迫」よりも程度が弱いものと理解されている[77]。人に「不安や困惑を抱かせるに足りる」程度であれば、その内容に限定はない。

行為の内容が、「不安や困惑を抱かせるに足りる」ものであったか否かの判断は、平均的な一般人を基準にしてなされることになる。したがって、平均的な一般人であれば、不安や困惑を抱くものであれば、実際に株式会社の関係者がそうした感情を抱いていなくても「威迫」と認められる。逆に、会社関係者が、不安や困惑を抱いたとしても、平均的な一般人はそうした感情を抱かないと解される場合には、「威迫」があったとは認められない。ただし、相手方となる会社関係者が、平均的な一般人よりも臆病であることを行為者が認識していた場合には、認識していた内容を基準に、「不安や困惑を抱かせるに足りる」ものであったか否かが判断されることになる。

たとえば、「人を恐喝して財物を交付させ」ることと規定されている恐喝

---

74 商法・金融罰則研究会・前掲注8）42頁。
75 商法・金融罰則研究会・前掲注8）43頁。
76 大判大正11年10月3日刑集1巻513頁。
77 商法・金融罰則研究会・前掲注8）43頁。

罪（刑法249条）の場合、脅迫を手段として財物の占有を奪取するという性質から、同罪が成立するには、脅迫によって相手方が畏怖し、そのために財物を交付したという因果関係が必要とされる。これに対して、本罪は、「前2項の罪を犯した者が、その実行について第1項に規定する者に対し威迫の行為をした」ことと規定されており、威迫を供与される利益の受領のために、先行して行うことを要件としていない。利益の受領、第三者への供与または利益供与の要求にあたって、その手段として「威迫」に及び、会社関係者に不安や困惑を抱かせれば、本罪は成立し、「威迫したから、利益を供与された」という関係は必要とされない[78]。したがって、強盗罪（刑法235条）や恐喝罪の構造とは異なり、威迫の段階で、財産を供与させる意図がなく、相手方が不安や困惑を抱いた後で、その意図を生じた場合にも本罪は成立する。

(4) 他罪との関係

前述のとおり、「威迫」とは、圧力としての程度の軽いものを意味する。したがって、威迫をもって利益供与を要求された場合でも、その程度では、なお株式会社の関係者は、安易に会社の計算によって利益供与を行わない義務から解放されない。したがって、そうした場合にも、利益供与罪（970条1項）が成立する余地は残る[79]。なお、会社関係者に対する圧力の程度が、会社関係者を畏怖させるに足りるものであった場合には、その行為は「脅迫」となり、恐喝罪が成立する余地が生じる[80]。

VI　むすび

1997年（平成9年）の商法改正で導入された後も、株主等の権利の行使に関する利益供与罪に対しては、理論面と実践面の両方で批判が呈されてきた。まず、理論面を見てみると、利益を供与する株式会社の関係者と利益を

---

[78] 久木元伸「商法及び株式会社の監査等に関する商法の特例に関する法律の一部を改正する法律の解説（下）」商事法務1480号（1998）7頁、商法・金融罰則研究会・前掲注8）44頁。なお、威迫による利益供与要求罪について、要求と威迫のいずれが先かは犯罪の成立に影響を与えないと判示した裁判例として、大阪高判平成11年12月16日高刑集52巻62頁。
[79] 久木・前掲注77）199頁、商法・金融罰則研究会・前掲注8）46頁。
[80] 服部編・前掲注34）198頁〔阿部〕。

受領する総会屋が、「持ちつ持たれつ」の関係で癒着して、適正な会社資産の運用と株主の権利行使という本罪の保護法益を侵害しているという利益供与の構図を前提としながら、1997年に利益供与要求罪のみを新設し、これに対応する株式会社関係者の「申込み罪」や「約束罪」を設けなかった点について不公平性や矛盾が指摘されている[81]。

　他方、実践面では、刑罰による利益供与の抑止効果の限界が古くから指摘されてきた。そうした限界は、1997年の商法改正で、供与された利益を受領する側に対する刑罰の厳格化が図られ[82]、総会屋の活動が割に合わないものであることを認識させるため、①被供与利益受領罪、②第三者供与罪および③利益供与要求罪について、情状により、懲役刑と罰金刑の併科を可能にする旨の規定がおかれた後も変わらない。また、すでに癒着関係にある会社関係者と総会屋との間では、不当な要求のみをもって犯罪とする要求罪の新設には、大きな効果は期待できないとの指摘も見られる[83]。さらに、そもそも経済的な効率性からすれば、総会屋だけでなく、株式会社にとっても、株主にとっても、総会屋への利益供与は、最善の選択であるといった皮肉な指摘もなされている[84]。

　こうした指摘に加えて、利益供与の要求を受けた株式会社の関係者に対する告発・通報の義務化が検討されたものの、見送られた点[85]を併せ考えれば、少なくとも、利益供与罪が、政策的な判断によって方向づけられ、枠づけられた犯罪であることが分かる。つまり、970条は、1項で会社関係者側の利益供与罪を規定し、取締役らに対して、きわめて重大な犯罪である同罪への関与を強く戒める一方で、2項および3項において、総会屋を始めとした利益を要求・受領する側の企業対象暴力をより積極的に取り締まることで、適正な会社資産の運用と株主の権利行使の両方の意味での会社経営の健

81　新谷勝「利益供与禁止規定違反と取締役の責任」法律時報70巻1号（1998）65頁、垣口克彦「利益供与罪再論」阪南論集社会科学編36巻4号（2001）51頁以下。
82　商法・金融罰則研究会・前掲注8）46頁。
83　垣口・前掲注80）52頁。
84　マークウェスト（大杉謙一訳）「なぜ総会屋はなくならないのか（1）・（2）・（3完）」ジュリスト1145号（1998）60頁以下、1146号（1998）114頁以下、1147号（1998）97頁以下。
85　商法・金融罰則研究会・前掲注8）46頁。

全性という本罪の法益に対する保護の実効性を高めることが目指されている。また、そうした970条の規定の前提として、総会屋として活動する暴力団等の不法勢力の資金源を断つことも目指されているといえよう。

「総会屋」は、日本でしか存在しないといわれている[86]。国際化した企業活動にとって、こうした日本固有の特徴がどれほど大きなマイナスイメージになるか計り知れない。さらに、今日では、コンプライアンス経営の観点からも、総会屋との完全な関係断絶が必要とされる。今後も、970条は、こうした時代の要請を背景に、積極的に適用されるであろう。そうした運用が、会社関係者に総会屋との癒着の「隠ぺい」ではなく「解消」を働き掛けることになることを望みたい。

86　斎藤豊治「総会屋に対する利益供与と商法罰則の強化」法学セミナー519号（1998）10頁。

第5章　フランスにおける「グループ訴権」導入をめぐる動向

荻　野　奈　緒

- Ⅰ　はじめに
- Ⅱ　従来の制度の問題点
- Ⅲ　HAMON法案が提案するグループ訴権の内容
- Ⅳ　むすびにかえて

Ⅰ　はじめに

1　問題の所在

　我が国では、集団的消費者被害回復にかかる訴訟制度の創設に向けて、「消費者の財産的被害の集団的な回復のための民事の裁判手続の特例に関する法律案」（消費者裁判手続特例法案）が2013年4月19日に閣議決定され、国会に提出された。同法案が提案する訴訟制度は、共通争点の審理と個別争点の審理を分けて二段階とする、いわゆる二段階型の制度である。また、個々の被害消費者による授権を必要とするオプト・イン方式が採用されている。すなわち、第一段階では、特定適格消費者団体が事業者に対して、相当多数の消費者に共通する事実上および法律上の原因に基づき金銭を支払う義務を負うべきことの確認を求める訴え（共通義務確認の訴え）を提起し（3条）、事業者の責任の有無ならびに対象債権および対象消費者の範囲が決定される（5条参照）。第一段階で判決等により事業者の責任が認められた場合には、第一段階の当事者であった特定適格消費者団体の申立てにより、第二段階の簡易確定手続が開始する（12条）。簡易確定手続では、対象消費者から当該手続を申し立てた特定適格消費者団体（申立団体）に対する授権（31条）、申立団体に

よる対象債権の届出（30条）、相手方事業者による認否（42条）、裁判所による簡易確定決定（44条）を経て、対象債権の存否および内容が確定される。申立団体は、その後、相手方事業者から任意にまたは強制執行により対象債権について支払いを受け（2条9号ロ参照）、それを対象消費者に分配することが予定されている。

消費者裁判手続特例法案は、消費者に財産的被害が集団的に発生している場合に消費者の司法アクセス手段を保障するための特別の制度を創設するという点で画期的ではあるものの、同法案に対しては、対象事件が相当に限定されていることや、個別訴訟との切り分けが難しいこと、第二段階の手続で消費者の加入を促す仕組みにかかる費用の問題が必ずしも解決されていないこと等の問題点も指摘されている[1]。同法案に5年後の見直し条項が付されていることに鑑みても（附則3条）、集団的消費者被害回復のための制度が実効性のあるシステムとして機能するために克服すべき課題が何であるのかを明らかにし、さらに議論を行うことが急務であるといえよう。また、このような制度が理論的にどのように正当化され得るのかについても検討する必要がある。

2　検討の対象

本稿では、以上のような状況をふまえ、日本と同じく二段階型かつオプト・イン方式の訴訟制度の導入を目指しているフランスの状況を紹介したい。フランスを取り上げる理由は、次のとおりである。すなわち、フランスでは、1980年代以降幾度にもわたってグループ訴権の導入が試みられているうえ、2006年11月8日に国民議会に提出されたBRETON法案[2]が二段階型かつオプト・イン方式の制度の導入を提案するものであったため、このような制度に関する議論の蓄積が豊富である。また、現在、フランスでは、2013年5月2日に国民議会に提出されたHAMON法案[3]の審議が行われている。

1　河上正二「消費者裁判手続き特例法案について」ジュリスト1455号74頁（2013年）。日本弁護士連合会『『消費者の財産的被害の集団的な回復のための民事の裁判手続の特例に関する法律案』に対する会長声明」(http://www.nichibenren.or.jp/activity/document/statement/year/2013/130419.html（2013年8月29日最終確認））も参照。

2　Projet de loi en faveur des consommateurs, n° 3430 (Assemblée Nationale).

同法案はBRETON法案と同じく二段階型かつオプト・イン方式のグループ訴権の導入を提案するものであるが、その内容にはBRETON法案とは異なるところもあり、BRETON法案が取り下げられて以降の議論をもふまえたものになっているものと推測される。このようなフランスの状況、とりわけHAMON法案が提案するグループ訴権の内容を検討することは、日本における議論に有益な示唆を与えるものと思われる。

II 従来の制度の問題点

グループ訴権の導入に向けて、フランスでこれまでにどのような試みがなされてきたのかについては、既に詳細な紹介がなされている[4]。そこで、本稿では、HAMON法案が提案するグループ訴権の内容を検討する前提として必要な点のみを簡潔に述べる。具体的には、既存の制度を概観して、それらの制度にどのような問題点があったのかを確認することにしたい。

1 共同代理訴権の問題点

フランスにおいて、集団的な消費者被害が発生した場合に損害賠償請求訴訟の形で事後的な救済を図る制度としては、私訴権（action civile）[5]、任意参加訴権（action en intervention volontaire）[6]および共同代理訴権（action en repré-

---

3 Projet de loi relatif à la consommation, n° 1015 (Assemblée Nationale).
4 BRETON法案の提出に至るまでの経緯およびその内容については、山本和彦「フランスにおける消費者団体訴訟」ジュリスト1320号98頁（2006年）、後藤巻則＝柴野暁＝馬場圭太「フランス 消費者団体訴訟制度における損害賠償請求の概要とクラス・アクション導入に関する議論の動向」内閣府国民生活局『ドイツ、フランス、アメリカ、オーストラリアにおける金銭的救済手法の動向調査』28頁以下（2007年）、後藤巻則「消費者団体と損害賠償請求—二段階構造型消費者団体訴訟への視点—」早稲田法学84巻3号35頁（2009年）を参照。

なお、その後の経緯については、山本和彦「フランスにおける消費者集団訴訟制度の概要（上）（下）」NBL942号22頁・943号19頁（2010年）、山本和彦＝荻野奈緒「フランスにおける集団的消費者被害回復制度—『グループ訴権』の導入に関する近時の動向—」財団法人比較法研究センター『アメリカ、カナダ、ドイツ、フランス、ブラジルにおける集団的消費者被害の回復制度に関する調査報告書』104頁以下（2010年）を参照。

5 私訴権が認められるための要件は、「消費者の集団的利益」に直接的または間接的に損害を加える行為が存在することと、その行為が犯罪行為に該当することであり、提訴権者は認可消費者団体である（消費法典L. 421-1条1項）。

sentation conjointe）がある。もっとも、前二者は、消費者の集団的利益の保護を目的とする制度であって、消費者団体は、固有の損害賠償請求権に基づいて、消費者の集団的利益に生じた損害[7]の賠償を求めるだけであるから、個々の消費者の救済に直接つながるものではない。

　これに対して、共同代理訴訟は、個々の消費者が被った個人的損害の賠償にかかる集団的な手続を認める制度であり、個人的利益の保護を目的としている。この訴訟は1992年1月18日の法律60号によって導入されたものであり、今日では、消費法典 L. 422-1条1項が、「自然人であり特定された複数の消費者が、同一事業者の所為によって生じ、共通の原因を有する個人的損害を被ったときは、全国レベルで代表性を有する認可消費者団体は、……関係消費者の2人以上から委任を受けた場合には、これらの消費者の名において損害賠償を求めるために、あらゆる司法機関に提訴することができる」と規定している。

　消費者団体が共同代理訴訟を提起するためには、事前に2人以上の消費者から個別に書面による授権を得なければならず（R. 422-2条）、消費者団体が「テレビまたはラジオを通じた公衆への呼びかけによって、あるいは、ポスター、ちらしまたはダイレクトメールによって」授権を促すことは禁止されている（L. 422-1条2項）。また、民事裁判機関に共同代理訴訟を提起する場

6　任意参加訴権は、消費者の事業者に対する損害賠償請求訴訟が既に係属していることを要件として、認可消費者団体に認められている（L. 421-7条）。同条は、消費者の損害賠償請求訴訟に参加した消費者団体の請求について、「とりわけ L. 421-2条に定める措置の適用」すなわち事業者の違法行為の差止めおよび不当条項の削除を求めることができるとしか規定していないが、破毀院第1民事部2006年2月21日判決（Civ. 1re, 21 fév. 2006, *Bull.* no 95）が、「認可消費者団体は、犯罪を構成しない所為によって消費者の集団的利益に生じた損害の賠償を得ることを目的として、1人または複数の消費者が被った損害の賠償請求に関する訴訟に参加することはできる。しかしながら、認可消費者団体は、同様の目的のために、自ら訴訟を提起することはできない」との解釈を示している。

　なお、消費者団体に認められる訴権が刑事裁判から独立して認められる傾向にあることについて、A. DE LAFORCADE, L'évolution du droit d'agir des associations de consommateurs : vers un détachement du droit pénal de leur action en justice, *RTD com.* 2001. 711. を参照。

7　フランスにおける「集団的損害（préjudice collectif）」概念について検討する邦語文献として、小野寺倫子「人に帰属しない利益の侵害と民事責任（1）（2）：純粋環境損害と損害の属人的性格をめぐるフランス法の議論からの示唆」北大法学論集62巻6号518頁、63巻1号250頁（2012年）がある。

合の消費者の消費者団体に対する授権については R. 422-1 条以下に詳細な規定が置かれており、消費者団体は消費者に対して、補佐する義務（devoir d'assistance）は負わないものの（R. 422-1 条 2 項）、訴訟の進行に関する情報提供義務を負う（R. 422-6 条）こと等が定められている。共同代理訴訟の審理に関する特別の規定は置かれていないため、裁判所は一般法の規定にしたがって審理を行うものと考えられる。なお、消費者団体は、商事裁判所に提訴するのでない限り[8]、提訴にあたって弁護士を選任することになろう[9]。

共同代理訴訟は、手続開始前の授権を前提とする厳格なオプト・イン方式を採用しているうえ、消費者団体が消費者から授権を得るために行い得る措置が極めて限定されているため、そもそも集団的消費者被害の回復にいかほどの実効性があるのかについては疑問がある。また、消費者団体が提訴にあたって弁護士を選任しなければならず、審理に関する特則も存在しないのであれば、通常の共同訴訟ではなく共同代理訴訟を利用することのメリットはほとんどない。実際、消費者団体の責任が重く、管理にかかる労力や費用等の負担も大きいことから、共同代理訴訟はほとんど利用されていないことが指摘されている[10]。

2　通常の共同訴訟によることの限界

では、通常の共同訴訟によって集団的消費者被害の回復を図るにはどのような限界があるのか。以下では、グループ訴権の導入の必要性を示す事例としてしばしば引用される携帯電話カルテル事件を紹介しよう。

(1)　事案の概要

同事件は、2002年に、全国レベルの認可消費者団体である UFC-Que Choisir（以下、「UFC」という。）が、携帯電話事業者である Orange France、SFR および Bouygues Télécom の 3 社が違法カルテルを結んでおり、ま

---

[8] 民事訴訟法典853条 2 項は、商事裁判所に係属する訴訟については、当事者が弁護士以外の者を代理人に選任することを認めている。

[9] この点を指摘するものとして、L. BORÉ, L'action en représentation conjointe : class action française ou action mort-née?, D. 1995. 267, nº 22.

[10] HAMON 法案に関する影響評価によれば、1992年以降現在までに提訴された件数は 5 件にとどまる（Étude d'impact NOR : EFIX1307316L/Bleue-1, p. 8）。

た、寡占的市場支配的地位（position dominante collective）にあると主張して、競争評議会（Conseil de la concurrence）に申立てを行ったことに端を発する。競争評議会は、2005年11月30日、2000年から2002年にかけて違法カルテルが存在したこと等を認定し、消費者が多大な損害を被ったとして、前記3社に対して制裁金を課した[11]。

　UFCは、この決定を受けて、個々の消費者が被った損害の塡補を目的として、次のような活動を行った。すなわち、一方で、被害を受けた携帯電話加入者が自身の被った損害の金額を容易に計算できるようするためのインターネットサイトを設置し、同サイト上でUFCの訴訟活動に関する情報も提供した[12]。また、他方で、上記3社に対して、消費者の集団的利益に生じた損害の賠償を求めて、パリ商事裁判所に提起されていた加入者個人の損害賠償請求訴訟に参加した[13]。その後、1万2000人を超える加入者が同サイトに登録し、UFCからの支援を受けることによって、当該訴訟に参加した。

　加入者の訴訟は、形式的には、UFCの代理人である弁護士に訴訟追行を委任することによってなされたものであり、共同代理訴訟制度を利用してされたものではなかったが、裁判所は、消費法典L. 422-1条を適用して、提訴は無効だと判断している。例えば、Bouigues Télécomを被告とする訴訟[14]に関して、パリ控訴院は、2010年1月22日、提訴、任意参加およびそれに続く訴訟手続は、L. 422-1条の要件を満たしていないから無効だと判断した[15]。この判決に対して、UFCおよび加入者の一部が破毀申立てをした。

11　Cons. Conc., 30 nov. 2005, n° 05-D-65 du 30 nov. 2005.
12　http://www.cartelmobile.org/（2013年8月29日最終確認）。
13　UFCは、それ以前に、ブーローニュ小審裁判所、モンルージュ小審裁判所およびパリ8区小審裁判所に、3人の消費者とともに、上記3社に対する損害賠償請求訴訟を提起し、その後取り下げていたようである。経緯について、詳しくは、M. J. AZAR-BAUD, *Les actions collectives en droit de la consommation, Étude de droit français et argentin à la lumière du droit comparé*, Dalloz, 2013, n°s 231 et s. を参照。
14　この訴訟を最初に提起した加入者は主として前記インターネットサイトを利用した損害算定に基づいて損害賠償を請求しており、その後に同訴訟に参加した消費者は3751人に上った。
15　CA Paris, 22 janv. 2010, RG n° 08-09844. 同判決に対するUFCの当時の法務部長による評釈として、G. PATETTA, Une illustration flagrante des limites du système judiciaire français, *RLDC*, 2010/70, n° 3792がある。

(2) 破毀院第 1 民事部2011年 5 月26日判決[16]

　破毀院は、次のように述べて、破毀申立てを棄却した。すなわち、L. 422 - 1 条は「イメージの保護や無罪の推定とは無関係であり、特にマスコミュニケーションまたはダイレクトメールを利用した公衆への呼びかけを全て禁じている」ところ、控訴院が、実際には UFC が当該訴訟手続を主導していたことを認定したうえで、UFC が自ら訴訟を提起できないことを知り、個々の加入者の個人的損害が極めて少額であることを早くから認識して、訪問勧誘（démarchage）や公衆への呼びかけの禁止という訴訟追行の障害を無視して加入者による提訴および任意参加を大々的に組織しようとし、そのために事前に、損害計算機を提供するとともに、インターネットサイトで訴訟追行のための委任契約を締結することができることを示したこと、UFC が訴訟手続の全てを補佐し追行することになっていたため、その委任には実体がなかったことを指摘して、UFC が同条の規定を遵守しなかったと判示したことは正当である、と。

(3) 検討

　本判決は、通常の共同訴訟によって集団的消費者被害の回復を図ることの限界を示したものであるとともに、共同代理訴訟の実効性をさらに減殺したものだと評価できる。なぜならば、本判決は、L. 422- 1 条 2 項の趣旨についてイメージの保護や無罪の推定とは関係ないとし、同項がマスコミュニケーションまたはダイレクトメールを利用した公衆への呼びかけを全て禁じているとすることによって、同項の限定解釈や反対解釈を不可能としているからである[17]。すなわち、同項が、事業者の責任の有無が明らかになる前に公衆への呼びかけがなされることで当該事業者がイメージの低下による不当な損害を被ることを防ぐことを目的とするものであり、それは無罪の推定の観点からも正当化されるのだという説明を前提にするならば[18]、事業者が責任を負うことが既に明らかになっている事案や、事業者の行為について既に報

16　Civ. 1re, 26 mai 2011, *Bull*. n° 98.
17　これらの点を指摘するものとして、N. DUPONT, L'action en representation conjointe des associations de consommateurs ou l'action mal-aimée des juges, *D*. 2011. 1884がある。
18　J. CALAIS-AULOY et H. TEMPLE, *Droit de la consommation*, 8e éd., Dalloz, 2010, n° 560 参照。

道がなされている事案については、同項は適用されないと解する余地があった[19]。また、同項が定める「テレビまたはラジオ」、「ポスター、ちらしまたはダイレクトメール」が限定列挙だと考えるならば、それ以外の方法による呼びかけは許容されていると解する余地があった[20]。本判決は、このような解釈の余地を否定し、消費者団体が共同代理訴権を提起する際に公衆に対して授権を呼びかけることを全般的に禁止するものである。

携帯電話カルテル事件では、個々の消費者が被った損害は数十ユーロにとどまるものの全体の損害は100万ユーロを超えると言われており、個々の消費者が個別に訴訟を提起することの難しさを示す例として、HAMON法案に関する影響評価においても引用されている[21]。

III　HAMON法案が提案するグループ訴権の内容

HAMON法案は、消費契約の成立および履行に関して生じる紛争が多数の消費者に関わること、また、これらの紛争が少額であるがゆえに消費者はしばしば個別に司法上の紛争解決手段を採ることを断念するという実情をふまえ、被害消費者を集団的に救済するために、グループ訴権を導入することを提案している。以下では、HAMON法案のグループ訴権に関する規定の内容を紹介したうえで、BRETON法案との相違や国民議会で施された修正をふまえて、その特徴を明らかにすることを試みたい。

19　そのように考えるならば、違法カルテルの存在を認める判断が既になされ、そのことが報道等によって広く知られるところとなっていた本件においては、同項が適用されないと解する可能性があった。
20　そのように考えるならば、インターネットを通じて呼びかけがなされた本件においては、同項が適用されないと解する可能性があった。
21　Étude d'impact, op. cit. note (10), p. 6.
　　なお、携帯電話カルテル事件は本来グループ訴権の対象となり得る事件であるが、HAMON法案は、競争の分野において提起されるグループ訴権については法律の遡及的適用を認めていないため（2条3項）、同法案が成立しても、同事件についてグループ訴権を行使することはできない（ibid., p. 17）。

1 HAMON法案のグループ訴権に関する規定

　HAMON法案は、消費者の権利に関するEU指令（2001/83/UE）の国内法化にかかる規定（3条ないし17条）、消費者信用および保険に関する規定（18条ないし22条）、地理的表示に関する規定（23条および24条）、競争、消費および詐欺防止にかかる行政機関の権限強化等に関する規定（25条ないし67条）等、消費法に関する幅広い改正提案をおこなっているが、グループ訴権に関する規定は冒頭の2条である。具体的には、1条が消費法典の改正を、2条が司法組織法典の改正等を提案している。

（1）　HAMON法案1条は、次のように規定している[22]。

　「消費法典第2編（titre）第4章（livre）に、以下のように規定する第3節（chapitre）が置かれる。
　　　　　　第3節　グループ訴権
　　　第1款（section）グループ訴権の適用分野と提訴する資格
　L. 423-1条　全国レベルで代表性を有しL. 411-1条の適用により認可された消費者団体は、次の場合に、同様（identique）または類似（similaire）の状況に置かれた消費者が被った個人的損害であって、同一事業者の法律上または契約上の債務への違背という共通の原因を有するものの賠償を得ることを目的として、民事裁判機関に提訴することができる。

　　a）〔当該違背が〕財物（bien）の売買または役務の提供の際になされたものであるとき
　　b）当該損害が商法典第4編第2章またはEU運営条約（Traité sur le fonctionnement de l'Union européenne）101条および102条の定める反競争的行為によって生じたとき

　この訴権によって請求できるのは、消費者の資産（patrimoine）の侵害によって生じた物的損害（préjudice matériel）であって、前項に掲げる原因によって生じたものの賠償に限られる。
　L. 423-2条　グループ訴権は、コンセイユ・デタのデクレによって定める方法によって開始される。

　　　　　　第2款　責任に関する判決
　L. 423-3条　裁判官は、L. 423-1条の定める要件が充足されていることを確

22　海外県・海外領土に関する第7款の規定は省略した。

認し、事業者の責任に関して判決を下す。裁判官は、事業者の責任が認められる対象となる消費者のグループを定める。

裁判官は、各消費者または裁判官が定めたグループを構成する消費者のカテゴリーのそれぞれについて、損害額または損害の算定を可能とするすべての要素を決する。

裁判官は、下された判決について当該グループに属し得る消費者に情報提供するために必要な、それに適したあらゆる手段による措置を、事業者の費用において、命じる。

判決の公告措置（mesure de publicité）は、責任に関する判決に対する通常の上訴の申立てまたは破毀申立てが不可能となってからしか、実行することができない。

裁判官は、消費者がその損害の賠償を得るために、当該グループに加入することができる期間および方法を定める。裁判官は、とりわけ、消費者が損害賠償を得るために、直接事業者に請求しなければならないのか、あるいは消費者団体を通じて請求しなければならないのかを決する。グループへの加入は、賠償を目的とする、消費者団体に対する委任となる。

責任に関する判決の際に、裁判官は、事業者に対して、消費者団体によって示された訴訟費用に含まれない費用（L. 423-4条の適用に関する費用を含む）にかかる前渡金（provision）の支払いを命じることができる。

L. 423-4条　消費者団体は、裁判所の許可を得て、とりわけグループの構成員の損害賠償請求を受け付けるために、またより一般的に被害者たる消費者が賠償を得るために事業者との関係で同人を代理するために、あらゆる者をその補助者として選任することができる。

第3款　損害の数額確定（liquidation）および執行

L. 423-5条　事業者は、L. 423-3条にいう判決によって定められた要件および限度において、各消費者が被った損害を個別に賠償する。

L. 423-6条　責任に関する判決を下した裁判官は、損害の数額確定の段階において生じる問題（difficulté）について判断する。

当該裁判官は、同一の判決において、事業者が正しいと認めなかったすべての損害賠償請求について判決を下す。

L. 423-7条　原告消費者団体は、L. 423-6条2項にいう判決の強制履行について、定められた期間内に賠償を得られなかった消費者を代理する。

第4款　メディアシオン

L. 423-8条　原告消費者団体は、L. 423-1条にいう個人的損害の賠償を得るために、司法組織ならびに民事、刑事および行政訴訟手続に関する1995年2月8日の法律125号第2編第1章（chapitre）の定める要件のもとで、メディアシオンに参加することができる。

L. 423-9条　グループの名において交渉された合意はすべて、裁判官の承認に服する。裁判官の承認を得た合意は、執行力を有する。

裁判官は、承認された合意の存在について消費者に情報提供するために必要な公告措置を定めることができる。

第5款　競争の分野において行使されるグループ訴権

L. 423-10条　原告が主張する事業者の違背が商法典第4編第2章またはEU運営条約101条および102条の定める準則の尊重に関するものであるときは、L. 423-1条に定める訴訟は、これらの違背を認める判断が国内またはEUの権限ある当局（autorité）または司法機関によって当該事業者に対して下され、その判断に対する上訴が不可能となったときにのみ、提起できる。

この場合、L. 423-3条の適用にあたって、事業者の違背は証明されたものとみなされる。

L. 423-11条　L. 423-1条に定める訴訟は、L. 423-10条にいう判断から5年の期間を超えては提起できない。

第6款　雑則

L. 423-12条　L. 423-3条に定める判決によって認められる違背によって生じた損害の賠償を目的とする個別訴訟にかかる時効は、L. 423-1条にいう訴訟によって、停止する。

時効期間は、L. 423-3条に従い下された判決に対する通常の上訴もしくは破毀申立てが不可能となった日またはL. 423-9条に定める承認の日から再び進行を開始する。その期間は6か月を下回ることはできない。

L. 423-13条　L. 423-3条の定める判決およびL. 423-9条の適用による判断は、いずれも、グループ構成員のうち当該手続に従って損害の賠償を得た各人との関係で、既判力を有する。

L. 423-14条　グループへの加入は、［グループ訴権の］適用範囲に含まれない損害の賠償を得るために一般法上認められる訴権を妨げない。グループへの加入は、原告消費者団体への加入とみなされないし、同団体への加入を前提とし

ない。
 L. 423-15条　L. 423-1条の定める訴訟は、同一事業者に対して既に判断されたグループ訴権の対象となったものと同一の事実かつ同一の違背を理由とするときは、受理されない。
 L. 423-16条　全国レベルで代表権を有しL.411-1条の適用により認可された消費者団体はすべて、L. 423-1条の定める訴訟が係属したときから、原告消費者団体の機能不全（défaillance）の場合には、裁判官に対して、自らが原告たる消費者団体に代置すること（substitution）を求めることができる。
 L. 423-17条　消費者がグループ訴権に参加することを事前に禁じることを目的とする条項はすべて書かれていないものとみなす。」

（2）　HAMON法案2条は、「特別に指定された大審裁判所が、消費法典第4編第2章第3節の定めるグループ訴権について裁判権を有する」と規定するL. 211-15条を司法組織法典に置くこと（1項）、「〔本法律〕第1条によって創設される消費法典第4編第2章第3節の規定に基づく訴訟手続は、商法典第4編第2章またはEU運営条約101条および102条への違背であって、本法律の公布の日より前に下された上訴不可能な判断によって認められたものによって生じた損害の賠償を得るためには、開始され得ない」とすること（3項）等を提案している。

2　BRETON法案が提案していたグループ訴権との相違点

　HAMON法案とBRETON法案は、いずれも、二段階型かつオプト・イン方式のグループ訴権を提案する点で共通しているが、前者の規定と後者の規定を比較してみると、次のような相違がある。
　（1）　まず、対象事件についてみると、BRETON法案は、対象事件を事業者の契約上の債務の不履行から生じた損害の賠償請求に限っており（L. 423-1条）、かつ、コンセイユ・デタのデクレによって損害賠償額の上限を定めることが予定されていた（L. 423-5条）。これに対して、HAMON法案は、事業者の法律上の義務への違反によって生じた損害の賠償請求を対象に含めたうえ、競争制限的協定（商法典L. 420-1条、EU運営条約101条）や支配的地位の濫用（商法典L. 420-2条、EU運営条約102条）等、一定の反競争的行為によって生じた損害の賠償請求にも対象事件を広げている（L. 423-1条1項）。また、

同法案には、損害賠償額の上限を定める規定は見当たらない。

　HAMON 法案が事業者の法律上の義務への違反によって生じた損害の賠償請求を対象に含めたのは、契約締結過程で生じる問題や製造物責任の問題を排除しないためだと推測される。また、HAMON 法案が一定の反競争的行為によって生じた損害の賠償を目的とする事件を対象に含めた背景には、EU レベルで集団訴訟制度の導入へ向けた動き[23]がこの分野を対象としていることを挙げることができよう[24]。

　なお、生命身体の侵害により生じた損害や精神的損害が賠償の対象から除外されている点は、HAMON 法案 (L. 431-1 条 2 項) と BRETON 法案 (L. 423-1 条) とで異ならない。

　(2)　次に、第一段階の手続についてみると、HAMON 法案では、BRETON 法案に比べて、裁判官の判決事項が増加している。すなわち、BRETON 法案では、裁判官は事業者の責任の有無についてのみ判断することが想定されていたのに対し (L. 423-2 条)、HAMON 法案では、裁判官は、事業者の責任の有無のほか (L. 423-3 条 1 項)、事業者に責任があると認めるときは、グループの範囲 (同項)、損害額または損害算定基準 (同条 2 項)、被害消費者がグループに加入するための方法等についても判断することとされている (同条 5 項)。

　HAMON 法案が第一段階の判決事項を増やしたのは、第二段階の手続を簡略化し、被害消費者が手続を利用しやすくするための工夫であろう。

　(3)　第一段階の判決の公告については、必要かつ適切なあらゆる措置が命じられ得ること、それらの措置が事業者の費用において採られることは両法案で異ならないが (BRETON 法案 L. 423-4 条、HAMON 法案 L. 423-3 条 3 項)、HAMON 法案では、公告措置の時期について、責任に関する判決が確定した後にしか行い得ないことが明示されている (同条 4 項)。

　公告措置の時期を事業者の責任に関する判決確定後としたことは、それ以

23　最新の動向としては、欧州委員会が、2013年 6 月に、加盟国に対して、集団訴訟 (recours collectif) の導入を求める勧告 (Recommandation, C (2013) 3539/3) を採択したことが重要である (C. FLEURIOT, Bruxelles incite les États à se doter de mécanismes de recours collectif, *Dalloz Actualité*, 17 juin 2013参照)。

24　Étude d'impact, op. cit. note (10), p. 6参照。

前に公告がなされることによって当該事業者のイメージが不当に低下するのではないかとの事業者側の懸念に配慮したものだといえよう[25]。

（4）　さらに、第二段階の手続についてみると、BRETON法案では被害消費者が自ら事業者に対して請求書を送付し（L. 423-5条）、任意の賠償が得られない場合には自ら裁判所に請求書を送付する（L. 423-6条）等、直接事業者と対峙し主体的に手続に参加することが予定されているのに対して、HAMON法案では消費者団体が大きな役割を果たすことが想定されている。すなわち、被害消費者が事業者に対して損害賠償請求をする際に消費者団体を通じて請求する可能性が示されるとともに、被害消費者のグループへの加入は消費者団体への授権とみなされ（L. 423-3条5項）、強制履行についても消費者団体が被害消費者を代理するとされている（L. 423-7条）。

消費者団体が第二段階の手続に深く関与することは、消費者の便宜に資するものである一方で、消費者団体の負担が増大することを意味している。HAMON法案が、消費者団体が裁判所の許可を得て補助者を選任することができるとし（L. 423-4条）、また、補助者の選任にかかる費用を含む費用を事業者に負担させることができるとしているのは（L. 423-3条6項）、この点に配慮したものだと考えることができる[26]。

このように、HAMON法案は、第二段階の手続にかかる被害消費者の負担を軽減し、被害消費者が容易に損害賠償を得ることができるための工夫を施しているが、不誠実な事業者に対する制裁という観点からは、BRETON法案よりも後退している面もある。すなわち、BRETON法案は、任意に賠償の申入れをしない事業者等に対する制裁として、賠償額の50パーセントに相当する金額を支払わせる可能性を認めていたが（L. 423-7条）、HAMON

25　国家消費審議会（Conseil National de la Consommation）の報告書（http://www.economie.gouv.fr/files/files/directions_services/cnc/avis/2012/rapport_action_groupe_final.pdf（2013年8月29日最終確認））によれば、公告自体に否定的な事業者団体もあり、公告の必要性を認める事業者団体も、公告措置は事業者の責任を認める判決後になされるべきだとの意見を表明していた。

26　HAMON法案に関する影響評価によれば、グループ訴権の導入に伴い、消費者の主張のとりまとめ、弁護士費用、判決執行等の消費者団体の負担が重くなるところ、これらの負担をどのように賄うかについては、コンセイユ・デタのデクレによって定められる（Étude d'impact, op. cit. note (10), p. 15）。

法案にはこのような規定は見当たらない。

（5）　なお、HAMON 法案には、メディアシオンに関する規定（L. 423-8 条以下）、既判力に関する規定（L. 423-13条）、個別訴訟との関係に関する規定（L. 423-14条）、グループ訴権への参加を事前に禁じる条項の効力を否定する規定（L. 423-17条）といった、BRETON 法案にはみあたらなかった規定も置かれている。

3　国民議会における修正

（1）　HAMON 法案は、2013年7月3日に国民議会第一読会を通過し、現在は元老院での審議が行われているが[27]、国民議会では、字句修正も含め複数の修正が加えられた[28]。そのなかで最も大きな修正は、第二段階の手続に関する簡易な手続の新設である[29]。この修正は、HAMON 法案に「簡易なグループ訴権の手続」と題する第2 bis 款を挿入することを提案している。同款を構成するのは、次のように規定する L. 423-4-1 条である。

「L. 423-4-1条　消費者が特定されているときは、裁判官は、事業者の責任について判決した後に、必要があれば消費者団体に支払うべきアストラントを付して、事業者に対して、一定の期間内に、裁判官が定める方法によって、消費者に直接かつ個別に賠償するよう命じることができる。

前項にいう判決に対する通常の上訴または破毀申立てが不可能となったときは、対象消費者が当該判決に従った賠償を承認することを可能とするために、事業者による履行に先立ち、裁判官が定める方法によって、裁判官が定める期

27　元老院第一読会に先立って、2013年7月24日に、経済問題委員会の案が示されている（Texte de la commission nº 810 (Sénat)）。この案による最も大きな修正は、「複数の消費者団体が同一の事実について訴訟を提起したときは、それらの団体はそれらの訴訟が併合された後の訴訟を追行する団体を指名する。指名がなされない場合は、裁判官が指名をおこなう。」と定める3項を L. 423-1 条に挿入することが提案されていることである。

28　Texte adopté nº 176 (Assemblée Nationale).

29　1条関係のその他の主だった修正としては、現物による賠償（réparation en nature）を明示的に認めたこと（L. 423-3条2項）、第一段階の手続中、裁判官はいつでも、証拠保全のために必要かつ可能な証拠調べ等をすることができるとの規定が挿入されたこと（L. 423-3条3項）、裁判官は、消費者による損害賠償請求に対する異議が申し立てられるべき期間も定めるとされたこと（L. 423-3条6項）、事案の性質に照らして必要かつ適切である場合には、事業者が支払うべき金額の一部の供託が命じられ得るとされたこと（L. 423-3条8項）等がある。

また、2条関係では、3bis 項が挿入され、商法典 L. 462-7条に、競争当局への申立てによって私訴権にかかる時効中断を認めることを内容とする項を置くことが提案されている。

間内に、当該判決について、当該消費者に対する個別の情報提供措置が採られる。

　事業者が、賠償を承認した消費者に対して、定められた期間内に当該判決を履行しない場合には、L. 423-6条およびL. 423-7条が適用される。この場合、当該判決に従った賠償の承認は、賠償を目的とする、消費者団体に対する委任となる。

　本款の適用にかかる要件については、コンセイユ・デタのデクレによって定める。」

（2）このような規定は、被害当事者が特定されている場合に[30]、第二段階の手続をより簡易かつ迅速にするものであり、事業者・消費者双方の負担の軽減に資するものである。このような簡易な手続が利用できる事例として想定されているのは、例えば、携帯電話事業者が多数の消費者との間で加入契約を締結している場合である。このような場合には、事業者が顧客名簿を所持しており、被害消費者を正確に特定できるため、事業者の責任と損害賠償方法が定められれば、消費者にグループへの加入を促すための期間を設ける必要はないと考えられたのである[31]。

4　HAMON法案が提案するグループ訴権の特徴

　HAMON法案が提案するグループ訴権の特徴を簡単にまとめておこう。

（1）グループ訴権を行使することができるのは、全国レベルの認可消費者団体[32]のみである[33][34]。

---

[30] 元老院経済問題委員会の案では、簡易な手続によることができる場合を「被害消費者の身元（identité）および人数が知られているときであって、これらの消費者が同一の金額の損害または基準となる期間について同様の金額の損害を被ったとき」とすることが提案されている（L. 423-1条3項）。

[31] これに対して、例えば、大規模小売店で製品が販売された場合には、事業者は顧客を特定することができないから、消費者にグループへの加入を促すための期間が必要だとされている（Rapport nº 1156（Assemblée Nationale), p. 87〔HAMON発言〕）。

[32] 全国レベルの認可消費者団体の数は15である（INC, *Les associations de consommateurs* 2013参照。）。

[33] BRETON法案においても、提訴権者は、全国レベルの認可消費者団体に限定されていた（L. 423-2条）。

[34] 全国弁護士会評議会（Conseil National des Barreaux）は、消費者団体が提訴権を独占することに反対している（http://cnb.avocat.fr/docs/textes/CNB-RP2013-05-24_TXT_Action-de-groupe-contre-proposition-reforme%5BP%5D%5BI%5D.pdf（2013年8月29日最終確認））。

（2）　グループ訴権の対象は、消費者の事業者に対する法律上または契約上の債務への違背を原因とする損害賠償請求であって、財物の売買または役務の提供の際になされた違背にかかるもの、および、一定の反競争的行為によって生じた損害にかかるものであるが、生命身体の侵害によって生じた損害や精神的損害の賠償請求は除外されている[35]。

（3）　第一段階の手続においては、裁判官は、事業者の責任の有無について判決を下すとともに、事業者に責任があると認めるときは、対象となる消費者のグループの範囲、損害額または損害算定基準、被害消費者がグループに加入する方法を定める。また、裁判官は、事業者の費用において、消費者に対する情報提供措置を命じることとされている。情報提供措置が採られる時期は、事業者の責任を認める判決が確定した後である。

（4）　第二段階の手続においては、情報提供を受けた消費者がグループに加入し、手続に参加することになる。その際、被害消費者が直接事業者に請求するのか消費者団体を通じて請求するのかは第一段階の判決の定めるところに従うことになるが、グループへの加入は消費者団体に対する授権となり、事業者が任意に履行しない場合には、消費者団体が被害消費者を代理して強制執行を申し立てることになる[36]。

消費者団体は、被害消費者からの損害賠償請求を受け付けたり事業者との関係で被害消費者を代理するために補助者を選任することができ、これにかかる費用を含む費用を事業者に負担させることが認められている。

IV　むすびにかえて

HAMON法案の内容は今後の審理で修正される可能性がある。また、グループ訴権の行使にかかる手続の詳細は、法案成立後に制定されるデクレに

参照）。

35　もっとも、健康被害や環境被害の分野においては、消費者被害の分野とは別のグループ訴権の創設が検討されているようである（Rapport (AN), op. cit. note (31), p. 22参照〔HAMON発言〕）。

36　このように消費者団体が損害賠償の支払手続に関与することについては、事業者団体のみならず消費者団体からも反対意見が出ている（Rapport (CNC), op. cit. note (25) 参照。）。

よって定められることになる。したがって、フランスにおいてどのような内容のグループ訴権が導入されるのかには不確定な要素もある。その点は留保しつつも、以下では、二段階型かつオプト・イン方式の制度の課題として既に指摘されている問題のいくつかについて、HAMON法案が、現時点で、これにどのように対応しているのかについて若干の検討を行うことで、むすびにかえたい。

1　制度の実効性

オプト・イン方式を採用した場合の問題が制度の実効性にあることは、つとに指摘されているところである。オプト・イン方式を採用した場合には、実際に手続に参加する消費者が少ない場合に被害救済として十分でないうえ、事業者に不当な利益が残存してしまうというのである[37]。したがって、オプト・イン方式を採用しつつ制度の実効性を高めるためには、被害消費者の手続への参加を促すことが必要であるといえよう。

また、そもそも制度自体が利用されなければ被害救済が図れないことは言うまでもない。そのため、被害消費者にとってはもちろん、提訴権者にとって過度の負担にならない制度である必要があるように思われる。被害救済が必要な事案について提訴がなされないのでは、制度の実効性が失われてしまうからである。

(1)　被害消費者の参加を促すための仕組み

(a)　被害消費者の手続への参加を促す仕組みとしては、まず、被害消費者の参加時期を事業者の責任を認める判決が出された後とすることや、手続に参加するための基準を第一段階の判決で示すことによって、被害消費者の予見可能性を高めることが有効だと考えられる[38]。

HAMON法案では、被害消費者が手続に参加するのは第二段階、つまり、第一段階において事業者の責任を認める判決が出された後である。ま

---

[37] 池田清治「消費者法における私人によるエンフォースメントとしての団体訴訟」新世代法政策学研究15号247・248頁（2012年）参照。
[38] ソラヤ・アムラニ＝メキ〔幡野弘樹訳〕「消費法における集団訴権」新世代法政策学研究15号217・218頁（2012年）参照。

た、第一段階の判決において対象となる消費者のグループを定めているから（L. 423-3条1項）、被害消費者が手続に参加するための基準は第一段階の判決で明らかにされている。

　(b)　次に、第二段階の手続を簡略化し、被害消費者の負担を軽減することも、被害消費者の手続への参加を容易にするものである[39]。

　既に指摘したように、HAMON法案は、BRETON法案と異なり、第一段階において損害額または損害算定基準を定めることによって第二段階の手続を簡略化するとともに、消費者団体の第二段階の手続への関与を強化することによって、被害消費者の負担を軽減している。もっとも、第一段階の判決において消費者が事業者に対して直接請求を行うべきことが定められる可能性もあり（L. 423-3条5項）、第二段階の手続がいささか複雑であるようにも思われる。

　なお、国民議会における修正によって提案されている簡易手続は、事業者が被害消費者に対して直接かつ個別に損害賠償を申し出ることを内容とするものであるが、個別に賠償の申出を受けた被害消費者が承認をしさえすれば賠償を得られるという点において被害消費者の負担を一層軽減するものであり、注目される。

　(c)　また、より多くの被害消費者に対して手続への参加の機会を実質的に保障するためには、対象消費者に対する情報提供を有効かつ適切に行うことも重要である[40]。

　HAMON法案は、第一段階の判決について対象消費者に対して情報提供するための措置として必要かつ適切なあらゆる手段が用いられ得るとしつつ、どのような措置が採られるべきかについては裁判官の判断に委ねている（L. 423-3条3項）。どのような手段が用いられるべきかについては、消費者団体はもちろん、費用を負担する事業者からも意見を聞いたうえで、判断されることになるだろう。

39　鹿野菜穂子「集団的消費者被害の救済制度と民事実体法上の問題点」現代消費者法8号22頁（2010年）参照。
40　鹿野・前掲注（39）22頁参照。

(2) 利用しやすい制度の構築

　グループ訴権の提訴権者である消費者団体が制度の利用を躊躇う要因の1つは、負担の大きさにあるものと思われる。UFCが携帯電話カルテル事件（前掲Ⅱ2）において展開した活動を行うために要した負担は、管理費用50万ユーロ、用紙500キログラム、2000時間近くの労働に及ぶとされていることからしても[41]、グループ訴権の追行にかかる負担は相当大きなものになることが予想される。

　HAMON法案は、第一段階の判決に関する情報提供措置にかかる費用を事業者負担とし（L. 423-3条3項）、かつ、消費者団体が裁判所の許可を得て選任した補助者にかかる費用等、賠償金の請求と分配にかかる費用も事業者負担とすることを想定しているようであり（同条6項）、消費者団体の費用負担を軽減するために一定の対策を講じている。

　もっとも、UFCは、HAMON法案が第二段階の手続に消費者団体が関与することを予定していることについて、消費者団体が賠償金の分配を行うのは技術的にも物理的にも人的にも難しいとして、特別の養成を受け裁判上の清算の仕組みに通じた第三者がその役割を引き受けるべきだと主張している[42]。グループ訴権の対象事案が極めて大規模なものとなる可能性があることからすれば、とりわけ第二段階の手続の追行主体の負担が大きくなることが予想され、これに対してどのような手当てをするのかは大きな課題の1つだといえよう。

2　理論的な課題

　二段階型の訴訟制度に対しては、判決効の片面的拡張等の民事手続法上の理論的課題も指摘されているところであるが[43]、以下では、民事実体法上の理論的課題を扱うことにする。具体的には、第一段階における消費者団体の

41　C. MUSSO, Recours collectifs et droits des consommateurs : des possibilités d'une action de groupe efficace et encadrée, *RLC*, 2011, p. 163.
42　http://www.quechoisir.org/droits-justice/organismes-de-defense-des-consommateurs/actualite-projet-de-loi-conso-l-examen-de-l-ufc-que-choisir（2013年8月29日最終確認）。
43　山本和彦「集団的消費者被害回復制度の理論的課題」松本恒雄先生還暦記念『民事法の現代的課題』85頁（商事法務、2012年）参照。

訴訟追行権をどのように基礎づけるのかという問題を取り上げたい。

HAMON 法案では、第一段階における訴訟追行権は全国レベルの認可消費者団体に認められているが、第二段階で実現が目指されるのは消費者の個人的利益の実現であり、個々の消費者の実体法上の請求権が行使されることになる。このことは、第一段階における訴訟追行権を行使する者と、グループ訴権が最終的に実現を目指している法的利益や実体法上の請求権の帰属先とが異なっていることを意味している。これをどのように説明し、消費者団体の訴訟追行権をどのように基礎づけるのかは、民事実体法上の大きな問題の１つである。

この問題に関しては、第一段階においては消費者のオプト・インやオプト・アウトを想定せず、不利な判決の効果は個々の消費者に及ばないとする場合には必ずしも個々の消費者の請求権にその根拠を求める必要はないとの主張がなされている。この考え方によれば、事業者の責任を明らかにすることは消費者集団の利益に資するのであるから、当該集団の利益の担い手としてふさわしい者に事業者の責任等についての確認判決を認める固有の権利を法律によって与えることが可能になる[44]。もっとも、消費者団体に消費者集団の利益を代表する地位を認め、消費者団体の訴訟追行権をその固有の権利によって基礎づけることについては、個々の消費者の個別の請求権に関する消費者団体の立場の説明が困難になることや、消費者一般の利益の下で争えるのは事業者の責任確定までであろうことが指摘されている[45]。

HAMON 法案では、第一段階の手続と第二段階の手続は連続しており、第二段階の手続の開始について別途の申立ては必要とされていない。また、第一段階の判決において事業者の行為の違法性のみならず消費者の損害に関する事項についても判断が下されることになっており（L. 423-3 条 2 項）、かつ、当該判決の効果は第二段階の手続に従って損害賠償を得た消費者に及ぶとされている（L. 423-13 条）。これらの点と、HAMON 法案が提案するグループ訴権が専ら個々の被害者の損害の塡補を目的とした制度であることを考

44　鹿野・前掲注（39）23頁。
45　岡本裕樹「集団的消費者利益の実現をめぐる民事実体法上の観点からの試論」現代消費者法12号13頁ないし15頁（2011年）。

え合わせると[46]、第一段階における訴訟追行権を、消費者集団の利益を保護するために消費者団体に認められる固有の権利のみによって基礎づけることは困難であるように思われる。もっとも、この点については、「集団的利益」概念の意義や、消費者集団の利益を保護するための制度と消費者の個人的利益を保護するための制度との関係をふまえて[47]、さらに検討する必要があろう。

3 結　語

日本においてもそうであるように[48]、フランスでも、集団的消費者被害の救済に関して、被害消費者の損害の塡補に加えて、加害事業者の不当な収益を剝奪する制度の必要性が説かれている[49]。この問題については、行政手続との役割分担も大きな課題の1つであるところ、フランスでは、一定の競争制限的行為について、経済大臣等が違法行為の差止めや違法な契約または契約条項の無効の確認のほか、非債弁済の返還（répétition de l'indu）を求めることが認められている（商法典 L. 442-6 条 3 項）。この訴権の性質を明らかにし[50]、消費者保護のための諸制度の関係について検討することは、今後の課題である。

〔付記〕
　　HAMON 法案は、本稿脱稿後の2013年 9 月13日に、元老院第一読会で修正のうえ採択された。そこでの主な修正点は、複数の消費者団体が同一事実につ

46　D. MAINGUY et M. DEPINCÉ, Pour l'action de groupe en droit français, *JCP E*, 2013, act. 355参照。
47　M.-J. AZAR-BAUD, L'entrée triomphale (?) de l'action de groupe en droit français, *D.* 2013. 1487は、HAMON 法案について、グループ訴権は広義の集団的利益の保護のための制度であるが、集団的利益は個人的利益の総和と狭義の集団的利益とを含むものであるから、グループ訴権をこの 2 つの概念を含む一般的な枠組みのなかに位置づけ、グループ訴権と違法行為の差止めや不当条項の削除といった狭義の集団的利益の保護を目的とする制度とを関連付けて規律するべきだったと主張している。
48　消費者庁及び消費者委員会設置法附則 6 項。消費者の財産被害に係る行政手法研究会「行政による経済的不利益賦課制度及び財産の隠匿・散逸防止策について」（2013年）も参照。
49　MAINGUY et DEPINCÉ, op. cit. note（46）。
50　破毀院商事部2008年 7 月 8 日判決（Com., 8 juill. 2008, *D.* 2008. 3046, note M. BANDRAC）は、この訴権について、「市場および競争が機能することの保護のための固有の訴権」だとしている。

いてグループ訴権を提起した際の調整規定が挿入されたこと、裁判官がメディアシオンにおける当事者の合意を承認する際に、対象消費者の利益への適合性を判断するとされたこと、およびグループ訴権について管轄を有する大審裁判所の限定に関する規定が削除されたことである。同法案は、2013年12月に国民議会第二読会での、その後に元老院第二読会での審理を経て、遅くとも2014年中に成立することが見込まれている。

また、グループ訴権の性質に関しては、本稿脱稿後に、E. JEULAND, Substitution ou représentation? À propos du projet d'action de groupe, *JCP G*, 2013, 927に接した。

なお、我が国の消費者裁判手続特例法は、2013年12月4日に成立した。

第6章　著作権法における多様化現象の位相
――創作環境の変化と私的な規範形成の動きを中心として――

山　根　崇　邦

Ⅰ　序
Ⅱ　創作環境の変化に対応した私的な規範形成の動き
Ⅲ　私的な規範形成に関する研究
Ⅳ　結びに代えて

Ⅰ　序

1．ダイバーシティ時代における知的財産法システムの再検証

　「ダイバーシティ時代における法・政治システムの再検証」という共通テーマの下で、知的財産法を専攻する筆者が検討すべき課題は何であろうか。
　「知的財産法」とは、特許法、著作権法、商標法、不正競争防止法、意匠法など、多岐にわたる法律群の総称であるが、そうした法律群は現在に至るまで拡大している。2001年にプロバイダ責任制限法が制定され[1]、2007年には映画盗撮防止法が制定された[2]。さらに、2012年には最高裁の判例によりパブリシティ権が承認された[3]。このように「知的財産法」が多様化する中で、各分野に共通する特徴を抽出し、「知的財産法」の法システムとしての特質を明らかにすること、そして我が国の知的財産法システムの体系を構築することは重要な課題といえる。実際、これは我が国の知的財産法学が長らく取り組んできた課題である[4]。しかし、課題が大きすぎて本章で扱うには

1　平成13年法律第137号。正式名称は、「特定電気通信役務提供者の損害賠償責任の制限及び発信者情報の開示に関する法律」。
2　平成19年法律第65号。正式名称は、「映画の盗撮の防止に関する法律」。議員立法。
3　最判平成24．2．2民集66巻2号89頁「ピンク・レディ」。

適さない。

　本章で検討するのは、知的財産法を取り巻く環境が急速に変化し多様化する中で、知的財産法はそうした変化にどのように対応すべきか、という課題である。近年の情報技術やデジタル技術の発展には目を見張るものがある。こうした技術環境の変化は、ときに既存の法システムに大きな試練をもたらす。例えば、特許法は、ネットワークを利用したソフトウェア関連発明の登場によって、発明の定義や実施概念、間接侵害規定、複数主体による特許権侵害の概念の再考を迫られるに至った[5]。しかし、法システムが技術環境の変化から受けた影響の程度という意味では、著作権法のほうがより深刻であ

4　例えば、中山信弘「無体財産権」岩波講座『基本法学3　財産』(岩波書店、1983年) 281頁、同「財産的情報における保護法制の現状と将来」中山信弘ほか編『岩波講座　現代の法10　情報と法』(岩波書店、1996年) 267頁、同『マルチメディアと著作権』(岩波新書、1996年) 第1章、田村善之「機能的知的財産法の理念」『機能的知的財産法の理論』(信山社、1996年) 1頁、同「知的財産法総論」『市場・自由・知的財産』(有斐閣、2003年、初出2000年) 73頁、同「知的財産法政策学の試み」知的財産法政策学研究20号1頁 (2009年)、玉井克哉「情報と財産権」ジュリスト1043号74頁 (1994年)、大渕哲也「知的財産保護のための法システムに関する横断的分析――体系的分析のための基礎的枠組の提示を中心として――」ジュリスト1237号196頁 (2003年)、同「法的保護システムの面からみた著作権法の特色――特許法等との対比を軸として」コピライト541号2頁 (2006年)、辰巳直彦『体系化する知的財産法（上）』(青林書院、2013年) 1頁など。

5　産業構造審議会知的財産政策部会報告書『ネットワーク化に対応した特許法・商標法等の在り方について』(平成13年12月) 18-41頁。また、1990年代後半におけるソフトウェア関連発明（特にビジネス方法発明）の特許出願件数の急増は、特許庁の過剰な審査負担とそれに伴う特許の質の低下、特許訴訟の増加と訴訟コストの増大、パテント・トロールによる制度濫用的な権利行使という問題を特許制度に突きつけるに至った。

　米国では、2000年代初めにこうした問題がピークに達し、特許制度の危機や特許制度の崩壊が叫ばれるようになった。これを受けて米国では、こうした環境の変化がもたらす問題への対応が特許法上の最重要課題となり、2000年代半ば以降、立法、行政、司法の各機関によるパテント・リフォームの取り組みが活発化したのである（山根崇邦「特許法学における制度論的研究の発展」日本工業所有権法学会年報35号1頁 (2012年)、田村善之「アメリカ合衆国特許制度におけるnotice functionをめぐるリフォーム論と日本法への示唆：2011 FTC Reportの紹介」別冊パテント第9号1頁 (2013年)）。

　我が国でも、こうした米国の動向から影響を受ける形で、特許庁における出願審査の質の問題やパテント・トロールの問題、標準規格必須特許の権利行使に関する問題が議論されている（例えば、日本工業所有権法学会年報36号「シンポジウム　イノベーションと特許政策」(2012年)、ジュリスト1458号「特集 標準規格必須特許の権利行使をめぐる動き」(2013年)、『標準規格必須特許の権利行使に関する調査研究報告書』(平成24年3月、一般財団法人知的財産研究所)、『標準規格必須特許の権利行使に関する調査研究（II）報告書』(平成25年3月、一般財団法人知的財産研究所)、別冊パテント10号「知的財産権侵害に基づく差止請求権を巡る諸問題」(2013年) などを参照）。

る。そこで本章では、著作権法に焦点をあてて検討を行うことにしたい。項を改めて敷衍しよう。

2．著作権法における多様化現象の位相

著作権法を取り巻く環境は、立法当時と現在とでは劇的に変化している[6]。

(1) 保護対象の拡張および多様化

第1に、著作権法の保護対象が急速に拡がり、それに伴って著作物の性質が多様化した。1980年代以降、情報技術に対する需要が高まった。それに伴い、情報技術に関わる創作物を著作権法によって保護して欲しいとする声が産業界で高まった。同様の要請を米国から強く受けたこともあって、著作権法は、1980年代半ばにプログラムとデータベースを相次いでその保護対象に取り込んだ。従来、著作権法の保護対象には、小説・音楽・絵画などの人格的色彩が強い著作物を中心とした一定の均質性がみられたが、そこに経済的、産業的な色彩の強い異質な著作物が紛れ込むことになったのである。かくして著作権法は、著作物の急速な拡大・多様化にどう対応するのかという課題を抱えることになった。

(2) 情報流通革命

第2に、情報の流通革命が生じた。従来、複製や放送などの著作物の利用行為をなすことができるのは、ごく一部の業者（例えば出版社や放送局）であった。しかし、1990年代以降のデジタル・ネットワーク技術の急速な発展により、一般大衆でも質的に劣化のない複製をなすことが可能となった。また、それを有体物の媒体とは切り離して流通に置き、公衆に発信することも容易になった。いまや誰もが日常的に著作物を創作して公に発信するようになったのである。かくして著作権法は、著作物の伝達・利用環境の急激な変

---

[6] 中山信弘『著作権法』（有斐閣、2007年）1～9・23～29頁、田村善之「書評 中山信弘『著作権法』」書斎の窓574号39～40頁（2008年）。なお、井上由里子「電子化時代の著作権制度の課題—新たなパラダイムの模索—」ジュリスト1215号46頁以下（2002年）は、現在の著作権制度が直面している課題として、①著作権法の保護客体の拡がり、②デジタル化・ネットワーク化に伴う新たな情報流通形態の出現、③デジタル技術を用いた権利管理システムのインパクトの3点を指摘している。

化にどう対応するのかという課題を抱えることになったのである。

(3) 「著作権法の憂鬱」

そうしたなか、著作権法はこれらの課題にうまく対応することができずに苦労することになる。それを象徴するのが「著作権法の憂鬱」という有名なフレーズである[7]。

第1に、プログラムやデータベース等のような産業的な著作物については、創作投資の保護に法的保護のニーズがある。しかし著作権法の基本構造は、著作者の個性の流出物の保護を前提としており、伝統的な著作物の保護には適合的である反面[8]、特許法に比べると産業政策的な柔軟性を欠き、産業的な著作物の保護にとっては利用しにくい制度となっている[9,10]。このように、著作者の個性の保護という統一的な原理ではその保護対象が求める多様なニーズに適した法運用を行うことが困難となったことが、「憂鬱」を生じさせる要因の1つである[11]。

---

7 2007年に公刊された中山信弘『著作権法』の本文冒頭のタイトルである（中山・前掲注6）2頁）。これは、著作権法とそれが置かれている状況を「憂鬱」という言葉で表現したものだと説明されている。相澤英孝＝落合誠一＝中山信弘＝岩倉正和＝寺本振透「座談会 著作権法の現代的課題（上）」NBL887号9頁（2008年）［中山発言］。

8 中山・前掲注6）24頁。

9 中山教授によれば、「文化」を規律する制度である著作権法は、「産業」を規律する特許法と比較した場合、①長期の保護期間、②権利の発生基準の曖昧さ、③侵害基準の曖昧さ、④強力な人格権の保護という4つの点で、産業政策的なフレキシビリティに欠けているという。すなわち、権利の発生・侵害の基準が曖昧であることは、経済財として利用しにくい。また、長期の保護期間は、情報利用の長期にわたる独占を意味し、産業政策的には好ましくない。そのうえ強力な人格権は、財産権とは異なった原理に立脚しており、経済合理性とは相容れない、と指摘する（以上につき、中山・前掲注6）16〜17頁）。ソフトウェアの保護を素材として、著作権法の産業政策的な柔軟性の欠如を具体的に指摘するものとして、中山信弘「ソフトウェアの法的保護に伴う国際問題」総合研究開発機構編『多国籍企業の法と政策』（三省堂、1986年）370〜380頁、同『ソフトウェアの法的保護（新版）』（有斐閣、1988年）を参照。

10 これは著作権法の欠陥というよりも、著作権法の「懐の深さ」に起因した問題であるといわれている。中山・前掲注6）24-25頁。

11 中山・前掲注6）26頁。デジタル技術はこうした「憂鬱」を先鋭化させつつある。具体的には、デジタル技術は改変が容易であることから、ゲームソフト等のデジタル著作物について、著作者人格権（同一性保持権）の侵害が争われるケースが増加している（例えば、東京地判平成7．7．14判時1538号203頁［三國志III］、東京高判平成11．3．18判時1684号112頁［同2審］、大阪地判平成9．7．17判タ973号203頁［ネオジオ］、大阪高判平成10．12．21知裁集30巻4号981頁［同2審］、最判平成13．2．13民集55巻1号87頁［ときめきメモリアル上告審］、東京地判平成14．8．30判時1808号111頁［DEAD OR ALIVE 2］、東京高判平成16．3．31判時1864号158頁［同2

第2に、デジタル技術やインターネットの発展は、著作権法が前提とする利害構造に変容をもたらした。従来の著作権法は、個人の行動の自由やプライバシーをできる限り確保し、権利管理の実効性を担保するために、私的領域に立ち入るのを慎重に回避してきた[12]。例えば、私的使用目的で著作物を複製する場合には権利が及ばないことを原則としてきたし（著30条）、著作物の上演、演奏、上映、口述など利用後に形が残らない無形的な利用行為については、公になされる場合に限って排他権の効力を及ぼしてきた（著22条以下参照）。ところが、デジタル機器やインターネットが普及すると、私人でも精巧な複製を大量に行うことが可能となり、またそれを不特定の者に発信することも可能となった[13]。そうしたなかで、こうした状況に着目した事業者が、私人が著作物を享受しうる環境（場所・時間・媒体など）を飛躍的に向上させるサービスを提供するようになったのである。例えば、テレビ番組の録画転送サービス、コンテンツのストレージ・サービス、書籍の自炊サービスなどである。その結果、こうしたサービスを提供する事業者と著作権者との利害対立が先鋭化し、紛争に発展するケースが急増した[14]。著作物の利用・

審]）。著作権法の基本構造は人格権を重視する体裁をなしているが、デジタル化時代において先鋭化する人格権と財産権の相剋をいかにして乗り越えるのかということが、著作権法が抱える課題の一つであると指摘されている。中山・前掲注6）20頁。

12　井上・前掲注6）49頁。

13　この点のインパクトについて、井上・前掲注6）49頁は放送とインターネット上の送信とを比較しながら、次のように説明している。両者とも送信系の利用行為であるが、まず放送について考えてみると、放送を公になしえるのは相当の規模を有する事業者であり、その数も限られている。そのため、放送行為に支分権を設定しておけば、私的領域へ過剰に介入することなく、情報流通の川上において効率的に対価還流を実現することが可能であった。これに対し、インターネット上の送信は、同じ送信系の利用行為といっても、個人が自宅のパソコンから情報を広く社会に向けて発信するものである。公衆送信という「公」の利用行為が、私的領域において行われるようになったのであり、前者の放送とは大きく様相を異にするというわけである。

14　テレビ番組の録画転送サービスにつき、東京地決平成16.10. 7 判時1895号120頁［録画ネット仮処分］、東京地判平成17. 5.31平成16（モ）15793［同仮処分異義］、知財高決平成17.11.15平成17年（ラ）10007［同抗告審］、大阪地判平成17.10.24判時1911号65頁［選撮見録1審］、大阪高判平成19. 6.14判時1991号122頁［同2審］、東京地決平成18. 8. 4 判時1945号95頁［まねきTV 仮処分］、知財高決平成18.12.22平成18（ラ）10012［同抗告審］、東京地判平成20. 6.20平成19（ワ）5765「まねきTV 1審」、知財高判平成20.12.15判時2038号110頁「同2審」、最判平成23. 1.18民集65巻1号121頁「同TV上告審」、知財高判平成24. 1.31判時2142号96頁「同差戻後2審」、東京地判平成20. 5.28判時2029号125頁「ロクラクⅡ 1審」、知財高判平成21. 1.27平成20（ネ）10055「同2審」、最判平成23. 1.20民集65巻1号399頁「ロクラクⅡ上告審」、知財

流通が量的にも地域的にも媒体的にも拡大するなかで、権利者への対価の還流を適切に確保しつつ、著作物の利用環境の向上を促進するという、ややもすれば相反する要請をいかにして同時に満たすのかという難題が、「憂鬱」を生じさせるもう1つの要因である[15]。

さて、2つの「憂鬱」のうち第1の要因だけが問題であれば、著作権法は深刻に悩まずに済んだかもしれない。これまでも著作権法は職業別電話帳、設計図、地図等の技術的な著作物を保護対象に取り込んできたし、ある程度柔軟に対処してきたからである[16]。かりに特別な手当が必要であるとしても、かつて学説上有力であった二元的な法運用、すなわち伝統的な著作物に対しては現行の法理をもって対処し、プログラムやデータベース等の新たな著作物に関しては産業政策的な法理を導入するという対策が考えられる[17]。ところが、第2の要因はこのような二元的対策を困難とする。伝統的な著作

高判平成24.1.31判時2141号117頁「同差戻後2審」など。

　コンテンツのストレージ・サービスにつき、東京地判平成19.5.25判時1979号100頁[MYUTA]。

　書籍の自炊代行サービスにつき、東京地判平成25.9.30平成24（ワ）33525［サンドリーム］、東京地判平成25.10.30平成24（ワ）33533［ユープランニング］。

15　中山・前掲注6）28〜29頁、相澤英孝＝落合誠一＝中山信弘＝岩倉正和＝寺本振透「座談会 著作権法の現代的課題（中）・（下）」NBL888号53頁・889号50頁（2008年）［中山発言］。

16　例えば、住宅地図が問題となった富山地判昭和53.9.22判タ375号144頁［富山市住宅地図］は、「住宅地図においては、その性格上掲載対象物の取捨選択は自から定まっており、この点に創作性の認められる余地は極めて少ないといえるし、また一般に実用性、機能性が重視される反面として、そこに用いられる略図的技法が限定されてくるという特徴がある。従って、住宅地図の著作物性は、地図一般に比し、更に制限されたものであると解される」と説示して、事実的・技術的な著作物の性質に応じた柔軟な判断を下している。

17　代表的な見解として、中山・前掲注9）『ソフトウェアの法的保護』94頁以下を参照。中山教授によれば、プログラムの本質は思想・感情の表現というよりは技術的性格が濃いところにあり、プログラムが技術であり経済財である以上、プログラム著作権の法的安定性や保護範囲の明確性への要求は、小説・絵画・音楽等の従来型の著作物に比して著しく高いものである（96〜97頁）。それゆえ、プログラム著作権の侵害判断基準は、従来型の著作物の例をそのまま流用するのではなく、プログラムの特性に合致し、プログラム産業全体の発展とユーザの便宜に資するよう、政策的な観点から画定する必要がある。具体的には、特許法における進歩性判断と同じく、通常のエンジニアであれば容易に創作しうるようなプログラムについては創作性を否定すべきこと、表現選択の自由度が低いことに照らして保護範囲を狭くすべきこと、等々を提唱している（98頁以下）。また、中山・前掲注9）『多国籍企業の法と政策』381〜382頁は、条約上の限界を認識しつつ立法論として、短い保護期間、裁定実施制度の創設、人格権の否定などを骨子とする「産業的な著作権」というジャンルを著作権法の枠内に設けるべき旨を提唱している。

物についてもデジタル・ネットワークの波は押し寄せているからである。ここではもはや二元的な処理ではなく、伝統的な著作物を含めた一元的な変革が求められている。その意味で、デジタル・ネットワーク技術の発達が著作権法に与えたインパクトは極めて大きいといえるのである[18]。

(4) 創作環境の変化

　以上のように、現在の著作権法は2つの「憂鬱」に直面している。そして、特に2つ目のデジタル・ネットワーク技術の進展がもたらす問題への対応が喫緊の課題となっている。具体的には、著作物の私的な利用環境の形成をめぐる著作権者とサービス提供業者との利害対立をどう調整すべきかということが、活発に議論されているのである。こうした課題に取り組むことは本章の目的ではない。本章では、そうした従来の議論において見落とされがちであった側面に光をあてたいと思う。それは、著作権法における多様化現象という観点からみた場合、デジタル・ネットワーク技術の進展により変化したのは、著作物の伝達・利用環境だけではないという点である。創作環境もまた大きく変化しているのである。

(a) 創作活動の目的やニーズの多様化

　第1に、創作活動の目的やニーズが多様化した。

　プロの創作者は職業として著作物の創作を行う以上、少なくともその目的の一部は収入を得て経済的に自律した生活を送ることにある。そして、自己の著作物から収益をあげるには当該著作物の利用を排他的に管理する必要がある。そのためには著作権が必要となる。こうした意味でプロの創作者の目的やニーズはある程度均質化している。

　しかし、デジタル・ネットワーク技術が普及したことで、誰でもブログを書いたり動画を撮影したりすることが可能になった。一般公衆が著作物を創作する機会が激増し、非プロの創作者の数が飛躍的に増加したのである。その結果、収入の獲得ではなく、純粋に自己表現を目的とする創作活動も増えた。この場合、非プロの創作者としては、自己の著作物をできるだけ多くの人に自由に利用してほしいと思うかもしれない。またその際には、著作者名

18　中山・前掲注6）4・7頁、田村・前掲注6）40〜41頁。

はきちんと表示してほしい、営利目的では使ってほしくない、文章を改変されるのは嫌だと思うかもしれない。創作者の属性が多様化したことで、ニーズも多様化したのである。

(b) 創作形態の多様化

第2に、創作活動の形態も多様化している。

従来は、創作者が個人で創作活動を行うということが前提とされてきた。そして、創作者は著作権に基づいてその著作物の利用や流通を私的に排他的に管理しながら、創作活動に勤しむものと考えられてきたように思われる。

しかし近時は、個人が著作物を私的に管理するのではなく、一定のコミュニティが著作物をそのメンバー間で広く共有し、協働で創作活動に取り組む事例が増えている。例えば、著作権で保護されるプログラムについて、その開発や流通を特定のプログラマーが著作権に基づいて排他的・独占的に管理するのではなく、むしろ開発されたプログラムをプログラマーの集団内において広く共有し、集団メンバーが協働してその改良に取り組むことで、技術的にも優れたプログラムを開発する動きがみられる。こうした動きは、一般にオープンソース・ソフトウェア運動と呼ばれ、Linuxがその象徴として挙げられる。

Linuxとはオペレーティング・システム（OS）の一種であり、特にサーバ、メインフレーム、スーパーコンピュータ用のOSとして世界的に高い評価を得ている。そうしたLinuxの開発を担っているのは、世界中のボランティアのプログラマー集団のコミュニティである。Linuxコミュニティは、そのプログラムソースコードを無償で公開し、一定の条件の下、営利・非営利を問わず誰でも自由にそのプログラムの複製、改良、頒布を行うことを認めている。そのようにして世界中のプログラマーの協力を得ながら、協働でプログラムの開発・改良に取り組み、優れたOSを安定的に供給することに成功している[19]。

19　Linux等のオープンソース・ソフトウェアの協働開発システムに関しては、例えば、Richard M. Stallman〔（株）ロングテール＝長尾高弘訳〕『フリーソフトウェアと自由な社会』（ASCII、2003年）、STEVEN WEBER, THE SUCCESS OF OPEN SOURCE (2004)［山形浩生＝守岡桜訳『オープンソースの成功：政治学者が分析するコミュニティの可能性』（毎日コミュニケーションズ、2007年）］；平嶋竜太「オープンソース・モデルと知的財産法―序論―」相田義明ほか編『先

Ⅰ 序　141

　他にも、同様の創作形態をとる例として、Wikipedia を挙げることができる。Wikipedia は、周知のとおり無料のオンライン百科辞典である。Wikipedia の各項目は、誰でも記事を書いて投稿することができる。いったん投稿された記事の内容は誰でも閲覧することができ、その内容の修正や編集を行うことも自由にできる。誰かが間違った内容を書いたり、誤った修正を行っているのを発見した場合には、編集者や管理者のコミュニティが協働して修正を行う。Wikipedia の各ページには、編集履歴が自動的に記録されており、誰でも過去の改変内容を確認することができるようになっている。そのようにして一人でも多く人の目で記事内容を確認し、協働して記事内容の修正や追加を繰り返すことで、各項目に対する高い信頼性を実現している。Wikipedia は、まさに協働創作形態の典型例ということができる[20]。

　また、別の創作形態として、同人誌等の「二次創作」が行われるケースも増えている。同人誌とは、主に個人が自分の作品を自ら編集し、自ら出版する書籍のことを指す。我が国では古くから同人誌が作成されてきた。もっとも、現在の同人誌の多くは、人気漫画・アニメ・ゲームのファンが創作の担い手となり、それらの原作キャラクターを題材に新たな挿話や性的描写を加えて作成した二次創作同人誌であるといわれている。そのため、そうした同人誌は、原作漫画やアニメの著作権を侵害する態様で製作される場合が大半であると思われる。しかし、こうした同人誌は、コミックマーケットと呼ばれる巨大な同人誌即売会イベント等において、数多く販売されている。その

端科学技術と知的財産権』（発明協会、2001年）57頁、同「ソフトウェア関連発明と知的財産法」渋谷達紀ほか編『知財年報 IP Annual Report 2006』（商事法務、2006年）255頁、今村哲也「オープンソースと著作権」隅藏康一編『知的財産政策とマネジメント』（白桃書房、2008年）41頁、村上敬亮「オープンソースを巡る著作権論議と知的財産政策への示唆」特技懇232号16頁（2004年）、（株）シンクイット監修『Linux オープンソース白書2006』（インプレス、2005年）を参照。

20　Wikipedia の協働創作システムに関しては、例えば、アンドリュー・リー〔千葉敏生訳〕『ウィキペディア・レボリューション』（ハヤカワ新書、2009年）、ピエール・アスリーヌほか〔佐々木勉訳〕『ウィキペディア革命』（岩波書店、2008年）、JONATHAN ZITTRAIN, THE FUTURE OF THE INTERNET-AND HOW TO STOP IT. chapter 6 (2008) 〔井口耕二訳『インターネットが死ぬ日：そして、それを避けるには』（ハヤカワ新書、2009年）第 6 章〕、LAWRENCE LESSIG, REMIX : MAKING ART AND COMMERCE THRIVE IN AN HYBRID ECONOMY (2008) 〔山形浩生訳『REMIX——ハイブリッド経済で栄える文化と商業のあり方』（翔泳社、2010年）〕邦訳146-153頁、日下九八「ウィキペディア：その信頼性と社会的役割」情報管理55巻 1 号 2 頁（2012年）を参照。

イベントの規模を2013年度夏でみると、サークル参加者数は約 3 万5000スペース、一般来場者数は 3 日間で延べ59万人にのぼっている[21]。

3．本章の検討課題

以上のように、現代の創作環境においては、創作活動の目的やニーズ、創作形態が多様化している。これまで我が国の著作権法学は、保護対象の多様化や伝達・利用環境の変化に主たる関心を寄せ、こうした創作環境の変化には必ずしも十分な注意と関心を払ってこなかったように思われる。

では、著作権法学はこうした創作環境の変化をどのように受け止めるべきであろうか。この点、我が国の著作権法は物権的な構成を基盤としており、その基本構造は今なお変わっていない。すなわち、著作物を無断で利用する行為は、それが著作権法上の支分権と抵触する場合には原則すべて禁止される。適法に利用を望む者は、個別に権利者に許諾を求めなければならない。これが、物権的な構成をとる我が国著作権法の基本的なルールである。

そうすると、かりに非プロの創作者が自分の著作物をできるだけ多くの人に使ってもらいたいと思っても、支分権をすべて放棄しない限り、当該創作者は著作物の利用を望む者に対して逐一、個別に許諾を与えなければ、原則、その利用者の行為は権利侵害となってしまう。その結果、「我々は膨大な著作物に囲まれており、ネットを用いることによりそれらを容易に利用することが可能であるにも拘わらず、利用がままならないという状況にある。」[22] 同様のことは、創作形態の多様化として挙げた協働創作や二次創作のケースにも当てはまる。

このように考えると、著作権法の基本構造は、現代の創作環境の多様性に適合するものとはなっていない。こうした著作権法の硬直性が 1 つの引き金

21　同人誌等の二次創作に関しては、例えば、米沢嘉博監修『マンガと著作権―パロディと引用と同人誌と―』（青林工藝舎、2001年）、Salil Mehra, *Copyright and Comics in Japan : Does Law Explain Why All the Cartoons My Kid Watches Are Japanese Imports?*, 55 RUTGERS L. REV. 155 (2002); LAWRENCE LESSIG, FREE CULTURE : HOW BIG MEDIA USES TECNOLOGY AND THE LAW TO LOCK DOWN CULTURE AND CONTROL CREATIVITY (2004) ［山形浩生＝守岡桜訳『FREE CULTURE』（翔泳社、2004年）］邦訳40～43頁、福井健策『「ネットの自由」VS. 著作権』（光文社新書、2012年）44～50頁を参照。

22　中山信弘「著作権制度の俯瞰と課題」ジュリスト1461号85頁（2013年）。

となって、近年、反著作権思想が台頭しているともいわれている[23]。まさに今、著作権法が「信用の危機」を迎えているのである。その意味で、こうした創作環境の多様性にいかに対応するのかという問題は、現在の著作権法学が取り組むべき課題の1つであると解される。

そうした中、近時の著作権法学は、「著作権リフォーム」に関心を寄せている[24]。そしてそこでは、創作環境の変化にも関心が向けられている[25]。もっとも、そこでは、いかにして制定法のルールを創作・伝達・利用環境の変化に適合的なものにリフォームするかということに議論が向かいがちである。しかし、これに対しては、ベルヌ条約の縛りがあるために、我が国の著作権法を抜本的に改正することは難しいという「現実」が指摘されて、議論が必ずしも思うように進展していない。

ではどうすべきか。上記でみたように、現実社会においては、Linuxにせよ、Wikipediaにせよ、同人誌にせよ、著作権法の物権的構成を前提としつつも、「どうにかこうにか上手く回っている（muddling through）」[26]。ここに注目すべきではないか。制定法のルールの改正が困難なのだとすれば、ましてやこうした現実社会における私的主体の取り組みに目を向けるべきであるように思われる。

そこで本章では、以上のような問題意識をもとに、創作環境の変化に対応する私的主体の取り組みを法的な観点から分析し、その規範構造を明らかに

---

23 反著作権思想の台頭について詳しくは、福井・前掲注21)、中山・前掲注22) 83-84頁。
24 中山・前掲注22) 80-85頁、田村善之「日本の著作権法のリフォーム論—デジタル化時代・インターネット時代の『構造的課題』の克服に向けて—」知的財産法政策学研究44号掲載予定（近刊)、福井健策『著作権の世紀——変わる「情報の独占制度」』（集英社新書、2010年）第6章、著作権研究39号（近刊）所収の「著作権リフォーム」関連論文を参照。
25 例えば、中山教授は、現在の著作権制度の課題を次のように指摘している。「知的財産法はプロの業者を対象としているが、著作権法だけは、デジタル技術・ネット技術の発展により、いつの間にか素人をも巻き込んだ一般法となっており、プロを相手として出来上がっている規則をアマにまで適用している」。このように著作物の「創作と流通」の両面において革命的な変化が生じ、著作権法は全ての者を規整する法へと変化したが、その複製権を中心とした物権的な基本構造に大きな変化はない。そうした中で、「著作権法は増改築を繰り返し、別館や離れを増築して急場を凌いでいるようなものである。」以上につき、中山・前掲注22) 81頁および同頁注4)。
26 「muddling through」の概念については、田村善之「メタファの力による "muddling through"：政策バイアス vs. 認知バイアス—『多元分散型統御を目指す新世代法政策学』総括報告—」新世代法政策学研究20号89頁（2013年）からヒントを得た。

することを課題とする。そして、そうした規範構造を明らかにするための手がかりを、私的な規範形成に関する研究蓄積が豊富な米国著作権法学の議論に求めたい。こうした分析を通じて、著作権法システムの担い手としての私的主体の意義および私的な規範形成の機能を明らかにすることが、本章の目的である。最後に、本章で検討した内容を簡単にまとめて、結びとしたい。

II 創作環境の変化に対応した私的な規範形成の動き

前述のとおり、現代の創作環境においては、創作目的やニーズ、それに創作形態が多様化している。しかし、著作権法の基本構造はこうした多様性に柔軟に対応するものとはなっていない。そうした問題を解決する試みとして目を惹くのが、私的主体による規範形成の動きである。

1．創作目的・ニーズの多様化に対応した私的な規範形成の動き

例えば、スタンフォード大学（現ハーバード大学）のレッシグ教授の提唱にかかるクリエイティブ・コモンズ（CC）と呼ばれる国際非営利組織（NPO）の活動がみられる。

CCは、主にインターネット環境において、著作権法が設定するデフォルトの利用環境よりも著作物を自由にシェアできる環境を拡げることをその理念として掲げている。そして、この理念を実現するためのツールとして、クリエイティブ・コモンズ・パブリック・ライセンス（CCPL）と呼ばれる著作権パブリック・ライセンスの枠組を開発している[27]。

CCPLは、権利者が自己の著作物（プログラムを除く）の利用条件（ライセンス条件）を簡単に選択して表示することができるように、あらかじめ利用条件のパターンを用意している。それを示したものが、下記の図である[28]。

---

[27] クリエイティブ・コモンズおよびCCPLの概要に関しては、例えば、クリエイティブ・コモンズ・ジャパン編『クリエイティブ・コモンズ——デジタル時代の知的財産権』（NTT出版、2005年）、野口祐子『デジタル時代の著作権』（ちくま新書、2010年）223-244頁、野口祐子「多様化する情報流通と著作権制度——クリエイティブ・コモンズの試み」中山信弘編集代表『知的財産とソフトロー』（有斐閣、2010年）155頁、関堂幸輔「クリエイティブ・コモンズ・ライセンスの意義——契約法の観点から」知的財産専門研究4号49頁（2008年）を参照。

すべての　　　　　　　　いくつかの権利の主張　　　　　　　　　　　　すべての
権利の主張　　　　　　　　　　　　　　　　　　　　　　　　　　　　権利の放棄

　上記の8つの利用条件のパターンには、それぞれ、権利者が利用者に対して禁止や積極的な作為を求める利用態様がロゴの形で表示されている。例えば、一番左には、支分権と抵触する著作物の利用をすべて禁止する旨のロゴが表示されている。これは、著作権法がデフォルトとする利用条件である。左から2番目には、原著作者のクレジットを表示することを求める「表示（BY）」のロゴ、著作物を営利目的で利用することを禁止する「非営利（NC）」のロゴ、著作物を改変して利用することを禁止する「改変禁止（ND）」のロゴが表示されている。また、左から4番目には、「表示（BY）」と「非営利（NC）」のロゴに加えて、著作物の改変や変形利用を認めるがそれによって創作される新たな著作物（二次的著作物）については元の著作物と同じ利用条件で公開することを求める「継承（SA）」のロゴが表示されている。一方、右から2番目には、「表示（BY）」のロゴのみが表示され、一番右には、すべての支分権の放棄、つまりパブリック・ドメイン（完全な自由利用）とする旨のロゴが表示されている。

　このように、8つの利用条件のパターンは、左から右へと利用条件が緩やかになっていき、右に行くにつれて利用の自由度が高まる形で並んでいる。そうした中で権利者は、そのニーズに応じて自由に8つのパターンの中から1つを選択し、そのロゴを著作物とともに表示するというのが、CCPLの枠組の概要である。

　こうしたCCPLは、インターネット環境における著作権法の存在意義を否定するものでもなければ、著作物をパブリック・ドメイン（オープン・アクセス）に供することを権利者に強要するものでもない。CCがCCPLという著作権を基礎としたパブリック・ライセンスの枠組を通じてやろうとしてい

28　図の作成にあたっては、クリエイティブ・コモンズ・ジャパンHP「クリエイティブ・コモンズ・ライセンスとは」http://creativecommons.jp/licenses/を参照した。

ることは、著作物の利用に関する対世的なルールのベースラインを変更することである。すなわち、著作権法は、〈支分権と抵触する著作物の利用はすべて禁止する〉〈利用を望む者は個別に権利者に許諾を求めなければならない〉という対世的なルールをベースラインとしている。CC はこれを〈支分権と抵触する著作物の利用であっても権利者が禁止や積極的な作為を求めることを明示した利用態様以外はすべて自由とする〉〈明示された利用条件を守る限り、利用を望む者は個別に権利者に許諾を求める必要はない〉という対世的なルールへと変更しようというわけである。このようなベースラインの変更により、権利者は、その創作目的・ニーズに応じた利用条件を柔軟に選択し、それを対世的な効力を伴う形で表示することが可能となるのである。その意味で、CC による CCPL 枠組の開発およびその普及に向けた取り組みは、創作目的・ニーズの多様化に対応した私的な規範形成の動きと評価することができるだろう。

2．創作形態の多様化に対応した私的な規範形成の動き

また、コミュニティによる協働創作活動の増加、あるいは原作を無断利用した二次創作活動の増加といった創作形態の変化に関連して、次のような私的主体による取り組みがみられる。

(1) 著作権パブリック・ライセンスの枠組に依拠した協働創作環境の維持
(a) Linux コミュニティによる GPL 枠組の構築

例えば、Linux のオペレーティング・システム（OS）に関して、Linux の開発理念に賛同するプログラマーのコミュニティは、その開発したプログラムをオープンソースの形で共有し協働で改良を行う開発環境を維持するために、GNU General Public License（GPL）と呼ばれる著作権パブリック・ライセンスの枠組を構築している[29]。

29　GPL の概要に関しては、例えば、平嶋竜太「GPL（General Public Licence）」椙山敬士ほか編『ビジネス法務大系Ⅰ　ライセンス契約』（日本評論社、2007年）311頁、岡村久道「オープンソースソフトウエアのライセンス——新しい GPL Ver. 3 を中心に」コピライト563号 2 頁（2008年）、日本知的財産協会ソフトウェア委員会「オープンソースソフトウェアライセンス GPL バージョン 3 の概要」知財管理57巻10号1683頁（2007年）、城山康文＝中崎尚「オープンソースとソースコードの公開をめぐる若干の課題——オープンソース・コミュニティの活動、Embedded

GPLは、レッシグがCCPLのモデルとしたパブリック・ライセンスの枠組として知られている。もっとも、GPLは、Linuxコミュニティがその協働開発環境を維持し、優れたOSを安定的に供給するために構築した枠組であり、その目的やニーズが明確に特定されている。このため、GPLは次の点でCCPLとは異なった特徴を有している。

　第1に、GPLはその適用対象がプログラムの著作物に限定されている。第2に、GPLが用意するライセンス条件のパターンは基本的に1つである。第3に、そのライセンス条件の内容も、Linuxコミュニティの目的やニーズに特化した特定の積極的な作為を利用者に求める内容になっている。具体的には、プログラムの自由な複製や改変を認める条件として、ア）プログラムの複製物を他者に頒布すること、イ）プログラムの動作を調べ、それを改変して改良版を作成すること、ウ）そうした改良版のプログラムについては元のプログラムと同一の条件に基づいて公衆に公開することなどを求めている。

　そして、Linuxの開発理念に反する行動をとった者やGPLのライセンス条件に反する態様でプログラムの利用を行った者に対しては、コミュニティからの排除や当該プログラムの著作権に基づく差止め等を請求することが予定されている[30]。

　以上のような、協働開発環境の維持を目的として独自の著作権パブリック・ライセンスの枠組を構築するLinuxコミュニティの取り組みは、創作形態の多様化に対応した私的な規範形成の動きと評価することができよう。

(b)　WikipediaコミュニティによるGFDL・CCPLの活用

　同様に、オンライン百科事典のWikipediaに関しても、Wikipediaの編集理念に賛同する編集者や管理者のコミュニティが、投稿された文書をウェブサイト上で共有し協働で編集作業を行う創作環境を維持するために、GNU Free Documentation License（GFDL）と呼ばれる著作権パブリック・ライセンスの枠組を活用するといった動きがみられる[31]。

　　Linux ProductとGPL Ver. 3を中心に」知財管理57巻3号333頁（2007年）を参照。
30　Stallman・前掲注19) 20-21・143-151頁、Weber・前掲注19) 113-115・270-281頁を参照。
31　GFDLの概要については、Wikipedia「GNU Free Documentation License」http://ja.wi-

GFDLは、フリーソフトウェア財団から無料配布されているライセンス枠組であり、文書の著作物をその適用対象としている。そのライセンスの基本的な内容は、Wikipediaに投稿された文書の自由な複製、改変、頒布、販売を認める条件として、ア）原著作者のクレジットを表示すること、イ）改変版を頒布する場合にはGFDLのもとに頒布することを求めるというものである。

　さらにWikipediaは、2009年以降、このGFDLに加えてCCPLの枠組も採用している。そこでは、利用者に対して「表示（BY）＋承継（SA）」という利用条件の遵守を求めている[32]。

　そして、Wikipediaの編集理念に反する行動をとった者や、GFDL・CCPLのライセンス条件に反する態様で文書等の利用を行った者に対しては、投稿・編集・管理資格の停止やコミュニティからの永久追放、当該文書等の著作権に基づく差止め等を請求することが予定されている[33]。

　以上のような、協働編集環境の維持を目的としてGFDL・CCPLの活用を図るWikipediaコミュニティの取り組みも、Linuxの場合と同様に、創作形態の多様化に対応した私的な規範形成の動きと評価することができるだろう。

(2)　権利の不行使による二次創作の寛容的黙認とその限度

(a)　権利の不行使による寛容的黙認

　これに対し、原作キャラクターを無断で利用する同人誌等の二次創作活動に関しては、原作の著作権者が権利行使をせず、これを黙認するといった動きがみられる。

　例えば、世界最大の同人誌即売会であるコミックマーケットの会場には、前述のとおり、原作の人気漫画やアニメのキャラクターを無断で利用した同人誌が数多く販売されている。これらの同人誌の大半は原作の著作権を侵害するものであるが、それにもかかわらず、原作の著作権者がこれらの同人誌の販売に対して権利行使をすることは稀である。

---

　kipedia.org/wiki/GNU_Free_Documentation_License を参照。
32　その経緯や背景については、野口・前掲注27）『デジタル時代の著作権』244-248頁。
33　リー・前掲注20）151-154・317-341頁、アスリーヌほか・前掲注20）37-68頁を参照。

こうした状況をどう評価すべきかは難しい問題である。1つの見方として、原作の著作権者が自発的に権利行使を控えることにより、原作を題材とした同人誌の二次創作を寛容的に黙認していると捉えることもできよう。ではなぜ原作の権利者は二次創作を寛容的に黙認するのか。文献では、その理由として、同人誌等の二次創作が原作の著作権を侵害する態様の創作形態でありながら、原作の評価や宣伝に寄与する面があること、また、新たなプロを生みだす源泉にもなっていること等が指摘されている[34]。

このような見方に立脚すれば、同人誌等の二次創作活動に対して権利行使を控え、寛容的に黙認するといった原作の権利者の対応は、二次創作の増加という創作形態の多様化に柔軟に対応しようと試みる権利者自身の取り組みと評価することもできよう。

(b) 権利者の寛容の限度

もっとも、二次創作の態様が原作の権利者の寛容の限度を超えるような場合には、そうした二次創作に対して権利行使がされている。ここではそうした事例を2件ほど紹介しよう。

ⅰ) ポケモン同人誌事件

1つが、1999年のポケモン同人誌事件である[35]。事案は、福岡の同人作家

34　原作の権利者が同人誌等の二次創作を寛容的に黙認する理由として考えられることは、例えば次のようなことである（Mehra, supra note 21, at 178-189；米沢監修・前掲注21）80-102頁、福井・前掲注21）47-49頁、江端智一「同人誌は著作権侵害？　回避は簡単なのになぜ事件化&泥沼化するのか？」http://biz-journal.jp/2013/04/post_1872.html）。

　第1に、同人誌の存在が必ずしも原作に経済的な不利益をもたらすものではないことである。原作が同人誌の題材となるということは、それだけ原作が評価され多く支持を集めていることの現れであり、同人誌が販売されることで原作の宣伝にもなる場合がある。一方、同人誌の売上げは多くの場合、その製作コストを補う程度の僅少なものであり、権利行使にかかる訴訟費用は割に合わない場合がほとんどである。

　第2に、同人誌の創作者がプロの創作者の供給源の一つとなっていることである。プロの漫画家がプロを志す過程において二次創作を行っていたというケースは数多くあり、プロに転向後も引き続き同人誌を描いている人々も少なからず存在している。

　第3に、同人誌のイベント主催者が最低限の監視を行っていることである。例えば、コミックマーケットにおいては、コミケットと呼ばれる実質的な運営者が会場にブースを構える同人サークル宛に注意事項等を盛り込んだ文書を送付するとともに、実際に販売される同人誌に関しては、イベントの開催前に性器の描写や明らかな海賊版が含まれていないかどうかのチェックを行っている。もっとも、それ以上に著作権法上問題となりうる表現の問題については、サークル側の自己責任に委ねるというスタンスをとっており、緩やかな監視体制といえる。

が任天堂の人気ゲームソフト「ポケットモンスター」（通称ポケモン）のキャラクターであるピカチュウを用いて原作と全く無関係な性的な内容の同人誌を作成して販売したところ、権利者である任天堂が複製権侵害を理由に刑事告訴したというものである。同人作家は逮捕、略式起訴され、10万円の罰金が科された。それまで寛容的に黙認されてきた二次創作の活動が著作権侵害の刑事事件に発展したということで、この事件は大きな波紋を呼んだ。任天堂としては、キャラクターのイメージが著しく歪曲され、ポケモンのファンである小さな子供に悪影響がでることが懸念されたため、刑事告訴に踏み切ったとしている[36]。

ii) ドラえもん最終話事件

もう1つが、2006年のドラえもん最終話同人誌事件である[37]。事案は、ある漫画家が藤子・F・不二雄（原作者）の逝去により未完のまま連載が終了した人気漫画「ドラえもん」を題材として、その架空の最終話の同人誌を作成して販売した。この同人誌はインターネット上で好評を博し、1万5500部もの部数を発行して1万3000部を売り上げた。これに対し、権利者である小学館と藤子不二雄プロダクションが著作権侵害にあたる旨警告をした。そうしたところ、この漫画家が侵害を認めて謝罪し、同人誌の残部を廃棄するとともに、売上金の一部を権利者に賠償として支払うことで和解したというものである。先のポケモン同人誌事件と比べると、本件の同人誌は原作のイメージを毀損するようなものではなく、むしろ原作に忠実に再現され、絵柄や装丁なども原作と酷似していた。そのため、販売部数の多さも相まって、「藤子・F・不二雄の真作の最終話」であると勘違いする者が相次ぎ、小学館に利用許諾を求める問い合わせが度重なった。権利者としてはこうした事態を

---

35 詳しくは、米沢監修・前掲注21) 8 - 9 頁、AKIO「ポケモン事件から同人誌の著作権問題を考える」http://homepage1.nifty.com/akiopage/doujinsi.html を参照。
36 Wikipedia「ポケットモンスター」http://ja.wikipedia.org/wiki/%E3%83%9D%E3%82%B1%E3%83%83%E3%83%88%E3%83%A2%E3%83%B3%E3%82%B9%E3%82%BF%E3%83%BC を参照。
37 詳しくは、Wikipedia「ドラえもん最終話同人誌問題」http://ja.wikipedia.org/wiki/%E3%83%89%E3%83%A9%E3%81%88%E3%82%82%E3%82%93%E6%9C%80%E7%B5%82%E8%A9%B1%E5%90%8C%E4%BA%BA%E8%AA%8C%E5%95%8F%E9%A1%8C を参照。

深刻に受け止めて、警告に踏み切ったとされる[38]。

iii) 小括

以上のように、原作の権利者が二次創作活動に対してとりうる寛容的な態度には限度がある。二次創作の態様がそうした寛容の限度を超えるような場合には、権利行使がなされている。こうした権利者の寛容の限度を見極めることは必ずしも容易でないが、同人誌等の二次創作はこうした見極めの上に成り立っている創作形態なのである。

(3) 小括

ここまで述べてきたように、現代の創作環境においては、私的主体が著作権パブリック・ライセンスの枠組に依拠して著作権法のデフォルトの規範から抜け出し、そのニーズや創作形態に合わせて独自の規範を形成するといった動きが活発化している。こうした動きは作為型の私的な規範形成と位置づけることができる。

その一方で、現代の創作環境においては、不作為型の私的な規範形成とでもいうべき現象もみられた。それが、二次創作の増加という創作形態の多様化に対して、一定の限度はあるものの、権利者が権利行使をしないことで寛容的に黙認するという動きである。もっとも、こうした著作権者による権利不行使の動きをそもそも「私的な規範形成」と捉えるべきなのかという点をめぐっては、さらに検討が必要であろう。本章ではこれ以上この問題には立ち入らない。

III 私的な規範形成に関する研究

我が国の著作権法学は、以上のような私的な規範形成の動きを捉えて理論的に検討するといった取り組みを必ずしも重視してこなかった。その理由は、我が国の学界が伝統的に国家法（制定法）を対象とした研究を重視し、ソフトローを含む私的な規範形成にはそれほど関心を示してこなかったからであろう。また、かりに私的な規範形成に関心を抱いたとしても、我が国で

---

38 Wikipedia・前掲注37)。

はそれを研究するための方法論が十分に確立されていないために、そうした研究に取り組むことを敬遠しがちであったようにも思われる。その結果、我が国の著作権法学においては、私的な規範形成に関する研究の蓄積があまりみられないというのが現状である[39]。

これに対し、米国の著作権法学においては、私的な規範形成を対象とした研究が豊富に蓄積されている。そこで以下では、我が国にとって参考になると思われる2つの研究を紹介することにしたい。

1．私的な規範形成における「排他権」の機能の解明

1つが、私的な規範形成における「排他権」の機能を明らかにするマージェスの研究である[40]。

Linux、Wikipedia、CCなど先にみた私的な規範形成の事例は、創作者が著作権パブリック・ライセンスの枠組を活用して、著作権法がデフォルトとして設定する排他的な利用環境から自発的に抜け出し、著作物の自由な共有環境を管理しようとするものであった。しかし、マージェスによれば、こうした著作物の自由な共有環境を持続的に確保するためには、逆説的ではあるが、著作権という対世的効力をもつ排他権（the right to exclude）が不可欠であるというのである。

例えば、作家XがCCPLの枠組を用いて自己の創作した短編小説をインターネット上で公表した場合を考えてみよう。Xは、自分の氏名等のクレジットを入れることと非営利で利用することの2点さえ守ってもらえるならば、ぜひ自分の作品を自由に利用してほしいと考えた。そして、CCPLにおける「表示（BY）―非営利（NC）」という利用条件のロゴを選択して、作品に表示した。そうしたところ、この短編小説の出来に目をつけた出版社

39　後でみるように、「文化コモンズ」に関する研究の蓄積は増えている。また、ソフトローに関しても、中山信弘編集代表『知的財産とソフトロー』（有斐閣、2010年）がある。しかし、全体としてみれば、研究蓄積が十分とは言いがたいように思われる。

40　Robert P. Merges, Justifying Intellectual Property, Chapter 10 (2011). 同書におけるマージェスの議論の全体像については、山根崇邦「Robert P. Mergesの知的財産法概念論の構造とその意義」同志社大学知的財産法研究会編『知的財産法の挑戦』（弘文堂、2013年）3頁を参照。

Yが、クレジット表示をした上でXに無断で販売を開始した。

この場合、Yの利用態様は明らかにCCPLのライセンス条件に違反している。では、Xはライセンス契約の違反を理由にYの行為を差し止めることができるだろうか。文献では、この場合にXの請求が認められるとは限らないと指摘されている[41]。なぜなら、Xは作品とともにライセンス条件を提示して契約の申し込みを行っているが、Yがこれを承諾したといえるかどうかは必ずしも明確ではないからである。つまり、契約として有効に成立していない可能性があるというわけである。それゆえ、Xが、ライセンス条件を法的に対世的に強制するためには、契約違反ではなく、著作権侵害を理由として権利行使を行うことが必要となるのである。

こうしてマージェスは、もし著作権という対世的な効力を有する排他権がなければ、CCPLが法的な強制力をもって通用することは難しいというわけである。そして、これを基点として、著作権という「排他権」の意義を再考している。いわく、「人々が財産権という概念に対してしばしば嫌悪感を抱くのは、少なくともブラックストンの時代から、その本質の定義が、不快とも取れる概念を呼び起こすからである。これまでうんざりするほど繰り返されてきた法格言は、財産権の本質とは排他権であるということを強調する。排他的であるとは、閉め出して、アクセスを遮断すること——喩えるなら、人の目の前でドアをバタンと閉めること——を意味する。これが財産権の本質なのであるから、財産権が、他者を思い遣る人たちからよく言われないのも当然のことといえる。」[42]「しかし、実際には、財産権を擁護することはそれほど難しいことではない。要は、法律上の定義、すなわち『排他権』という不吉な響きをもつ見かけ上の権限や効果にとらわれないことである。最初に権利が付与される時点と付与される権利の形式上の定義に目を奪われ

---

41 野口・前掲注27）『知的財産とソフトロー』172-173頁。
42 MERGES, supra note 40, at 295.

るあまり、その後に起こることから注意をそらしてしまっているのである。もし財産権が付与された後に何が起こるのかという点に注意を払えば、これまでとはまったく違う光景がみえてくる。典型的な財産権（特にほとんどすべての知的財産権を含む）の一生のうち、重要な付与後の段階に注目すれば、排他権とされている財産権が、実際にはさまざまな包摂形態（various forms of inclusion）と密接に結びついているということが明らかになる。」[43]

　マージェスは続けて、財産権が認められている体制と認められていない体制とを比較して次のように述べる。「財産権が認められていない体制のもとで活動する私的主体が、自発的にその政策から抜け出すことはきわめて難しい。つまり私的主体のイニシアティヴで財産権を創設することは非常に困難なのである。それをしようと思う場合には、手間のかかる契約をいくつも締結し、他者との間で共通の認識を確立することが必要となる。そうした構造の全体を『対世的に効力を有する』普遍的な権利の助けなしに機能させなければならないのである。それゆえ、財産権が認められていない体制へ通じる扉は一方からしか開けることができない扉であるといえるかもしれない。つまり、いったん通り抜けると引き返すことができないのである。財産権の取得が難しい国家では、私的主体がそのルールを回避することもまた難しいのである。これに対して、財産権を認める国家ではどうだろうか。権利の行使にコストがかかったり、権利を放棄することから戦略的な利益が得られたりするのであれば、付与される権利のうち少なくとも一部は行使されないという可能性は十分に考えられる。財産権が認められている体制から抜け出したいと思う私的主体は、少なくともある状況ではそれが可能であろう。たしかに、他人が権利を主張するのではないかと思い、権利の放棄をためらう人もいるだろう。この意味で、権利を一方的に放棄することは必ずしも可能ではないかもしれない。しかし、可能な場合もあるだろう。さらに、フォーマルな形かインフォーマルな形かを問わず、複数の人が協力しあうことで権利を行使しない共有ゾーンをつくり、それによって少なくとも部分的に、そして少なくとも協力し合った者同士の間では、財産権が認められる体制から事実

43　Id.

上抜け出すことができる場合もある。この意味で、財産権というものはどちらからでも開けることのできる扉であるといえよう。つまり、誰でもその扉から財産権の世界に入ることができるし、自分が望めば、その世界から離れることもできるのである。これは、財産権が認められない世界と比較した場合の極めて大きな利点であると思われる。またこのことは、財産権が排他権であることを表面的に強調することとは相容れない。容易に包摂することができる権能(the ability to easily include)というものは、財産権を付与することの重要なもう一つの側面であり、財産権の付与に伴う強固な権利が強調されるあまり見えなくなっている側面なのである。」[44]

マージェスは以上の検討を踏まえて次のように結論づけている。すなわち、知的財産権が「排他権」であるということの意義を真に理解するためには、我々はその法律上の定義や権能に対して向けるのと同じだけの注意と関心を、知的財産権が実際に行使される割合や知的財産権が現実社会において果たしている機能や影響にも向ける必要がある[45]。

以上のようにマージェスは、著作権の制定法上の定義だけでなく、私的な規範形成における著作権の機能を分析している。そして、それにより、「排他権」という概念に関するブラックストン流の伝統的な理解を再考し、他者に著作物の利用を広く許容し、そうした自由な共有空間を確保する上で不可欠な役割を果たす「排他権」の実像を明らかにしている。こうしたマージェスの研究は、著作権法の物権的構成という制定法上の構造に目を奪われがちであった我が国の著作権法学にとって、示唆に富むものといえる。

2．私的な規範形成の成立条件を解明するための分析枠組の構築

続いて、私的な規範形成の成立条件を解明するための分析枠組の構築に取り組むマディソンらの研究を紹介しよう[46]。マディソンらが関心を寄せるの

44　Id., at 296.
45　Id.
46　Michael J. Madison, Brrett M. Frischmann & Katherine J. Strandburg, *Constructing Commons in the Cultural Environment*, 95 CORNELL L. REV. 657 (2010). 本論文におけるマディソンらの議論の全体像については、山根崇邦「構築型文化コモンズと著作権法―『オープン・クリエーション』モデルの制度的条件とその含意―」同志社法学64巻 6 号［359号］47頁（2013

は、文化環境においてどのような条件が揃えば知的資源の協働創作システムが上手く機能するのか、あるいはどのような条件が欠けると上手く機能しないのか、という問題である。

現代の創作環境においてはコミュニティによる協働創作活動が増えている。本章では、LinuxやWikipediaの事例を紹介した。それらの事例においては、協働創作環境を維持するために、著作権を基礎とするパブリック・ライセンスの枠組が用いられていた。そして、こうしたパブリック・ライセンスの枠組においては、そのライセンス条件の法的な強制力を担保するために、著作権という「排他権」が必要とされていたのである。これは見方を変えれば、コミュニティによる協働創作活動において著作権は、創作のインセンティヴとして機能しているわけではないということである。

このように、LinuxやWikipediaの事例が示す協働創作システムは、伝統的な創作のインセンティヴ論ではうまく説明ができない創作システムを例証するものといえる。マディソンらによれば、米国では近年、こうした協働創作システムに関する事例研究が増えている。そうした背景には、著作権を基盤とした排他的・独占的な創作システムが妥当しない事例を積み重ねることで、著作権法の存在意義を再考しようという問題意識がある。

もっとも、創作のインセンティヴ論が妥当しない事例を個別に積み重ねたとしても、それだけでは何か規範的な命題が導かれるわけではない。実際、マディソンらによれば、米国において蓄積された事例研究は、相互に関連はあるが別個のものとみなされてきた。そのため、知的資源の協働創作システムについての規範的な示唆や理論的な知見を導くことに限界があった。そこで、こうした先行研究の間隙を埋めるために、個別の事例研究の成果を統合しうる、系統的かつ包括的な分析枠組の構築が必要であるというわけである[47]。

マディソンらは、そのための手がかりを、自然環境におけるコモンプール資源の共同管理システムの研究枠組に求めている。コモンプール資源とは、牧草地や漁場といった、利用される資源単位（牧草や魚）の競合性は高いけれども、そうした資源システム（牧草地や漁場）における資源利用から利益を

年）を参照。
[47] Id., at 665-674.

得ようとする潜在的利用者を監視して排除することが難しい資源のことである。

	排除性 高	排除性 低
競合性 高	私的財	コモンプール資源
競合性 低	クラブ財	公共財（知的資源）

こうしたコモンプール資源の共同管理システムの研究を主導してきたのは、米国インディアナ大学のエリノア・オストロムとその共同研究者らである[48]。オストロムらは、多種多様なコモンプール資源の共同管理システムの事例研究を統合するための分析枠組の構築に精力的に取り組んできた。この分析枠組は、一般にIAD枠組と呼ばれている[49]。そして、その成果は、オストロムの2009年ノーベル経済学賞受賞となって結実している。

このようなオストロムのアプローチは、文化環境における知的資源の協働創作システムを分析し理解する上でも、有用なものである。そこで、マディソンらは、オストロムのIAD枠組を手がかりとして共通のリサーチ・クエッションを作成し、もって文化環境において知的資源の協働創作システムが成功／失敗する制度的な条件を明らかにするための分析枠組（修正IAD枠組）の構築に取り組んでいる[50]。

我が国においても近年、「コモンズの思想」への関心が高まっており、知的資源の協働創作システムに関する事例研究に取り組んだ研究も存在する[51]。これまでに蓄積された事例研究を修正IAD枠組に示された共通のリ

---

48 例えば、ELINOR OSTROM, GOVERNING THE COMMONS: THE EVOLUTION OF INSTITUTIONS FOR COLLECTIVE ACTION (1990) を参照。

49 IAD枠組に関しては、例えば、ELINOR OSTROM, UNDERSTANDING INSTITUTIONAL DIVERSITY (2005); Elinor Ostrom & Charlotte Hess, *A Framework for Analyzing the Knowledge Commons*, in UNDERSTANDING KNOWLEDGE AS A COMMONS: FROM THEORY TO PRACTICE 41-81 (Charlotte Hess & Elinor Ostrom eds., 2007); Elinor Ostrom, *A Diagnostic Approach for Going Beyond Panaceas*, 104 PROC. NAT'L ACAD. SCI. U.S. 15181 (2007); 大西香世「学界展望」国家学会雑誌121巻9＝10号176-179頁（2008年）を参照。

50 IAD枠組および修正IAD枠組の概要については、山根・前掲注46）を参照。

51 例えば、注19～20）に掲げた邦語文献のほか、山田奨治編『コモンズと文化―文化は誰のものか―』（東京堂出版、2010年）、小島立「現代アートと法―知的財産法及び文化政策の観点から―」知的財産法政策学研究36号1頁（2011年）、小島立「ファッションと法についての基礎的考察」高林龍ほか編集代表『現代知的財産法講座III　知的財産法の国際的交錯』（日本評論社、2012年）3頁、島並良「知的財産の法的な保護と不保護」法学教室379号98頁（2012年）、奥邨弘

サーチ・クエッションを用いて分析すれば、知的資源の協働創作システムの構築という私的な規範形成の意義と機能についての新たな知見が得られるかもしれない。そのような意味においても、マディソンらの研究は極めて有益なものであるように思われる。

Ⅳ　結びに代えて

本章では、著作権法における多様化現象の位相について、主に創作環境の変化に焦点をあてながら検討を行ってきた。従来の著作法学は、いかにして制定法のルールを創作・利用環境の多様性に適合させるかということに苦心してきた。そして、著作権法の基本構造を変えない限り、環境の変化への的確な対応は難しいという理解を示してきた。これを受けて、近年、制定法のルールの抜本的改正を目指した「著作権リフォーム」の機運が高まっている。もっとも、これだけ創作環境が多様化している中で、「one-size-fits-all」の著作権法のルールを制定することや、非プロ創作者特別法とかネット特別法といった形でそのニーズごとに独自のルールを制定することは、現実的にも理論的にも困難であるように思われる。

そうした中で目を惹くのは、著作権を保有する者がパブリック・ライセンスの枠組を用いて、著作権と抵触する利用行為のうち禁止[52]や積極的な作為[53]を求める利用態様をあらかじめ明示し、それ以外の利用態様については著作権を行使しない旨を対世的に宣言する、という取り組みである。そして、そこでは、権利者が一方的な意思表示に基づいて設定した利用条件に法

　司「クラウド、プライベート・ユース、オープン・コミュニティと著作権法制—これからの10年のために—」知財管理63巻4号483頁（2013年）、大屋雄裕「ネットワークと重層化するコミュニティ」法哲学年報2001年度77頁（2002年）、芹澤英明「インターネット上の情報の公有／共有／私有——Public Domain/Digital Commons/Private Property」法哲学年報2001年度53頁（2002年）、紙谷雅子「ダーラム宣言—Durham Statement—オープン・アクセスの提言と法律雑誌という学術情報」アメリカ法2010-1号53頁（2010年）、名和小太郎『情報の私有・共有・公有』（NTT出版、2006年）、阿部容子「『知的コモンズ』の囲い込みと共有レジーム——標準化プロセスの多様化と変容を中心に——」立教経済学研究65巻11号123頁（2011年）などがある。

52　例えば、改変禁止、営利目的での利用の禁止など。

53　例えば、権利者のクレジットを表示せよ、複製物を再拡布せよ、二次的著作物を作成せよ、二次的著作物には原著作物と同一の利用条件を設定せよなど。

IV 結びに代えて　　159

的な拘束力をもたせ、それを守らない者（e.g. 禁止された利用行為をなす者、作為義務を果たさない者）に対して利用条件の履行を強制するために、著作権という対世的な効力を有する排他権が不可欠なものと位置づけられているのである。こうした取り組みは、権利者が著作権パブリック・ライセンスに依拠して著作権法におけるデフォルトの利用環境から抜け出し、そのニーズや創作形態に応じた創作・利用環境を柔軟に創り出すものである点で、私的な規範形成（作為型）と評価することができる。

　このような私的な規範形成における「排他権」の機能の解明に取り組む米国の研究は、著作権が「排他権」であることの意義を再考し、「排他権」には著作物の利用を対世的に禁止する「the right to exclude」としての側面と、パブリック・ライセンスの法的な強制力を担保し、著作物の積極的かつ自由な利用を求めるライセンス条件を対世的に履行させる「the right to include」としての側面の、両方の側面があることを明らかにしている。そして、著作権の保有者は、これら２つの側面をいわば両極として、その間にスペクトラム上に並ぶ著作権の排他性の程度を、パブリック・ライセンスのライセンス条件を調節することで柔軟に選択・調整することが可能であることを示唆するのである。

　このような「排他権」の再構成を試みる米国の研究は、制定法に定義された著作権の「the right to exclude」としての側面にのみ目を向けがちであった我が国の著作権法学に対して、一石を投じるものである。のみならず、その議論の射程は財産権一般にも及びうるものであり、我が国における財産権の理論に対しても一石を投じる研究として位置づけることができるように思われる。

　さらにまた、私的な規範形成の成立条件を明らかにするための分析枠組の構築に取り組む米国の研究は、知的資源の協働創作システムに関する事例研究の集積から理論的・規範的な知見を導出するためには、どのような方法で分析し考察するのが適切か、という方法論の問題に正面から向き合っていた。そして、その過程においては、法学のみならず、経済学にまで視野を拡げ、研究対象の素材の分析に最も適合的と思われる方法論を探求していた。そうして探し出してきたオストロムのIAD枠組は、多様かつ複雑なコモン

プール資源の共同管理システムの成立条件を明らかにするために開発された分析手法であった。こうした研究手法や方法論の確立に向けた取り組みは、試行錯誤の連続で、投下する時間と労力が報われる保証もなく、敬遠されがちである。しかし、事例研究を理論研究へと発展させるためには不可欠な取り組みであり、我が国にとっても極めて貴重な研究であると思われる。

　以上は、作為型の私的な規範形成に関する議論であったが、現代の創作環境においては、不作為型の私的な規範形成と評価しうる現象もみられた。それが、二次創作の増加という創作形態の多様化に対して、一定の限度はあるものの、原作の著作権者が権利行使を控えることで寛容的に黙認するという動きである。ここでは、こうした権利不行使の動きをそもそも「私的な規範形成」と評価すべきなのかということがまず問題となるが、本章ではこの点について検討を加えることができなかった。米国では、こうした動きを「Tolerated Use」と捉えて分析を試みる研究が注目を集めている[54]。一方、我が国でも、こうした寛容的な利用環境の形成を著作権政策形成過程のバイアスを矯正するための「最後の砦」として評価する研究が登場しつつある[55]。こうした研究動向を踏まえた不作為型の私的な規範形成についての検討は他日を期したい。

54　Tim Wu, *Tolerated Use*, 31 Colum. J. L. & Arts 617 (2008).
55　田村・前掲注24)。

第7章　英米の法思想とダイバーシティ

戒　能　通　弘

Ⅰ　はじめに
Ⅱ　英米間の法、法思想の比較の諸視座
Ⅲ　英米の法思想史とダイバーシティ
Ⅳ　おわりに

Ⅰ　はじめに

　本章では、「ダイバーシティ」に留意する観点、あるいは、「ダイバーシティ」に対立するであろう「普遍主義」に対して批判的な観点から、英米の法思想について検討していく。

　現代の英米の法思想、法哲学における主要な論点は、イギリスの法哲学者、H・L・A・ハートの『法の概念（The Concept of Law）』（1961年）に対する、1967年の「ルールのモデル（The Model of Rules）」論文におけるR・ドゥオーキンの批判、そして、その後の両陣営の論争によって規定されていると言ってもいいだろう。

　その際、本書に通底する「ダイバーシティ」の観点から興味深いのは、ハート、ドゥオーキンの双方とも、自らの法の理論が、イギリス、あるいはアメリカの法についての理論ではなく、むしろ普遍的な法理論であると見なしている傾向があることである。まず、ハートに関して言うと、自らをオースティン、あるいはベンサムの「普遍的法理学（Universal Jurisprudence）」の伝統を継承するものと見なしており、さらに、上記の『法の概念』において、「コモン・ロー」、「エクイティ」という用語が一度も登場しないことが特徴

的である[1]。ハートによれば、『法の概念』は、一般的かつ記述的な理論を提供することを目的としていたが、そこでの「一般的とは、特定の法体系、法文化と結び付かないことを意味している[2]」。一方、ドゥオーキンは、主著の一つの『法の帝国（*Law's Empire*）』（1986年）で、自らの理想とする架空の裁判官のハーキュリーズを登場させ、家族が交通事故にあった現場を目撃した原告が、精神的損害に基づく損害賠償を請求した事例を解決させているが[3]、この事例は、イギリスの *McLoughlin* v. *O'brian*（1983年）をモデルにしたものであり、その理論の射程は、アメリカ法学に限定されたものではなかった。

しかしながら、このような法理論、法思想の普遍主義的な傾向、あるいは英米の法について一つの理論によって扱おうとする傾向については、比較的早い段階から批判されていた。まず、1987年には、P・アティアとR・サマーズが、共著、『英米法における形式と実質―法的推論、法理論、そして法制度―（*Forms and Substance in Anglo-American Law : A Comparative Study of Legal Reasoning, Legal Theory, and Legal Institutions*）』において[4]、そのタイトルの通り、イギリス＝形式的、アメリカ＝実質的という観点によって、英米の法的推論、法理論、そして法制度の対照を明らかにしている。

また、かつては「法と経済学」、現在は、「プラグマティズム法学」の代表的な論者であるR・ポズナーも、1995年のオックスフォード大学での講演（Clarendon Law Lectures Series）を基にした『イングランドとアメリカにおける法と法理論（*Law and Legal Theory in England and America*）』（1996年）において、アメリカとイギリスの法、法思想は、英米法、英米法思想として一括りにできるものではなく、司法制度の違いが主な要因となり、イギリスは、む

---

1 *Cf*. B. Simpson, *Reflections on The Concept of Law* (Oxford : Oxford University Press, 2011) pp. 165-66.
2 H. L. A. Hart, *The Concept of Law*, 3rd ed. (Oxford : Oxford University Press, 2012) p. 239.
3 *Cf*. R. Dworkin, *Law's Empire* (Cambridge, Mass.: Harvard University Press, 1986) ch. 7：小林公訳『法の帝国』（未来社、1995年）第7章。
4 *Cf*. P. Atiyah and R. Summers, *Forms and Substance in Anglo-American Law : A Comparative Study of Legal Reasoning, Legal Theory, and Legal Institutions* (Oxford : Clarendon Press, 1987).

しろ大陸法系に近いのではないかと分析している[5]。さらに、批判法学の観点からアメリカ法の歴史を分析している M・ホーウィッツも、1995年の、オックスフォード大学でのハートを記念したレクチャー（H. L. A. Hart Lecture in Jurisprudence and Moral Philosophy）を基にした論稿「なぜ英米法理学は歴史的ではないのか（Why is Anglo-American Jurisprudence Unhistorical?）」（1997年）で、イギリスの法実証主義について、その登場の背景を詳細に分析しつつ、コンテクストに基づいた理解の提示を試みている[6]。

　以上の研究は、「ダイバーシティ」に留意する観点、「普遍主義」に対する批判的な観点という、本章での視座を共有するものなので、ここでは、まず第二節で、それらの概要を紹介することから始めたい。しかしながら、例えば、アティアとサマーズの研究に関しては、英米間の法のあり方の違いが「程度の問題」として扱われていること、検討の対象が比較的限定されていることなど、いくつかの難点が指摘されているし[7]、ポズナーやホーウィッツの分析に関しても、多少皮相であるという印象がある。そこで、本章では、次に、第三節で、英米それぞれの法思想史の観点から、あるいは英米の法思想史を比較することによって、法や法思想のダイバーシティについて考えてみたい。筆者は、以前、「コモン・ローと共同体の関係」、「裁判官による法形成はいかにして正統化されるのか」、「理性か権威か」、「ルールか原理か」、「技術的理性（法律家の理性）か自然的理性か」、「ルールか救済か」、「コモン・ローとその発展を説明する枠組みはいかなるものか」といった、イギリス、アメリカの法思想史の展開に通底し、軸となっていた論点、争点に基づき、それぞれの法思想の展開を分析し、また、英米間の法思想を比較する研究を公表している[8]。ここでも、クック、ホッブズ、ヘイル、ブラックストーン、マンスフィールド、ベンサム、オースティン、メイン、ホランド、

5　R. Posner, *Law and Legal Theory in England and America* (Oxford : Clarendon Press, 1996) p. vii.
6　M. Horwitz, Why is Anglo-American Jurisprudence Unhistorical?, 17 *Oxford Journal of Legal Studies* 551 (1997).
7　中村民雄「著書紹介」（アメリカ法1993-第2号、1994年）222頁。
8　参照、拙著、『近代英米法思想の展開―ホッブズ＝クック論争からリアリズム法学まで―』（ミネルヴァ書房、2013年）。

サーモンド、ホームズ、パウンド、ルウェリンなどによる代表的な英米の法思想について検討するが、その際、「形式志向」、「実質志向」というアティアとサマーズの図式や、英米法思想間の対照を最も鮮やかに示すと筆者が考えている「法と共同体の関係」という論争軸に照らして英米の法思想の特徴を整理し、比較することを試みたい。その上で、ハートとドゥオーキンの論争に、法思想史、あるいは比較法思想史の観点から光を当てることで、「ダイバーシティ」に留意する観点の重要性を示すつもりである。イギリスの法実証主義者たちによる、ドゥオーキンの法理論はアメリカの法実践を説明する以上のものではないとの批判に対して、ドゥオーキンは、「事実としては、私の説明はきわめて大きな一般性をめざしており、そうしたねらいにおいて私の説明がどこまで成功しているかは、これらの批判者が引き受けてきたものよりもはるかに骨の折れる比較法解釈学的な実行課題によってのみ評定されうる[9]」と反論していた。本章での考察により、ドゥオーキンの「骨の折れる比較法解釈学的な実行課題」が果たされるわけではもちろんないが、法思想史の観点から、ハート、ドゥオーキン双方の法理論をある程度相対化することは可能であると考えている。

II 英米間の法、法思想の比較の諸視座

1 アティア、サマーズの「英米法における形式と実質」

ここでは、『英米法における形式と実質―法的推論、法理論、そして法制度―』におけるアティアとサマーズの研究を紹介していくが、この著書は、1987年に出版されて以来、英米圏のみならず、わが国でも注目されたものであり、いくつかの紹介や書評がある。ここでは、松浦好治による包括的かつ詳細な紹介があるので[10]、それに依拠しながら、アティアとサマーズの研究の概要を示したい。

9　R. Dworkin, *Justice in Robes* (Cambridge, Mass.: Harvard University Press, 2006) p. 185 ; 宇佐美誠訳『裁判の正義』(木鐸社、2009年) 233頁。

10　参照、松浦好治「比較法史研究の一つのスタイル―アティア＝サマーズ著『英米法における形式と実質について』―」、比較法史学会編『比較法史研究の課題［*Historia Juris* 比較法史研究―思想・制度・社会①―］』(未来社、1992年)。

さて、アティアとサマーズは、彼らの研究が基づく立場を、「時空を超えた万能薬のような普遍的理論の構築をめざす試み[11]」ではなく、英米間の、例えば、「ルール」についての理解の違いを明らかにし、その理解の違いを生み出している背景を探ることによって、それぞれの社会自体をより深く理解するとともに、英米の法文化の違いを明らかにする試みとして捉えているようである。その法文化の違いを特徴的に示すのが、著書のタイトルとも関連する、「実質志向のアメリカ法」対「形式志向のイギリス法」という図式であるが、松浦好治が整理しているように、大きなテーマとして、以下のような領域についての考察がなされている。すなわち、裁判の基礎として用いられる基準に関する考察、裁判の構造や実務の比較、法曹・司法と立法および行政の関係、法システムと大学法学部との関わりの分析といった領域である[12]。これらの領域における英米間の違いによって、上述の「実質志向のアメリカ法」対「形式志向のイギリス法」という違いが生み出されていると論じられているのであるが、まず、そもそもここでの「実質」、「形式」とは具体的にはいかなることか、そちらを、簡単に整理、紹介してみたい。

　松浦好治が指摘しているように、アティアとサマーズは、「実質志向のアメリカ法」対「形式志向のイギリス法」という彼らの見解を、より具体的な14のテーゼにまとめているが、そのうちの代表的なものを以下に挙げていく。

　まず、「実質志向のアメリカ法」、「形式志向のイギリス法」とは、具体的には、あるルールが法として妥当性を有するか否かを判断する基準に関するものである。実質的な見方では、法が妥当性を有するには、適正な手続きによって定められたか否かといった形式的な基準に加えて、「正しい」、「正義に適う」というような基準を満足させることが必要とされる[13]。

　次に、法をどう見るかということに関係するものがあり、形式的な見方では、法は確定的で確固とした命令の性格を持つものとして捉えられるのに対し、実質的な見方では、適用の際に様々な考慮、裁量を認めるような、一般

11　前掲論文、145頁。
12　参照、前掲論文。
13　参照、前掲論文、146頁。

条項などから成るより柔軟なものとして捉えられる[14]。

　さらに、裁判所の使命も、実質的な見方によれば、裁判所は、法を文言通りに解釈適用すべきではなく、法の目的や、合理的に推測される目的に照らして解釈適用を行うべきであるとされる。そして、先例の扱いについても、実質的な見方によると、当該先例の前提とした具体的事実関係や実質的な根拠に基づいて、裁判所は先例を柔軟に読むべきであるとされる。関連して、アメリカに代表される実質的な法の見方では、先例は、法がなにかを知るための指針に過ぎないとされる[15]。また、裁判所の具体的な任務についても、イギリス的な、形式的な見方によると、法創造は、立法府の職務とされるが、実質的な見方によると、裁判所は、必要があれば法を創造し、改善を行うべきだとされる。加えて事実認定に関しても、実質的な見方では、結果が不当であるならば、法技術の活用によって、事実判断が見直されることもある[16]。

　何が典型的な「法」として捉えられうるのかという問いへの回答についても、両者は対照的であって、形式的な法の見方では、立法府の定める法であると答えるが、実質的な見方では、十分な理由づけに基づいて下された裁判所の判決が法の典型とされる。さらに、法の支配に関しても、形式的な見方では、(実定的な)法、法律への敬意が、より強調されているとアティアとサマーズは、整理している[17]。

　以上の見方の違いを生み出したのが、すでに触れたように、裁判の基礎として用いられる基準(法源論)、裁判の構造や実務、法曹・司法と立法、および行政の関係、法システムと大学法学部との関わりといった領域においての、英米間の違いである。次に、これらの領域に関するアティアとサマーズの分析を見てみたい。

　まず、裁判の前提となる「法とは何か」という点、いわゆる法源論に関するアティアとサマーズの分析を、松浦好治の整理に基づき紹介したい。もち

14　参照、前掲論文。
15　参照、前掲論文。
16　参照、前掲論文、147頁。
17　参照、前掲論文。

ろん、イギリス法、アメリカ法双方において、裁判の基礎とされる「法」は、おもに、制定法、コモン・ロー、法原理（法格言）によって構成されているが、例えば、アメリカの憲法典は、非常に柔軟な解釈を許すような一般的な表現が用いられており、公法全般に関しても、権限や裁量を包括的に授権するものも多く、ルールの柔軟性は、イギリスの公法と比べると、非常に高いものになっている。また、コモン・ローの典型である契約法の領域においても、アメリカの契約法のルールは、「正義に適う」などの表現が広く用いられているのに対して、イギリスの契約法のルールは、具体的でより特定された表現や文言を用いている。同様に、不法行為法のルールも、アメリカでは柔軟なものが多いが、この点には、アメリカでは、民事裁判でも陪審が広く使われることと関連があると指摘されている[18]。

また、制定法の解釈に関して、イギリスの裁判官は、補助資料として、当該制定法の他の部分、先行する制定法やコモン・ローを用いるが、アメリカの裁判官は、文言が明確であっても、立法目的や実質的な理由を用い、補助資料の範囲もイギリスよりもはるかに広いとされている。なお、関連して興味深いのは、アティアとサマーズによる、イギリスの法律家とアメリカの法律家のルールの捉え方の違いについての分析である。すなわち、イギリスでは、ルールとは、明確に定義された特定の事実に対して、詳細に定められた法的効果を付与する規範であると考えられているのに対し、アメリカの法律家は、ルールは単なる指針であり、実質的な考慮に基づいて、その具体的な文言に反する判断も下すことができると考えているとされている[19]。

さらに、先例の捉え方の違いも説明されており、アメリカでは、一見拘束力を持つように見える先例を、実質的根拠に基づき無視する権限を裁判官は持っていること、また、最高裁も含めて、アメリカの裁判所は自分自身の先例を変更できることが指摘されている。一方、周知の通り、イギリスの裁判所は、最高裁（当時は貴族院）のみが先例変更の権限を持ち、その行使の仕方も抑制的であるが、そのような先例の扱い、先例へのスタンスの違いの要因について、アティアとサマーズは、アメリカでは先例の数が膨大で、相矛盾

---

18 参照、前掲論文、148頁。
19 参照、前掲論文、148-49頁。

するものも多数あること、アメリカの上級裁判所には、反対意見が頻繁に付されること、アメリカの裁判所の判決が、相対多数で決まることが稀ではない、すなわち裁判所内で度々対立があることを挙げている[20]。

アティアとサマーズは、英米の法実務、裁判実務の性格の違いを分析することによっても、「実質志向のアメリカ法」、「形式志向のイギリス法」という違いの背景を説明することを試みている。その際、まず、アメリカの最高裁が、自らの任務を社会、法改革にあると考えていることが特徴的とされている。そして、その理由として、アメリカの最高裁の決断が、先例、制定法についての最終判断と見なされていることを挙げており、イギリスでは、必ずしもそうではないことが指摘されている[21]。

次に、法曹・司法と立法、および行政の関係についての考察がなされているのでそちらも紹介したい。まず、アメリカでは、おもに裁判官の法創造によって、社会の変化に法が対応させられると考えられている。一方、イギリスでは、立法による法改正がより頻繁であり、法改革は議会に委ねられているとアティアとサマーズは指摘している。関連して、イギリスでは、裁判官に任官されることが大きな名誉であるため、法曹の同質性が生み出されることが、法創造への消極的な姿勢、先例拘束性の原則の維持の要因であると指摘されている[22]。対照的に、アメリカでは、法律家が、法と政治の領域を横断し、公民権運動、環境保護訴訟、公共訴訟などにも関与することが特徴的であり、その際、弁護士費用の敗訴者負担制により、よりダイナミックな法発展が可能になるとも指摘されている[23]。

さらに、アティアとサマーズは、立法制度の違いも、「実質志向のアメリカ法」、「形式志向のイギリス法」という図式の背景にあると指摘している。すなわち、松浦好治によって的確に整理されているように、アティアとサマーズによれば、アメリカは連邦制度を採択しているため、行政権と立法権が多元的になり、法全体について誰が責任を負うのかが、明確でなくなる傾向

---

20 参照、前掲論文、149-50頁。
21 参照、前掲論文、151頁。
22 参照、前掲論文、154頁。
23 参照、前掲論文、156頁。

が強まり、法全体の調和、法の明確性が失われるのだが、その際、裁判所に司法審査権があるために、議会が裁判所に最終的なチェックを委ねてしまうという心理的傾向も生じるのであった。政府の用意する連邦政府の立法でさえ、そのチェックは大統領の政策と法案との整合性を対象とするだけで、条文間の整合性に及ぶことがなく、法全体をモニターするような国家機関も存在しないため、問題が多い立法が生じる傾向が強くなるのであった。これに対して、イギリスにおいては、ほとんどの法案は、内閣に属する議会法制顧問官の検討を経たもので、均質で明瞭な法案が用意される可能性が高く、また、その法制顧問官は、議会から独立していて、政治的な圧力には屈せず、さらに与党の統制も取れているため、裁判官による修正を受ける必要のないような立法が生み出される傾向が強いとアティアとサマーズは指摘している[24]。

　アティアとサマーズは、さらに、イギリス、アメリカにおける大学と法実務の関係の違いにも注目しており興味深い。まず、大学における研究を見てみると、イギリスでは実務家が学術論文を読むことは少なく、論文が実務で引用されることはあまりないが、アメリカでは、学説は実務で頻繁に引用されるだけでなく、法を変えることも少なくないとされている。研究の内容についても、アメリカの法学者は法のルールの研究よりも、政策的考慮など様々な実質的考慮を研究の中心に据えているのに対して、イギリスの法学は、技術的、準則中心的なアプローチを取っているため、幅広い視野から実質的考慮を取りこんだ論文が実務家の関心を高めるといった可能性は低いとされている[25]。また、法学の教育の内容も対照的で、アメリカでは、法は、政治、経済、政策の道具であるとされ、それを操作するのが、法学教育の使命であるとされているが、イギリスでは、講義は法の準則を教えることに重点が置かれ、権威あるものとして法が教えられ、判決を権威ある法の基本原則からの論理的演繹として提示する傾向も強いと指摘されている[26]。

24　参照、前掲論文、156-57頁。
25　参照、前掲論文、157頁。
26　参照、前掲論文、158頁。

2　ポズナー、ホーウィッツの研究

　アティアとサマーズの研究は、上記のように、裁判の基礎として用いられる基準（法源論）、裁判の構造や実務の比較、法曹・司法と立法、および行政の関係、法システムと大学法学部との関わりといった広汎な領域を対象とする非常に包括的なものであり、現在のところ、本章の主題である、英米の法それ自体、あるいは法の捉え方の違いについての分析として、このアティアとサマーズの研究を超えるものは出ていない。しかしながら、現代アメリカのプラグマティズム法学、批判法学をそれぞれ代表するポズナーとホーウィッツが、独特の視点で、英米の法の間の違いについて分析しているので、簡単ではあるが、それらの研究についても触れてみたい。

　まず、『イングランドとアメリカにおける法と法理論』で展開されているポズナーに特徴的な議論は、「法とは何か」という問いに対して、ハートが、承認のルールをパスした実定的なものに限定しているのに対して、ドゥオーキンが、政治道徳も含めた幅広いものを提示していることを、イギリス、アメリカの法が置かれたコンテクストに即して説明している部分である。端的に言うならば、もし裁判官の役割を小さなものに限定したいならば、ハートのように法は狭く定義され、逆に、裁判官の役割を拡大したいのなら、裁判官が政策に依拠しているのではなく、「法」に依拠していると捉えられた方が人々には受け入れられやすい。それ故に、ドゥオーキンにおいては、法が、政治道徳をも含むような幅広いものとして捉えられているとポズナーは指摘しているのであり、そこにハートとドゥオーキンの間の根本的な違い (fundamental difference) があると論じられている[27]。

　この点に関するポズナーの議論をさらに見てみると、まず、ハートに関しては、その生涯においてずっと社会主義的、改革的な志向を持ち続け、イギリスの裁判官の保守的な政治信条を好んでいなかったので、裁判官の役割を限定し、公共政策への影響を最小限にするために、法を狭く定義したと論じられている。一方、ドゥオーキンに関しては、見方によっては裁判官の政治信条が反映されているとも思われるウォーレン・コートなどのコントロバー

27　Cf. Posner, *Law and Legal Theory in England and America* (*supra* note 5) p. 10.

シャルな連邦最高裁判所の判決が、ドゥオーキン自身の観点からは、「法」に従った判決として捉えられていることは偶然ではない、とドゥオーキンの広い法概念の意図が強調されている[28]。「実質志向のアメリカ法」、「形式志向のイギリス法」という違いが、アティアとサマーズでは、おもに法制度の違いによって説明されていたのに対して、ポズナーは、裁判官に期待されている役割によって、その違いを説明していると言えるだろう。

一方、批判法学の観点から、ホーウィッツは、ハートの形式的な承認のルールが、社会民主主義者であって、世俗的なユダヤ人であったという背景によって生み出されたものであると指摘している。「なぜ英米法理学は歴史的ではないのか」という論稿において、ホーウィッツは、ハートが、まず法を歴史的なものから分離した背景として、1931年の選挙で、労働党が勝利したにもかかわらず、イギリスの憲法的伝統に則って、国家の緊急時には国王大権の行使が許容されると論じられ、結果として、国王の介入によって挙国一致内閣が成立したことも、一つの要因として考えられると指摘している。ハートは、当時は、バリスタになるための準備をしていた時であったが、ホーウィッツは、その際に、非常に曖昧な憲法的な議論が、労働党の単独政権の樹立を妨げたことを、ハートの形式的な法概念の背景として捉えているのである[29]。

また、ホーウィッツは、ハートの形式的な法概念と、より関わりがあるだろう、法と道徳の分離についても、ハートの政治信条などによる説明を試みている。まず、ホーウィッツは、同じく世俗的なユダヤ人であったケルゼンが、宗教的な色彩を持っていた自然法思想に対して批判的な立場から、その純粋法学を打ち立てたと指摘している。そして、同性愛の規制をめぐるデブリンとの論争で、ミルの消極的自由の擁護論と同様の立場を取り、同性愛行為の法的規制の限定を試みた際のハートの狙いも、法に宗教的色彩を入れることを避けるためであったと説明されている。ハートは、ケルゼンと同様に、宗教道徳と法を分離したのであり、その論争から3年後の1961年の『法の概念』で、形式的な法概念、承認のルールを提唱した一因もそこにあると

---

28 *Cf. ibid.*, p. 12.
29 *Cf.* Horwitz, Why is Anglo-American Jurisprudence Unhistorical? (*supra* note 6) p. 578.

指摘されているのである[30]。

3　批判的検討

　以上、ダイバーシティと法思想に関わる研究、特にイギリス、アメリカの間の法、法の捉え方の違いを明らかにすることを試みている、あるいは、普遍主義的な法観念を批判的に検討している研究を、若干数ではあるが、概観した。まず、アティアとサマーズに関して言うと、裁判の基礎として用いられる基準、裁判の構造や実務の比較、法曹・司法と立法、および行政の関係、法システムと大学法学部との関わりの分析といった諸観点から、「実質志向のアメリカ法」、「形式志向のイギリス法」という違いが説明されていた。また、ポズナーは、英米それぞれの社会における、裁判官に期待される役割の大小によって、法の概念が広がったり、狭まったりするとして、ハートとドゥオーキンの法概念を比較している。さらに、ホーウィッツは、ハート自身の政治信条など、その個人的な背景によって、承認のルールの形式性を説明している。

　もちろん、特にアティアとサマーズに関しては、とかく一括りにされることの多い「英米法」という理解ではなく、イギリス法とアメリカ法の違いを詳細に列挙している点は評価できるだろう。しかしながら、そのアティアとサマーズの研究も含めて、ここで検討した研究は、英米間の法や法の捉え方の違い、法思想におけるダイバーシティの分析としては、やや不十分ではないかと考えられる。

　まず、ハートの政治的、宗教的背景を強調するホーウィッツの研究は、アティアとサマーズの研究でも明らかにされるだろうイギリスの法実務とハートの法理論との結び付きや、イギリスの法思想史とハートの法理論の結び付きを少し軽視しているのではないかという印象がある。次節で見るように、イギリスの法実証主義の伝統は、実は、ハート自身が度々参照しているベンサムやオースティンより前の、17世紀のヘイルにおいても見出すことができる。また、承認のルールとの関連では、すでに拙著において明らかにしたこ

30　*Cf. ibid.*, pp. 581-82..

とでもあるが、すでにヘイルの時代までには、ハートの「承認のルール」と同じような、実定的な憲法の基準に依拠した法の支配論が採られており[31]、さらに、「一時的に、古く歴史的な政府(のあり方)からは逸脱することになったけれども、チャールズ1世と彼の議会の間の論争でさえも、政治理論の問題ではなく、裁判所で論じられる法的問題と同様なものであって、実定的な憲法の正しい解釈に彼らは傾注していた[32]」[( )内は引用者]とオースティンが指摘しているように、国王大権をめぐる、何が法かという問題と政治哲学との峻別は、前期ステュアート期においてもすでに見ることができるものである。

また、ポズナーに関しては、イギリスにおいても、裁判官の法創造が盛んにおこなわれてきたことと、整合性がとれないと考えられる。この点も、すでに拙著において論じたように、判例法によって商事法の改革をおこなったマンスフィールドが活躍した17、18世紀前後はもちろん、先例拘束性の原則が確立した19世紀にも、例えば保険法や厳格責任の範囲の問題など、特に確立されたルールがない法領域においては、裁判官の法創造は活発なものであった[33]。

さらに、アティアとサマーズの研究に関しても、いくつかの問題点を指摘することができる。その際、中村民雄の書評の中での批判的検討をここでは参考にしたい。

中村民雄は、アティアとサマーズが、英米間の法のあり方の違いを「程度の問題」として扱っていること、検討の対象が比較的限定されていることを、特に難点として指摘している。まず、どの国の法体系も、実際は、例えば一般条項を含む法文の割合がどれくらいあるのかなどにつき、ある程度は形式的か実質的であり、各国の違いは、結局は、程度の問題として考えられてしまうのではないかと中村民雄は指摘している[34]。さらに、同じく中村民

---

31 参照、拙著、『近代英米法思想の展開―ホッブズ=クック論争からリアリズム法学まで―』(前掲注8) 266-67頁。
32 J. Austin, *A Plea for the Constitution* (London: John Murray, 1859) p. 38.
33 参照、拙著、『近代英米法思想の展開―ホッブズ=クック論争からリアリズム法学まで―』(前掲注8) 124-25頁。
34 参照、中村民雄「著書紹介」(前掲注7) 222頁。

雄が指摘しているように、アティアとサマーズの研究には、法思想史、法哲学に関する記述もあるが、それは18世紀後半のベンサム以降のものであり、現代に関しても、1960-80年代の、非常に狭い年代に焦点を当てた、射程の限られた分析であると言えるだろう[35]。

なお、中村民雄は、比較法の観点からは、「実質志向のアメリカ法」、「形式志向のイギリス法」という英米の違い、その間の程度差が、一時的なのか、長期的なのかまで視野を広げて検討する必要があると指摘している。次節では、まず、アティアとサマーズの「形式的」、「実質的」という対照軸を用いて、英米の法思想史を検討したい。なお、英米の法思想史を比較する際の最も重要な要素として、「法と共同体の関係」についても、次節で考察するが、その両者の密接な関係は、アメリカの法思想や法制度の大きな特徴を規定していると言えるだろうし[36]、ポズナーの表現を借りるならば、そこに、ハートとドゥオーキンの法理論の「根本的な違い（fundamental difference）」を見出すことができるだろう。

III 英米の法思想史とダイバーシティ

まず、実質志向か、形式志向かというアティアとサマーズの観点でイギリスの法思想史を整理してみると、イギリスにおいては、すでに17世紀のヘイルから、ベンサムを経て、オースティンやその後のサーモンドに至るまで、法をルールで捉えるコモン・ロー法実証主義とも呼びうる法思想が優勢であったというのが筆者の理解である[37]。現代イギリス法が形式志向であるというアティアとサマーズの分析は、以下に見るように、より広いスパンのイギリス法思想史にも当てはまるものである。

---

35 参照、前掲論文。
36 本節で扱ったポズナーも、実は、この点をアメリカ法の特徴の一つとして挙げている。政治的な亀裂が激しいために、立法を十分におこなえないアメリカの立法、行政部門が、立法することを裁判所に委ねた際、裁判所は、そこから必然的に生じる政治性、党派性を相殺するために、選挙民や陪審員などの社会一般、共同体の権限や法感覚に判断をゆだねているのであった。Cf. Posner, *Law and Legal Theory in England and America* (supra note 5) p. 15, 35.
37 前掲注（8）で挙げた拙著を参照。

コモン・ローを技術的理性（artificial reason）として捉え、熟達した裁判官の推論方法の中に見出されるとしたクックに対して、ホッブズは、周知の「理性ではなく権威が法を創る」との批判を展開したが、ヘイルは、コモン・ローの権威をより実定的なものに基礎づけた。ヘイルは、コモン・ローの大部分は立法に起源を持つと論じていたのだが、法の実質、合理性（reasonableness）を重視したクックよりもホッブズに近い。また、「一般性は、何ものをも結論には導かない（generality never bring anything to an conclusion）[38]」と先例における形式的なルールよりも、個々の判決の妥当性を優先していたクックとは対照的に、「特定の事例に対する特定の人々の理性の適用における大きな不安定」を避けるために、「一定の確かな法とルール[39]」が必要であると論じたヘイルにおいては、先例は、大きな重みと権威を持つとされていた。また、コモン・ローを過去の立法ではなく、「古来の慣習」に基礎づけた点ではヘイルと異なるが、18世紀のブラックストーンにおいても同様に、法はルールとして捉えられ、明白に理性に反することがなければ、先例は十分に根拠を持っていると論じられている。

　ヘイルやブラックストーンの古典的コモン・ロー思想を、ルールの概念よりも、原理的な思考に沿ったもので、法の救済的側面を重視していたとする見方、あるいは、アティアとサマーズの整理に基づくと、実質志向のものであったとする見方は、「法宣言説」に対する一定の理解からのものであると思われる。わが国の先行研究でも、例えば、ブラックストーンの法思想は、「実際には新しい判例の付加という形で、彼の意識では法の宣言という形で、実定法の世界が開かれており、彼の法叙述の中に新しいものがとり込まれる余地を与えている[40]」と論じられているが、このような「法宣言説」の理解は、確かに、古典的コモン・ロー思想を、ルールより原理や救済、あるいは実質志向と結び付けるものであろう。しかしながら、裁判官の役割を法の宣

38　E. Coke cited at A. Boyer, "Understanding, Authority, and Will": Sir Edward Coke and the Elizabethan Origins of Judicial Review, 39 *Boston College Law Review* 43 (1978-79) p. 58.
39　M. Hale, Reflection by the Lrd. Chief Justice Hale on Mr. Hobbes His Dialogue of the Lawe, in W. Holdsworth, *A History of English Law*, vol. 5 (London : Sweet&Maxwell, 1966) p. 503.
40　石井幸三「ブラックストーンの法思想（2・完）」（龍谷法学第12巻2号、1979年）115頁。

言（declaring）、解釈（explaining）と公刊（publishing）と見なしたヘイルにおける「法の宣言」とは、あくまでも古来の、あるいは明白な法を追認することであって、法の発展は、そのような明白な法からの類推、すなわち解釈に委ねられていた。さらに、ヘイルは、法を限定的に捉え、裁判官にとって、「事物の共通の理性（common reason of the thing）」しか指針がないことを認めている[41]。一方、「法はそれ自身の意味を宣言するのにめったに躊躇しない。しかし、裁判官は、他のもの（事実問題）の意味を見つけ出すために頻繁に困惑させられる[42]」［（　）内は引用者］と言明したブラックストーンに原理的、実質的な思考を帰すことも難しい。

　19世紀のオースティンも、司法法の最も一般的な形態として類推を挙げ、「類推に基づく結果によって、既存の法から新しいルールが導かれる[43]」ことでコモン・ローの発展を説明していたように、権威的、形式的なルールからの類推による法の発展というヘイルの説明を継承している。オースティンの司法法（judicial law）は、コモン・ローに対する強烈な批判を含意していたベンサムの裁判官創造法（judge made law）を想起させるものでもあるが、すでに拙著でも強調したように[44]、オースティンの目的は、類推を司法法、裁判官を主権者に従属する立法者として捉えることで、コモン・ローを、その発展的な側面も含めて主権者の命令に還元し、それに形式的な統一性を与えることであった。その後、コモン・ローの発展の歴史における裁判所の役割を強調したメインの影響や、19世紀の後半に、F・ハリソンが、財産の譲渡や信託に関するルールなどの「権能付与的なルール」の重要性を指摘したこともあり、オースティンの従位的な立法者という概念が批判され、コモン・ロー裁判所の立法府からの独立が強調されるようになる。さらに、ベンサム、あるいはメインによって、類推を法の解釈とすることが擬制であるこ

41　参照、拙著、『近代英米法思想の展開―ホッブズ＝クック論争からリアリズム法学まで―』（前掲注8）52頁。
42　W. Blackstone, *Commentaries on the Laws of England*, 4vols.（Chicago : The University of Chicago Press, 1979) vol. 3, p. 329.
43　J. Austin, R. Campbell (ed.), *Lectures on Jurisprudence or the Philosophy of Positive Law*, 4th ed. (London : John Murray, 1879) p. 661.
44　参照、拙著、『近代英米法思想の展開―ホッブズ＝クック論争からリアリズム法学まで―』（前掲注8）149-50頁。

とが指摘された後は、権威的、形式的なルールからの類推によって法の発展を説明するヘイルの枠組みも不十分なものになった。その際、19世紀末のサーモンドは、ハートの「承認のルール」のプロトタイプでもある「究極の法的諸原則（ultimate legal principles）」を提示し、主権者命令説ではなく、裁判官による適用という事実によって法の妥当性を説明するとともに、裁判官の立法権も、その「究極の法的諸原則」から導いていた[45]。法をルールとして形式的かつ限定的に捉えると同時に、権威的な法の隙間を、裁判官による立法、法外在的なものによって埋めていくという理解、前節で若干触れた、ポズナーが言うところの「狭い法概念」は、イギリスの法思想史、あるいはその法実践においても一般的であったとも言えるだろう。N・マコーミックは、「法は『キャタピラ式の』トラクターが通った足跡や、絶え間なく動き続ける循環ベルトと似ている。終わりはないが、隙間がないわけではないので、その隙間は、すでに存在するものからの拡張によって埋められる[46]」と法的推論一般の特徴について説明しているが、このマコーミックの説明は、むしろ、イギリスの法実践、法思想史の伝統に忠実に、法的推論のあり方を説明したものであると考えられる。

　一方で、裁判官による法発展を説明する枠組みに焦点を当てるならば、アメリカにおいても、19世紀後半には、ホームズが、コモン・ローは裁判官によって宣言される「空中における気がめいるような遍在（a brooding omnipresence in the sky）[47]」ではないと述べているように、コモン・ローにおける裁判官の法創造が不可避なことの認識は共有されていた。しかしながら、法を形式的なルールの体系として捉え、法の発展についての考察がなされていなかったヘイルやブラックストーンらの古典的コモン・ロー思想とは対照的に、ホームズやパウンドの法思想の主題は、「責任概念の客観化」、「コモ

45　ハートの「承認のルール」との違いは、サーモンドが、「究極の法的諸原則」を歴史的に形成されてきたものとして捉えたことにある。参照、前掲書、188-89頁。

46　N. MacCormick, *Legal Reasoning and Legal Theory* (Oxford : Oxford University Press, 1978) p. 246.; 亀本洋・角田猛之・井上匡子・石前禎幸・濱真一郎訳『判決理由の法理論』（成文堂、2009年）268頁。

47　O. Holmes, dissenting, in *Southern Paccific Co. v. Jensen*, R. Posner (ed.), *The Essential Holmes : Selections from the Letters, Speeches, Judicial Opinions, and Other Writings of Oliver Wendell Holmes, JR* (Chicago : The University of Chicago Press, 1992) p. 230.

ン・ローの有機的な発展」といった、裁判官を導くものの探求であった。イギリスの法思想の形式志向とは対照的に、ホームズやパウンドの法思想は、典型的な実質志向の法思想であり、裁判官による法発展、法創造を認めつつも、それを実質的な原理、あるいは法の概念自体を広げることによって、規制するというのがアメリカ法学の特徴であると言えるかもしれない。もちろん、例えばオースティンも、コモン・ローにおけるルール、レイシオ・デシデンダイの現実を「確固として従われる指針であるというよりも、そこから原理が推測されるかすかな足跡[48]」であるとして、コモン・ローの実務においては、法が形式的なルールに還元できないことを認めていたが、ヘイルやブラックストーンと同様、裁判官の法的推論、あるいは裁判官を導くものについての詳細な検討はなされていない。コモン・ローのルールの「現実と本質は、どこか、そこにある（out there somewhere）ものであり、把握されるよりも感じられるもの[49]」であると、オースティンとコモン・ローの実践の記述を共有しつつ、裁判過程の記述、分析に注力していたルウェリンとは対照的である。

　法思想史の観点からは、法と共同体の関係についても、英米の法思想は極めて対照的なスタンスを取っており、それは、冒頭でも触れたハートやドゥオーキンといった現代の英米の法理論の間の相克、あるいは、アティアとサマーズによって整理された、「実質志向のアメリカ法」、「形式志向のイギリス法」という英米間の違いにも、大きな影響を与えているものだと考えられる。

　まず、イギリスに関して言うと、権威的なルールとそこからの類推という枠組みで、コモン・ローの総体を把握することが可能であると考えられたこととも関連するが、共同体の慣習がコモン・ローに権威を与える形式的な根拠の一つに過ぎなかったことに留意する必要がある。G・ポステマは、ヘイルのコモン・ローを、共同体の慣習によって基礎づけられていて、具体的、

48　Austin, *Lectures on Jurisprudence or the Philosophy of Positive Law*, 4th ed. (*supra* note 43) p. 651.
49　K. Llewellyn, *The Common Law Tradition : Deciding Appeals* (Boston : Little, Brown and Company, 1960) p. 181.

日常的な事例の解決で蓄積された理由によって統合されたものとして捉えているが、実際は、ヘイルにおいては、コモン・ローの起源は立法に求められており、そこからの発展も、「多くの世代の賢明で注意深い人々の知恵、熟慮、経験の産物[50]」であるとして、あくまでも裁判官の慣習、コンセンサスによって説明されていた。また、ブラックストーンも、古来の慣習は、コモン・ローの基本的なルールを権威づけてはいたが、コモン・ローが、同時代の共同体の慣習と一致すべきことを説いていたわけではなかった。そして、ベンサムが、コモン・ローを裁判官創造法（judge-made law）であると批判し、ヘイルやブラックストーンにおける一般的慣習と裁判官の慣習の間のミッシング・リンクを指摘した後も、オースティンは、「その職業（法曹）の利益は、たびたび社会の利益に反するものであるが、その二組の利益は、概して調和する[51]」［（ ）内は引用者］と法曹の利益と社会の利益の調和を無批判に前提とした上で、より論理的に一貫したコモン・ロー理論を提示することに専心していた。オースティンは、自らの試みを、ヘイルやブラックストーンによってすでに提示されていた「コモン・ローの地図」を、より整合的なものにすることであると述べていたが[52]、「その専門職の一般的な意見の影響は非常に大きいので、それはしばしば、一種の道徳的必要性によって、ある法のルールを採用するよう強制する[53]」と述べ、法の発展については法曹のコンセンサスに委ねている。法の発展を導くもの、あるいは、法がどのように共同体の価値を反映すべきなのかといった考察がなく、その形式的な枠組みのみを提示するという点でも、オースティンは、ヘイルやブラックストーンを継承しているのであった。「身分から契約へ」と法についての「偉大な発展の法則」を提示しようとしたメインの歴史法学は、裁判官がいかにして法を発展させるべきかという「内的視点」に基づく法理論、法を幅広く

---

50 M. Hale, Sir Matthew Hale's Preface to Rolle's Abridgement, F. Hargrave (ed.), *Collectanea Juridica, Consisting of Tracts Relative to the Law and Constitution of England*, vol. 1. (Dublin: Lynch, 1787) [Eighteen Century Collection Online], p. 266.
51 Austin, *Lectures on Jurisprudence or the Philosophy of Positive Law* (*supra* note 43) p. 667.
52 参照、拙著、『近代英米法思想の展開―ホッブズ＝クック論争からリアリズム法学まで―』（前掲注8）151-53頁。
53 Austin, *Lectures on Jurisprudence or the Philosophy of Positive Law* (*supra* note 43) p. 667.

捉える法理論につながる可能性を持つものでもあったが、オースティンの分析法学を超えることはなく、イギリス法理学の対象の限定は、ハートなど、現代のイギリスの法理学にも受け継がれている。

　一方で、アメリカのコモン・ロー思想における法と共同体の関係を考える際には、ホームズ、パウンド、ルウェリンの共通の攻撃対象であり、その後のアメリカ法学の方向を決定づけたとも言えるラングデルの議論の内在的な限界に着目することが有用であろう。ラングデルは、合理的で一貫した法の原理を提示しようとしたが、すでに確立されたルールを前提にコモン・ローの地図を描こうとしたヘイル、ブラックストーンやオースティンなどとは違い、それらの原理は、ラングデル自身のような法学者によって、事例からの帰納によって導かれるとされ、裁判官たちは、その原理から導出されるルールに基づいて判決をすると考えられていた。ただ、ラングデルの枠組みでは、既存の判決を説明するとともに社会の変化も反映していたコモン・ローの原理は、法学者によって発見されると考えられており、結果的に、法学者に立法者と同じような役割が委ねられ、その権威については重大な疑義が投げかけられることになる[54]。19世紀後半のアメリカ法学においては、裁判官がどのような権限に基づいてコモン・ローを発展させるのかを説明することは早急に解決されるべき課題であったのであり、責任の範囲、そしてその変化を共同体の価値、基準に委ねたホームズのプラグマティズム法学や、コモン・ローの有機的な発展とともに、コモン・ローが反映すべき20世紀初頭のアメリカ社会の価値、理念として社会的利益の調和を掲げたパウンドの社会的法学は、法を共同体に基礎づけることによって、あるいは、再びポズナーの表現を借りるならば、「広い法概念」を用いることによって、コモン・ロー発展の正統性を示そうとした回答として捉えるべきである。現代のドゥオーキンの法理論も、そのような試みの延長線上に置くこともできるだろう。また、ルウェリンは、自らの法理学の領域には価値の問題は含まれないとしていたが、コモン・ローは、その歯車を法の社会、すなわち、裁判官などの法律家集団とかみ合わせるべきではなく、「民衆の法が奉仕すべき正義」を

54　*Cf*. M. Lobban, *A History of the Philosophy of Law in the Common Law World, 1600-1900* (Dordrecht: Springer, 2007) pp. 207-208.

実現すべきであると論じていた。ルウェリンによれば、「まず新しい法を生ぜしめ、形作るのは、裁判官ではなく、社会なのである[55]」。また、オースティンの法理論においては論点とはならなかったコモン・ローの救済的な側面の検討、法律家の技巧の記述も、ルウェリンにおいては、裁判官の法的推論が裁判官の恣意に流されないよう規制するために、必要不可欠なものとして捉えられていた。

　以上のように、法と共同体の関係から、アメリカにおいては「広い法概念」あるいは、実質的な法概念が捉えられていたということ関連して、法とそれ以外のものは主権者の命令か否かで区別されるとしたオースティンに対し、アメリカではイギリスのような明確な主権者は存在しないとした、20世紀の初頭のJ・グレイの指摘は示唆的である[56]。オースティン、あるいはサーモンドも、政策考量や一般的な慣習など法外在的なものが法の実質に影響を与える実質的な法源（material source）であることは認めていたが、それは、それ自体で拘束力を持つ形式的な法源（formal source）とは明確に区別されていた。一方で、ホームズは、裁判官の判決のあらゆる動機を法源として挙げ、パウンドは、法秩序の目的、法の理念も広い意味での法に含まれると論じていた。「法が法であるのは、ただ、それが国家によって適用され、強制されるからであり、国家がないところでは法は存在しえない[57]」とサーモンドは論じることができたが、同時代のホームズにとっては、そもそも法が、主権者の命令などの何らかの基準によって限定されるか否かが問題となっていたのである[58]。形式的法源と実質的法源、ある法とあるべき法の峻別がなされていなかったアメリカでは、メインの『古代法（*Ancient Law*）』（1861年）が主流にはなり得なかったイギリスとは対照的に、法の発展理論を探求したホームズの『コモン・ロー（*The Common Law*）』（1881年）が、大きなインパクトを与えている。本章冒頭で触れたハートとドゥオーキンの法の

55　K. Llewellyn, *The Bramble Bush* (Oxford : Oxford University Press, 2008) p. 60.
56　*Cf*. N. Duxbury, *Patterns of American Jurisprudence* (Oxford : Clarendon Press, 1995) p. 52.
57　J. Salmond, *Jurisprudence*, 4th ed. (London : Stevens and Hynes, 1913) p. 155.
58　*Cf*. F. Kellogg, *The Formative Essays of Justice Holmes ; The Making of an American Legal Philosophy* (Westport : Greenwood Press, 1984) p. 27.

捉え方の違いの原点、あるいは、アティアとサマーズによって提示された「実質志向のアメリカ法」、「形式志向のイギリス法」という英米の法や、法の捉え方の違いの主要な要因は、このあたりにあるのではないだろうか[59]。

IV おわりに

　以上、本章では、とかく一括りで理解されることの多い「英米法」におけるダイバーシティに焦点を当て、英米間の法や法の捉え方の違いやその要因を探求している先行研究を紹介し、それらを批判的に検討した。そして、法思想史の観点から、英米法の本質的な違いの要因が「法と共同体の関係」の違いから生じていると指摘した。

　ドゥオーキンは、本章の冒頭で見たように、自らの法理論がアメリカの法伝統に特徴づけられているという批判は「骨の折れる比較法解釈学的な実行課題」を伴うと述べていたが、その一例として、ここでも検討したポズナーの『イングランドとアメリカにおける法と法理論』を挙げている[60]。しかしながら、ポズナー、あるいはホーウィッツの分析は、すでに論じたように、多少皮相な印象は拭えない。一方、松浦好治の整理に基づき紹介したように、アティアとサマーズは、「実質志向のアメリカ法」、「形式志向のイギリス法」と整理される要因の一つとして、裁判の基礎として用いられる基準の違いを挙げていた。アメリカ法では、裁判において、「正義に適う」といった柔軟なルールが、より用いられる傾向があるという分析であるが、やはり、何故そうなのかという分析も必要であろう。本章においては、そもそも主権者が明確ではなく、イギリスのように権威的なルールに基づくものとして裁判の実践を記述できるイギリスとは対照的に、法の正統性を共同体の価値との関連、一致によって説明してきたアメリカの法実践、あるいは法思想の伝統に、アメリカ法が実質志向である主要な要因があると論じてきた。

59　なお、第三節の考察は、拙著、『近代英米法思想の展開―ホッブズ＝クック論争からリアリズム法学まで―』（前掲注8）305-13頁を基にしている。

60　Cf. R. Dworkin, *Justice in Robes* (supra note 9) p. 285 (n. 30)；参照、宇佐美誠訳『裁判の正義』（前掲注9）347頁注（30）。

Ⅳ　おわりに

　英米間の法、法の捉え方の違いについての法思想史に基づく分析は、現代の法哲学の論争にも新たな観点を与えうることも、不十分ではあるが、示したつもりである。ハートに関する近年の思想史的な研究[61]でもあまり触れられていないが、「究極の法的諸原則」によって法の妥当性が与えられ、「権能付与的なルール」を法体系の中に位置づけるため、主権者の命令ではなく、裁判官に適用されるものとして法を基礎づけたサーモンドとハートの近さは無視できないであろう。また、その時代の価値観を反映した法の理念、あるいは法の根本原理（jural postulate）を、広い意味での法に含め、裁判官の法発展の指針としたパウンドは、政治道徳に基づく原理によって裁判官を導こうとしているドゥオーキンの先駆者とも言えるだろう[62]。さらには、ポステマは、20世紀前半のアメリカのL・フラーも、法を社会一般の実践に基礎づけるべきであるとして、その社会一般の実践に資するために、一般性、明確性、遡及性の排除といった「法の内面道徳（the internal morality of law）」を提唱したと論じている[63]。非常に複雑なハート＝ドゥオーキン論争、ハート＝フラー論争など、英米の現代法哲学上の論争の十全な理解のためにも、本章で触れた、法と共同体の関係をめぐる英米間の法思想の比較・考察といった法思想史の知見は重要であると筆者は考えている。

61　例えば、参照、石井幸三「ハートの登場とイギリス法理学（1）（2・完）」（龍谷法学第42巻4号，第43巻2号、2010年）。
62　以上の観点からのサーモンド、パウンドの法思想の分析については、拙著、『近代英米法思想の展開―ホッブズ＝クック論争からリアリズム法学まで―』（前掲注8）第三章三節「サーモンドの法思想」、第四章二節「パウンドの法思想」を参照。
63　Cf. G. Postema, *Legal Philosophy in the Twentieth Century : The Common Law World* (Dordrecht : Springer, 2011) p. 151.

第8章　価値多元論と立法の統合性
―― A. マーモーの立法論を手がかりとして ――

濱　真一郎

Ⅰ　はじめに
Ⅱ　価値多元論と法の支配
Ⅲ　価値多元論と立法の統合性
Ⅳ　立法の統合性の失敗
Ⅴ　おわりに

Ⅰ　はじめに

　本章の目的は、法哲学者アンドレイ・マーモー（Andrei Marmor）の立法論を手がかりとして、彼が擁護する価値多元論と、多様性の時代における立法の統合性について、検討することである。

　具体的な検討をはじめる前に、本章の問題意識を確認しておきたい。法哲学者のジョセフ・ラズ（Joseph Raz）は、法の機能の中心部分にあるのは「立法者と裁判所のあいだの相互作用」である、という主張を行っている[1]。ラズの弟子であるマーモーは、多元的な諸価値のあいだの妥協を目指す議会と、制定法を解釈する裁判所のあいだには、「戦略的コミュニケーション」が存するという、独自の解釈理論を提示している[2]。

　こうしたラズやマーモーの議論は、立法と司法の関係を把握する視座を提供するものである。「立法のインフレーション」や「衆参ねじれ現象」につ

---

[1] Cf. Joseph Raz, 'Interpretation: Pluralism and Innovation', in Joseph Raz, *Between Authority and Interpretation: On the Theory of Law and Practical Reason* (Oxford: Oxford University Press, 2009), p. 320.
[2] Cf. Andrei Marmor, 'The Language of Law', in Andrei Marmor, *Philosophy of Law* (Princeton and Oxford: Princeton University Press, 2011), p. 154.

いて理解するための視座が求められる、現代日本の法状況[3]からすれば、われわれは、ラズやマーモーの議論から多くを学ぶことができるように思われる。

以上で、筆者の問題意識を確認した。さて、マーモーは、立法府と司法府の関係にかんして、価値多元論の立場から、①立法の統合性に懐疑的な立法論、②立法府と司法府のあいだには「戦略的コミュニケーション」が存するという解釈理論、および③立法府と司法府が相互調整するような立憲主義の改革案を、提示している。本章の検討対象は①である。②および③については、紙幅の都合で本章では取り扱わず、別の機会[4]に検討することにしたい。

II 価値多元論と法の支配

1 価値多元論の重視

マーモーは、著書『多元性の時代における法（*Law in the Age of Pluralism*）[5]』（2007年）において、価値多元論（value pluralism）の理念を真剣に捉えるべきだと指摘[6]した上で、多元的社会における法の支配について、彼独自の見解を示している。

なお、マーモーは「多元論（pluralism）」という表現も用いるけれども、それを「価値多元論」の意味で用いている。マーモーが「価値多元論」をどのように捉えているかは、以下でも触れるが、詳しくは本章の第3節で検討す

---

[3] 参照、井上達夫「立法学の現代的課題——議会民主政の再編と法理論の最定位」ジュリスト1356号（2008年）128-131頁、井上達夫「特集にあたって」ジュリスト1369号（2008年）9-10頁。「ねじれ国会」を立法学の観点から分析した論考として、cf. Takehiro Ohya, 'Twisted Diet: A Failure in Legislating Politics in Japan', in *Legisprudence: International Journal for the Study of Legislation*, vol. 2, no. 3 (2009).

[4] ②については別稿を執筆する予定である。③については、拙稿「立憲主義の正統性——アンドレイ・マーモーの議論を素材として」富沢克・力久昌幸編著『グローバル時代の法と政治——世界・国家・地方』（成文堂、2009年）を参照されたい。

[5] Cf. Andrei Marmor, *Law in the Age of Pluralism* (New York: Oxford University Press, 2007).

[6] Cf. Andrei Marmor, 'Introduction', in Andrei Marmor, *Law in the Age of Pluralism, supra* note 5, p. vii.

る。

　マーモーは、価値多元論の理念が、法と政治についての道徳的に受容可能な見解を提示していると、考えている。彼が多元論を重視するのはなぜか。それは彼が、政治哲学者のジョン・ロールズ（John Rawls）の見解に、すなわち、多元論はわれわれが生きる社会的・政治的世界（social‐political world）の最も重要な道徳的特徴であるという見解に、共感を覚えているからである[7]。

　このロールズの見解は、一方で、価値の多元性が存在することは事実（a fact）である、というものである。すなわち、われわれは事実として、社会の異なる層（segments）が善と正にかんして深刻に衝突し合う見解を有しているような社会に、生きているのである。ロールズの見解は、他方で、一つの価値判断（a value judgment）である。すなわち、彼の見解は、差異の多くは道理に適っている（reasonable）から、それゆえに（道理に適っているがゆえに）尊重されるべきである、という一つの価値判断なのである[8]。

　なお、マーモーは、多元的社会における法的・政治的諸問題について、ロールズと現状認識を等しくする。しかしながら彼は、それらの諸問題の解決策については、ロールズと意見を異にする。マーモーはとくに、ロールズの中立性の理想と公共的理性（public reason）の概念に対して、批判的である[9]。マーモーがロールズと共有する現状認識と、彼のロールズに対する批判については後ほど（本章の第3節で）検討する。以下ではマーモーの、多元的社会における法の支配にかんする議論について、検討する。彼のこの議論は、立法の統合性に懐疑的なマーモーの立場を理解する上で、大いに示唆的であると思われる。

2　法の支配にかんする論争

　マーモーは、法の支配（rule of law）[10]について論じる際に、法の支配の徳

7　Cf. ibid.
8　Cf. ibid.
9　Cf. ibid., pp. vii-viii.
10　法の支配については、日本法哲学会編『現代日本社会における法の支配——理念・現実・展望（法哲学年報2005）』（有斐閣、2006年）を参照。

(virtues) が多元的社会において果たす役割に言及している[11]。法哲学者・契約法学者のロン・L. フラー (Lon L. Fuller) によると、法は、人々の行為を導く (guiding) という主たる機能を果たすために、いくつかの条件を満たすべきである。すなわち、法は、その内容とは無関係に、人々の行為を導くために、いくつかの条件を満たすべきなのである[12]。

フラーは、法の支配の条件として、法の公布、一般性、明瞭性、無矛盾性、恒常性、遵守可能性、非遡及性、公権力の行動と宣言されたルールの一致を、あげている[13]。彼は、これらの条件を法理論 (jurisprudence) の中心に据えて、これらの条件は「法の内面道徳 (inner morality of law)」を示していると主張する。法が満たすべきこれらの条件――法が、その内容とは無関係に、法として機能するために満たすべきこれらの条件――は、何らかの道徳的徳を示しているから、これらの条件それ自体として価値があり、法を（その内容とは無関係に）形式面で道徳的に価値あるものとするのである[14]。

法哲学者のH. L. A. ハート (H. L. A. Hart) とラズは、フラーに対して以下のように反論する。法の支配の徳は、機能的な価値 (functional values) なのであって、道徳的な価値ではない[15]。ナイフの鋭さ――その鋭さがナイフを善い[16]もの (a good one) にする――と同じく、法の支配の徳は法を善いも

---

11 Cf. Andrei Marmor, 'Introduction', *supra* note 6, p. viii.
12 Cf. Andrei Marmor, 'The Rule of Law and Its Limits', in Andrei Marmor, *Law in the Age of Pluralism, supra* note 5, p. 34.
13 Cf. Lon L. Fuller, *The Morality of Law*, revised edition (New Haven and London: Yale University Press, 1969). 稲垣良典訳『法と道徳』（有斐閣、1968年）。
14 Cf. Andrei Marmor, 'The Rule of Law and Its Limits', *supra* note 12, p. 34.
15 マーモーは以下の文献をあげている。Cf. H. L. A. Hart, 'Lon L. Fuller: *The Morality of Law*', in H. L. A. Hart, *Essays in Jurisprudence and Philosophy* (Oxford: Clarendon Press, 1983), pp. 349-350. 小林和之・松浦好治訳「ロン・L. フラー著『法と道徳』」矢崎光圀・松浦好治訳者代表『法学・哲学論集』（みすず書房、1990年）395-396頁；Joseph Raz, 'The Rule of Law and Its Virtue', in Joseph Raz, *The Authority of Law: Essays on Law and Morality*, second edition (Oxford: Oxford University Press, 2009), p. 226.
16 'good' には、倫理的な意味での「善い」、美的な意味での「よい」、実用的な意味での「よい」などの、さまざまな用例がある。そこで例えば、倫理的な 'good' だけ「善い」と表記し、ほかは「よい」と表記して区別することができる。参照、伊勢田哲治『動物からの倫理学入門』（名古屋大学出版会、2008年）83頁の注 (15)。本章では、以上の区別のしかたを認識しつつも、'functional good' に「機能的な善」という訳語をあてたこともあり、'good' には「善い」ないし「善いもの」という訳語をあてている。なお、本章の他の箇所（第2節の1）では、例えば

の（good）にするが、それは単に、社会統制の道具として機能するという意味で、善いものなのである。ハートとラズが論じるには、機能的な善（functional good）は、道徳的な価値と混同されてはならない[17]。

しかしながら、マーモーの理解では、ハートとラズは間違っている。というのも、法の支配の徳は、基本的には機能的な徳であるけれども、道徳的・政治的な徳でもあるからである[18]。例えば、法の一般性（generality）は、純粋に機能的な価値であるのみならず、不当な身びいきや依怙贔屓に対する防波堤として、役に立つ。すなわち、法は、自分の家族を優遇しようとする人物に対して、一般性を基礎として対応するであろう[19]。あるいは、法の公布（promulgation）を求める根拠は、法を公的に監視したり、法を開かれた討議や批判的評価に服させたりするという、非機能的な価値（non-functional values）に求められる。すなわち、法の公布は、討議的・批判的価値に奉仕するのである[20]。

結局、マーモーは、現代法理学の内部において、法の支配を「法の内面道徳」として提示するフラーの説明と、法の支配を機能的に捉えるラズの説明のあいだで、中間的な立場（an intermediary position）を取ろうとしているのである[21]。なお、マーモーは、法の支配の非機能的な価値について詳しく論じている[22]けれども、その議論は本章の主たる検討対象ではないため、これ以上は踏み込まない。

3　多元的社会における法の支配

以上で、法の支配にかんする、フラーとハートおよびラズのあいだの論争

'good reason' に「良き理由」という訳語をあてている。
17　Cf. Andrei Marmor, 'The Rule of Law and Its Limits', *supra* note 12, p. 34. なお、マーモーによると（cf. ibid., note 54 at p. 34）、ラズは、法の支配が、機能的な価値に加えて、その他の何らかの善を間接的に促進することを、認めている。Cf. Joseph Raz, 'The Rule of Law and Its Virtue', *supra* note 15, p. 225.
18　Cf. Andrei Marmor, 'The Rule of Law and Its Limits', *supra* note 12, p. 34.
19　Cf. ibid., p. 12.
20　Cf. ibid., p. 19.
21　Cf. Andrei Marmor, 'Introduction', *supra* note 6, pp. viii-ix.
22　Cf. Andrei Marmor, 'The Rule of Law and Its Limits', *supra* note 12, pp. 10-38.

について、確認した。さて、本章との関連で重要なのは、法の支配にかんするマーモーの以下の主張である。すなわち、法の支配の徳は、多元的社会において高く評価される諸善を促進する点において、道徳的・政治的な徳である、という主張である[23]。以下で、彼のこの主張について、詳しくみていこう。

マーモーは、法の支配の複数の条件（フラーがあげている複数の条件）のなかから、ルールの明瞭性（clarity）と無矛盾性（no contradiction）に注目する。まずは、明瞭性について。マーモーによると、明瞭性がなぜ必要なのかについて、多くを述べる必要はない。あるルールは、そのルールが求めていることを市民が理解する場合に、人々の行為を導くことができる。ゆえに、法は明瞭である必要がある。ただし、すべての法的ルールが一般市民に明瞭であるべきだ、というわけではない。大多数のルールは、一般市民ではなく、さまざまな公機関や法律の専門家（various officials and legal experts）を、名宛人としている。明瞭性の要請とは、単に、法が何を定めているかを理解する必要のある人々が、それを理解できるべきである、ということに過ぎない。ここにおいて、法は明瞭であればあるほど優れているのか、という問題が生じる[24]。

マーモーによると、明瞭性は常に徳である、というわけではない。法が明瞭であればあるほど、それはより厳格化するが、厳格性（rigidity）はしばしば法における欠陥である。言い換えれば、法が時として曖昧だからこそ、裁判所やその他の法適用機関は、個別の必要性や状況に法を適用するために必要な柔軟性（flexibility）を、保有するのである。法の適用におけるある程度の柔軟さもまた、法の支配の徳なのである[25]。

加えて、法がしばしば曖昧（obscure）なのは、立法者たち（あるいはその他の法制定者）が制定の際に誤りを犯しているからではない、ということを念頭に置くべきである。多元的で民主的な社会では、法律（legislation）はしばしば、衝突し合う見解や目標のあいだの妥協の結果である。時として、妥協

23　Cf. Andrei Marmor, 'Introduction', *supra* note 6, p. viii.
24　Cf. Andrei Marmor, 'The Rule of Law and Its Limits', *supra* note 12, pp. 25-26.
25　Cf. ibid., p. 26.

を達成する唯一の方法は、明瞭性を最大化するのを差し控えることである。対立する諸政党は、まったく明瞭ではない解決手段に合意するのが容易だと考え、将来の解釈が自分たちの立場を利するだろうと期待する[26]。

なお、もしもわれわれが、立法における曖昧さがまったく許されない世界を想像するならば、それは、固定化した多数的支配層が支持する法のみが存在する世界であろう。「勝者独り占め」戦略は、明瞭性を最大限に促進するけれども、それは高い代償を伴う。結局、多元的社会で妥協する必要性が遺憾（regrettable）なことだと考えるか否かは、われわれが、多元論の価値についていかなる道徳的・政治的見解を取るかに、かかっている。マーモーの理解では、多元論を一つの徳とみなす人にとって、妥協する必要性は必ずしも遺憾なことではない。言い換えれば、ある程度の不明瞭さが望ましい妥協を促進するのであれば、最大限の明瞭性は、われわれが常に探求すべき目的ではないのである[27]。

さて、マーモーは、法の支配の複数の条件のなかで、法の明瞭性に加えて、無矛盾性についても論じている。もしも法が、あることの遂行を定め（prescribe）、同時にその逆のことの遂行を定めたら、それは嘆かわしい（unfortunate）だろう。もちろん、こうしたことはめったに起こらない。とはいえ、法の創設・発展・修正にはとても多くの機関が関与しているから、法は完全に整合的（coherent）ではありえない。法は、少なくとも三つの仕方で、非整合的でありうる。すなわち法は、論理的に非整合的であったり、プラグマティックな意味（pragmatically）で非整合的であったり、道徳的に非整合的であったりするのである[28]。以下、これらの非整合性（incoherence; inconsistency）についてみていこう。

---

[26] Cf. ibid. マーモーによると、立法の最もなじみ深い特徴の一つは、それがほとんど常に妥協の結果だということである。妥協はしばしば、マーモーのいう「暗黙に認められた不完全な決定（tacitly acknowledged incomplete decisions）」、すなわち未決問題を意図的に残すような決定である。Cf. Andrei Marmor, 'The Language of Law', *supra* note 2, pp. 154-155. 長谷部恭男は、マーモーの議論を参照しつつ、「議会での政治的交渉の場では、真意を語らないことが隠された意図を実現する効果的な手段となることがある」と述べている。長谷部恭男「世代間の均衡と全国民の代表」奥平康弘・樋口陽一編『危機の憲法学』（弘文堂、2013年）220頁の注50。

[27] Cf. Andrei Marmor, 'The Rule of Law and Its Limits', *supra* note 12, p. 26.

[28] Cf. ibid., pp. 26-27.

まずは、法の論理的な非整合性について。ある法が、すべてのFはCという状況でφすべきだと定めると同時に、すべてのFはCという状況でφすべきでないと定めるとしよう。この場合、その法は、論理的に非整合的である。その法は人々に、あることをせよと定めると同時に、逆のことをせよと定めている。よって、人々は、法の一方の要請に従うために、もう一方の要請に背かなければならないのである。この種の非整合性は、機能的な失敗であると同時に、道徳的な失敗でもある。すなわち、人々の行為を導くことに失敗すると同時に、人々を道徳的に受容できない苦境に追いやっているのである。法が、そこまであからさまに非整合的であることはめったにないので、マーモーはここで議論を終えている[29]。

次に、法のプラグマティックな非整合性 (pragmatic inconsistency) について検討しよう。法は、複数の矛盾する目標、政策、行動様式を促進する場合に、プラグマティックな意味で非整合的である。マーモーは以下の例をあげている。すなわち、ある法律 (税額控除にかんする法律) が、人々の長期の貯蓄を増加させるという (意図的な) 効果を目指している。しかし、別の法律 (低金利を設定する法律) は、収入の多くを消費財の購入にあてるように人々促すという、逆の効果を目指している。この例では、法は、人々の行動 (behavior) にとって、反対方向の二つの誘因 (opposing incentives) を作り出しているのである[30]。

最後に、道徳的な非整合性について検討しよう。マーモーによると、法は、道徳的に非整合的でもありうる。法のさまざまな規定 (prescriptions) や、法を根拠づけるさまざまな正当化 (justifications) が、一つの整合的な道徳理論によって統合 (subsume) されていなければ、法は道徳的に非整合的である。なお、マーモーの理解では、法哲学者のロナルド・ドゥオーキン (Ronald Dworkin) は「法における統合性 (integrity in law)[31]」という表現を用いて、法は道徳的に整合的であるということを意味している。マーモーはこ

---

[29] Cf. ibid., p. 27.
[30] Cf. ibid., pp. 27-28.
[31] Cf. Ronald Dworkin, *Law's Empire* (Cambridge, Mass.: Harvard University Press, 1986), Ch. 7. 小林公訳『法の帝国』(未來社、1995年) 7章。

こで、以下の問いを提起する。すなわち、われわれは、法が、ドゥオーキンのいう意味で道徳的に整合的であると考えるべきか、という問いである[32]。次節では、この問いに対するマーモーの答えを、検討することにしたい。

III 価値多元論と立法の統合性

1 立法の統合性

前節で確認したように、マーモーは、多元的社会における法の支配について、独自の議論を提示している。彼の議論は、価値多元論を踏まえたものであり、法の支配は多元的社会の諸善を促進する、というものである。本節では、マーモーが、価値多元論の立場から、立法の統合性（legislative integrity）に懐疑的な姿勢を取っていることを示したい。

なお、マーモーは、多元的社会の現状について、ロールズと認識を等しくする。しかしながら、彼は、ロールズの中立性の理想と公共的理性の概念に対しては、異を唱えている。マーモーのロールズ批判については本節の3で検討することとし、本節の1および2では、立法の統合性および価値多元論にかんするマーモーの議論について、検討を行いたい。

まずは、立法の統合性について、検討していこう。マーモーは、立法の統合性の意味を明らかにするために、ドゥオーキンの議論を参照している。ドゥオーキンによると、われわれは政治的統合性にかんして二つの原理を有している。一つは立法上の原理である。この原理は、立法者に対して、諸法の総体（the total set of laws）を、道徳的観点からみて整合的（coherent）なものにするように努力すべきだと求める。他の一つは裁定上の原理である。この原理は、裁判官に対して、法を可能な限り整合的なものとみなすべきことを教示する[33]。マーモーの主要な関心は、前者の立法上の原理にある。彼の目的は、立法の統合性は追求すべき理想ではない、ということを示すことである[34]。

---

32 Cf. Andrei Marmor, 'The Rule of Law and Its Limits', *supra* note 12, p. 28.
33 Cf. Ronald Dworkin, *Law's Empire*, *supra* note 31, p. 176. 邦訳、280頁。
34 Cf. Andrei Marmor, 'Should We Value Legislative Integrity?' in Andrei Marmor, *Law in*

以上で確認したように、ドゥオーキンは整合性（coherence）の観念を用いて、政治的統合性について説明している。そこで、整合性の観念について、若干の確認作業を行っておこう。

マーモーによると、理論家たちは整合性の観念を、二つの異なる仕方で用いている。第一に、「法とは何か（what the law is）」を説明するために、その観念を用いている。第二に、法が追求すべき（should）政治道徳上の価値として、その観念を用いている。それらの二つの用い方は、それぞれ別個のものである、ということに注意すべきである[35]。

さて、マーモーによると、ある理論は、矛盾（contradiction）を含んでいたり、一貫性（consistency）を欠いていたりしても、必ずしも非整合的（incoherent）というわけではない。われわれは、整合性について語るときに、一連の諸命題が何らかの形で相互に補完しあっている様子や、それらが包括的構想（the overall scheme）の下で互いに適合（fit）している様子を、思い浮かべるのである[36]。

以上で、整合性の観念について確認した。次に、整合性の観念によって説明される立法の統合性について、検討していこう。

マーモーによると、立法の統合性の理想は、その影響の及ぶ範囲が問題となる。その影響が及ぶのは、立法者たちなのだろうか。すなわち、立法者たちは、立法の統合性の理想に導かれて、法案に賛成票を投じるのだろうか。あるいは、立法の統合性の原理は、有権者――国会議員を選挙したり、国民投票に参加したりする有権者――にも、その影響が及ぶのだろうか。ドゥオーキンがこの問題をどう考えるかは不明だが、以下については明らかである。すなわち、彼が念頭に置く立法の統合性の主要な含意は、裁定理論（the theory of adjudication）と関連している。ドゥオーキンによると、裁判官は、立法の統合性の原理に従いながら、制定法を解釈すべきである[37]。裁判官は、法がこの原理を念頭に置いて制定されていると想定すべきである。た

---

the Age of Pluralism, supra note 5, p. 39.
35 Cf. ibid., pp. 39-40.
36 Cf. ibid., pp. 40-41.
37 Cf. Ronald Dworkin, Law's Empire, supra note 31, Ch. 7. 邦訳、7章。

とえ、立法府がその原理の実現に失敗するとしても、より大きな整合性が、司法的解釈を通じて法律（legislation）に付与されるのである[38]。

なお、政治的統合性は、˙道˙徳˙的˙に整合的な方法で法が制定されるべきだ、という要請である。ところが、法は、道徳とは無関係の（あるいは、それほど関係しない）仕方で、整合的であることに失敗することがありうる。例えば、法は、プラグマティックな観点（経済政策や環境政策などの観点）から、非整合的でありうる。とすると、法は、政治的統合性の原理を侵害することなく、非整合的であることができる[39]。

マーモーによると、法は、道徳的に非整合的であることもできる。すなわち、法のさまざまな指令や、法を根拠づけるさまざまな正当化を、一つの整合的な道徳理論の下に統合できない（cannot be subsumed）なら、法は道徳的に非整合的なのである。マーモーによると、これはドゥオーキンの主張である[40]。

しかしながら、残念なことに、立法の統合性を侵害する法としてドゥオーキンがあげる事例は、彼が定義する意味での「統合性」と、首尾一貫していない。彼が例としてあげるのは、「チェッカーボード」型の法律である[41]。この法は、例えば、偶数日に生まれた女性には人工妊娠中絶が許可されており、奇数日に生まれた女性には禁止されていると、指令する。ドゥオーキンによると、われわれが、そうしたチェッカーボード型の法律が受け入れられないと感じる理由は、その法律が、法の統合性（the integrity of law）を侵害するからである[42]。

マーモーにいわせれば、これは悪い例である。というのも、われわれは、そうしたチェッカーボード型の法律が誤っていることを説明するために、統合性ないし整合性の要請を必要としないからである。その法律が誤っているのはなぜか。それは、良き理由（a good reason）によって支持されていないからである。法が区別をなすとき——この事例では、女性の誕生日を基準と

38　Cf. Andrei Marmor, 'Should We Value Legislative Integrity?' *supra* note 34, p. 41.
39　Cf. ibid., p. 42.
40　Cf. ibid.
41　Cf. Ronald Dworkin, *Law's Empire*, *supra* note 31, pp. 178-184. 邦訳、283-292頁。
42　Cf. Andrei Marmor, 'Should We Value Legislative Integrity?' *supra* note 34, p. 42.

して区別をなすとき——、その区別は、理由によって支えられていなければならないのである[43]。

2 価値多元論

　以上で、マーモーに依拠しながら、立法の統合性の意味を確認した。さて、マーモーは、価値多元論の立場から、立法の統合性に懐疑的な立法論を提示している。そこで、以下では、マーモーが擁護する価値多元論について検討を行いたい。まずは、価値多元論の背景にある道徳的な非整合性（incoherence）に注目する。なお、マーモーが「価値多元論」と「多元論」を同義で用いていることを、ここでもう一度確認しておきたい。

　マーモーによると、立法の統合性と関連する二つの道徳的な非整合性が存在する。一つは内的（internal）な非整合性である。この非整合性は、ある一つの包括的な道徳的教説の内部における価値の分裂から、発生する。すべての包括的な道徳的教説は、ある程度は非整合的である。われわれの道徳的・倫理的関心事（concerns）は、一つの問いに対して一つの答えが出るようなものではなく、人々の無数の関心事——私的・個人的な関心や公的・社会的な関心事——を反映している。多くの道徳哲学者が指摘するように、人々の無数の異なる関心事を、整合的な一連の諸原理の下に統合する（subsume）ような、道徳的・倫理的な包括的世界観を構築することはできないであろう[44]。

43　Cf. ibid.
44　Cf. ibid., pp. 44-45. マーモーは注（cf. ibid., note (14) at p. 45）で、以下の文献をあげている。Cf. Joseph Raz, 'The Relevance of Coherence', in Joseph Raz, *Ethics in the Public Domain: Essays in the Morality of Law and Politics*, revised edition (Oxford: Clarendon Press, 1995); Thomas Nagel, 'The Fragmentation of Values', in Thomas Nagel, *Mortal Questions* (Cambridge: Cambridge University Press, 1979). 永井均訳「価値の分裂」トマス・ネーゲル著、永井均訳『コウモリであるとはどのようなことか』（勁草書房、1989年）; Bernard Williams, 'Conflicts of Values', in Bernard Williams, *Moral Luck: Philosophical Papers 1973-1980* (Cambridge: Cambridge University Press, 1981). なお、マーモーによると、価値の分裂がリベラリズムの基礎の一部であると主張したのは、おそらく思想史家のアイザィア・バーリン（Isaiah Berlin）である。さらに、ロールズも、そうした立場を『正義論』で取ったとされる。以下は、マーモーが言及している文献である（ロールズの著書については改訂版をあげた）。Cf. Isaiah Berlin, *Concepts and Categories: Philosophical Essays*, edited by Henry Hardy (London: The Hogarth Press, 1978); John Rawls, *A Theory of Justice*, revised edition

もう一つは、外的 (external) な非整合性である。この非整合性は、世界の道徳的複雑さにかんする、以上とは別の事実――穏当な多元性の事実 (the fact of reasonable pluralism)――から発生する（マーモーはここでロールズの用語を用いている）。すなわち、ほとんどの現代社会では、複数の包括的な道徳的教説が存在しており、それらは互いに首尾一貫していないけれども、それらのあいだの見解の不一致は、穏当 (reasonable) な範囲内に収まっている[45]。

さて、マーモーは次に、価値多元論が穏当であるということの意味を説明するために、「価値多元論」と「複数の道徳的教説の多元性 (plurality of moral doctrines)」を対比させている。まずは、後者からみていこう。複数の道徳的教説が互いに排他的であるとしても、必然的に深刻な衝突 (conflict) を伴うわけではない。一人の人物が、互いに排他的な複数の生活様式や道徳的世界観のなかから、二つ以上を受け入れたり生み出したりすることはできないだろう。しかし、だからといって、複数の生活様式と世界観のあいだに深刻な衝突が存するわけではない。ここで存在しているのは、単に、通約不可能 (incommensurable) な複数の価値や善のあいだの選択の問題にすぎない[46]。

次に、前者の価値多元論について。われわれは、価値多元論について語るとき、深刻な道徳的・倫理的衝突に言及している。多くの包括的な道徳的教説ないし生活様式が存在し、それらは互いに衝突し合っている。要するに、もしも一方が真であれば他方は誤っている――その逆もまたしかり――のである[47]。

以上から理解されるように、価値多元論は、包括的な複数の道徳的教説は潜在的に深刻に衝突している、という事実に根ざしている。ただし、価値多元論は穏当であるというのが、ここ数世紀のリベラリズムの基準 (benchmark of liberalism) となっている[48]。マーモーは、ロールズに依拠しながら議

(Cambridge, Mass.: Harvard University Press, 1999). 川本隆史・福間聡・神島裕子訳『正義論〔改訂版〕』（紀伊國屋書店、2010年）。
45　Cf. Andrei Marmor, 'Should We Value Legislative Integrity?' *supra* note 34, pp. 44-45.
46　Cf. ibid., p. 45.
47　Cf. ibid.
48　Cf. ibid.

論を進めている。

　穏当な多元論は、一方で、道徳の性質および道徳について認識することの限界についての、メタ倫理学的な見解である。それは他方で、それ自体が一つの政治的見解である。すなわち、私は、あなたと道徳的見解を異にし、あなたの道徳的見解が間違っていると信じるとしても、あなたが間違いと共に生きる権利を認める。あなたが深刻に間違っているとしても、国家はあなたの間違いを矯正すべきではない[49]。

　マーモーの理解では、ロールズの洞察——国家は特定の包括的道徳を市民に強制すべきでない——は、リベラルな国家観によって常に支持されてきた[50]。ロールズは、伝統的な寛容の原理を踏まえて、彼の洞察を提示しているのである[51]。

　以上で、マーモーが価値多元論をどのように捉えているかについて、確認した。マーモーによると、価値多元論は穏当であり、それは穏当であるがゆえに、リベラルな国家によって尊重されるべきである[52]。マーモーはこの想定をもとに、立法の統合性の失敗を論じることになるが、その検討は本節の4および次節（第4節）で行う。以下では、マーモーがロールズと意見を異にする部分（中立性の理想と公共的理性）について、確認を行っておきたい。

3　中立性の理想と公共的理性

　本章の第2節で確認したように、マーモーは、多元的社会における法的・政治的諸問題について、ロールズと現状認識を等しくする。しかしながら彼は、それらの諸問題の解決策については、ロールズと意見を異にする。マーモーはとくに、ロールズの中立性の理想と公共的理性の概念に対して、批判的である[53]。以下では、マーモーのロールズ批判について検討したい。

　ロールズは、強力な中立性の原理が可能となるのは、部分的には彼が、争いを乗り越えることのできる公共的な討論および国家活動の領域——ロール

49　Cf. ibid., p. 46.
50　Cf. ibid., p. 47.
51　Cf. ibid., note (22) at p. 47.
52　Cf. ibid., p. 46.
53　Cf. ibid., p. 47.

ズはそれを公共的理性[54]（public reason）の領域と呼んでいる——を、理論上は描き出すことができると考えているからである[55]。ロールズによると、「リベラルな見解は、人々を最も敵対させる問題を、政治的検討事項から除去する[56]」。すなわち、「われわれは、憲法の必須事項（constitutional essentials）および基本的正義の問題について論じる際に、包括的な宗教的・哲学的教説に訴えてはならない（not to appeal to comprehensive religious and philosophical doctrine）のである[57]」。

ロールズは、彼のいう「憲法の必須事項」の概念によって、「統治および政治過程の一般的構造を規定する根源的原理」および「基本的（basic）な諸権利および諸自由」を意味している[58]。

マーモーが疑問視するのは、ロールズが、憲法の必須事項と、その他（憲法以外）の法および立法にかんする事項のあいだに、明確な線引きをしようとしていることである——前者が包括的教説に訴えてはならないのに対して、後者は包括的教説に訴えてもよい——。しかし、マーモーによれば、その線引きは以下の二点で疑わしい[59]。

第一に、何が「憲法の必須事項」の問題であるかがしばしば争われ、さらにその争いはしばしば公共的討議の核心部分でなされている。よって、憲法の必須事項と、その他の法および立法にかんする事項のあいだに、明確な線

---

54 Cf. John Rawls, *Political Liberalism*, paperback edition (New York: Columbia University Press, 1996), Lecture VI.
55 Cf. Andrei Marmor, 'Should We Value Legislative Integrity?' *supra* note 34, p. 47.
56 John Rawls, *Political Liberalism, supra* note 54, p. 157.
57 Ibid., pp. 224-225. 後期のロールズは、正義原理を哲学的に基礎づけるのではなく、正義原理を政治的コンセンサスによって表面的に支えるという、政治的リベラリズム（political liberalism）の構想を前面に打ち出している。立憲民主的な政治文化には、互いに対立する宗教的・哲学的・道徳的な包括的諸教説が、多元的に存在する。この多元性の事実を重く受け止めるならば、正義原理を、特定の包括的教説によって哲学的に基礎づけることはできない。そこで、ロールズは正義原理を、対立する包括的諸教説を擁護する人々のあいだの、部分的に重なり合うコンセンサス（overlapping consensus）によって支えられる、政治的構想（これは包括的教説と区別される）として提示するようになるのである。Cf. John Rawls, *Political Liberalism, supra* note 54, Part Two.
58 Cf. Andrei Marmor, 'Should We Value Legislative Integrity?' *supra* note 34, p. 48. マーモーはロールズの以下の文献を参照している。Cf. John Rawls, *Political Liberalism, supra* note 54, p. 228.
59 Cf. Andrei Marmor, 'Should We Value Legislative Integrity?' *supra* note 34, p. 48.

引きをすることは難しい。マーモーはこのことを説明するために、アメリカの政治学・法律学における、同性婚にかんする近年の論争に言及している。ゲイやレズビアンが結婚する権利を擁護する人々は、この問題が憲法上の基本的権利にかんする問題の一つであるという理由で、その権利を擁護している。それに対して、結婚にかんする社会的変化に反対する人々は、逆のことを主張する。すなわち、その問題は、基本的権利にかんする問題ではなく、伝統にかんする問題——憲法の領域から切り離されるべき問題——だというのである。結局、法的・政治的論争の多くは、何が「憲法の必須事項」の問題であり、何がそうではないのか、についてのものなのである[60]。

　第二に、法の中心的機能は衝突の解決であり、どのような衝突が実際に生じるかは分からないから、法が解決する衝突の範囲をあらかじめ限定することはできない。すなわち、人々を敵対させたり深刻な争いを生み出したりする問題を、法的・政治的検討事項から除外する実践的な方法は、存在しないのである。仮に、憲法の特定の部分を、公共的理性が統制する範囲内に封じ込めることができるとしても、すべての法をその範囲内に封じ込めることはできない。マーモーによると、これは驚くべきことではない。法は、人間の生のあらゆる領域で、すべての種類の行為を統制する権威を主張せねばならないから、それが適用される範囲内では、原則として包括的 (essentially comprehensive) なのである[61]。

　なお、マーモーによると、以上に鑑みれば、法を包括的な「帝国 (empire)」——法は人間の生のすべての側面に潜在的に影響を及ぼす——として捉えるドゥオーキンの理解[62]の方が、周囲から閉ざされた公共的理性の領域というロールズの理想よりも、現実に即している。公共的理性の領域を、理論的に描き出すことができたとしても（マーモーは理論的に描き出すこと

60　Cf. ibid., p. 48. 井上達夫もロールズに対して批判的である。すなわち、井上によると、「政治的リベラリズムは……多元的社会における対立を包容する『公共的理性』の発現として立憲主義を擁護する試みである。しかし、この種の政治的コンセンサス論は憲法の創出から解釈適用過程にまで浸潤する対立の根深さを隠蔽することにより、問題を解決せず解消しようとする試みである」。井上達夫「憲法の公共性はいかにして可能か」井上達夫編著『立憲主義の哲学的問題地平（岩波講座　憲法1）』（岩波書店、2007年）308頁。
61　Cf. Andrei Marmor, 'Should We Value Legislative Integrity?' *supra* note 34, pp. 48-49.
62　Cf. Ronald Dwrokin, *Law's Empire, supra* note 31.

すらできないと考えている)、法をその領域内に封じ込める望みはないのである[63]。

4 価値多元論と立法の統合性

以上で確認したように、マーモーは、ロールズの強い中立性の理想および公共的理性の概念に批判的である。しかしながら、マーモーは、ロールズの穏当な価値多元論の理念については継承し、その理念を、立法の統合性の失敗について論じるための根拠としている。

マーモーによると、法に対して厳格な道徳的統合性を求めると、多元的社会に不可欠な穏当な道徳的分裂が失われてしまう。言い換えれば、法によって道徳的統合性を実現しようとすると、法は単一の包括的な道徳的見解を実現し、完全に整合的な法体制が生み出されてしまう。そのような法体制は、敵対し合う複数の(穏当な)包括的道徳から支持を得ることができない。というのも、道徳的統合性は「勝者独り占め」戦略を伴い、穏当な価値多元論の尊重と真っ向から対立するからである。価値多元論の尊重の核心は、勝者が自らの包括的な道徳的見解を他の人々に強制するような法的・政治的制度を有することを望まない、ということなのである[64]。

以上で、法が単一の包括的な道徳的見解を実現し、完全に整合的な法体制が生み出されてしまうことによって、穏当な価値多元論が脅かされる恐れについて、確認した。マーモーによると、ロールズも、これと同様の恐れを表明している。すなわちロールズは、正義の原理によって統治されている秩序だった社会は、「共同体 (community) でも結社 (association) でもない[65]」と、強調する。民主的社会は、共同体ないし結社が有するような、最終的な目的ないし目標を有さない。「秩序だった民主的社会は、結社ではない。もしもわれわれが共同体によって、共有された包括的な宗教的・哲学的・道徳的教説によって統治される社会を意味するとすれば、秩序だった民主的社会は、共同体でもない[66]」。

---

63 Cf. Andrei Marmor, 'Should We Value Legislative Integrity?' *supra* note 34, p. 49.
64 Cf. ibid.
65 John Rawls, *Political Liberalism, supra* note 54, p. 40.

マーモーによると、以上のロールズの見解は、ドゥオーキンの議論[67]と比較すると興味深い。ドゥオーキンの政治的統合性の擁護は、人々が自らの共同体に対して有する忠誠の義務（duty）を前提としている。この義務は、法に従う責務（obligation to obey the law）を伴う。そして法は、共同体の組織された総体としての声と、みなされるべきである。ドゥオーキンはここで、法を人格化している。法は一つの声（one voice）で語り、共同体の集合的決定を宣言していると、捉えられるべきなのである[68]。

ドゥオーキンの議論は複雑であるため、マーモーはその詳細には踏み込まない。ここで重要なのは、ドゥオーキンの議論において、秩序だった民主社会が共同体とみなされている（みなされるべきだとされている）こと、および、共同体の法が共同体の集合的決定として理解されていること、である。マーモーによると、ロールズは、政治社会——リベラルな国家——の以上のような捉え方が、穏当な多元論の尊重の必要性と真正面から衝突すると論じる点で、正しかった。政治社会は、一つの道徳的声で語ることができない。というのも、政治社会の道徳的声は、基本的に分裂しており、全体として、深刻に非整合的だからである。政治社会に整合性を強制する試みは、特定の包括的教説が勝利を収め、その他の包括的教説が抑圧される、という結果を招いてしまう。これはリベラルな理想ではない[69]。

マーモーは、以上の議論を踏まえて、立法の統合性を理想として掲げるのは誤りである、という結論を提示する。すなわち、法に一つの声で語るように期待してはならない。というのも、社会の多様な層によって支持されている穏当で包括的な複数の道徳的教説を包含できるような、単一の声は存在しないからである[70]。

なお、マーモーによると、彼の議論には（ドゥオーキンからの）二つの応答（rejoinders）が予想される。まずは第一の応答について。先述のように、マーモーは、立法の統合性を理想として掲げるのは誤りである、という結論を

66　Ibid., p. 42.
67　Cf. Ronald Dworkin, *Law's Empire, supra* note 31, pp. 195-214. 邦訳、308-333頁
68　Cf. Andrei Marmor, 'Should We Value Legislative Integrity?' *supra* note 34, p. 50.
69　Cf. ibid.
70　Cf. ibid., pp. 50-51.

Ⅲ　価値多元論と立法の統合性　203

提示している。この結論を提示するためには、彼は「統合性にはまったく価値がない」ということを論証する必要があるが、彼はこのことを論証できていない。この応答に対して、マーモーは以下の再批判を行う。彼はたしかに、「統合性にはまったく価値がない」ということを論証できていない。しかし、実は彼は、このことを論証する必要があるとは考えていない。そもそも、一般的にいって、ある事柄にまったく価値がないということを示すのは、とても困難である。結局、マーモーが示しているのは、統合性に価値があるか否かを問わず、立法の統合性を理想として掲げるのは誤りである、ということなのである[71]。

次に、予想される第二の応答について。法の「一つの声」は、多元論を尊重する必要性をあらかじめ取り込んで (incorporates) いる。よって、われわれは、法が一つの声で語ることを期待すべきなのである。この応答に対して、マーモーは以下の再批判を行う。この応答は、手の込んだものではあるが、同じ容器に新しいラベルを貼ったものにすぎない。「立法の統合性の理想」と「多元論の尊重の必要性」のあいだに、真の衝突が存在するとしたら、「多元論の尊重を取り込んだ統合性」という新しいラベルを貼るだけでは、その衝突は解決できない。結局のところ、マーモーは、一つの包括的道徳の無制限の追求に対する外在的制約として、価値多元論が必要であると論じているのである[72]。

最後に、本節で検討した内容を再確認しておこう。マーモーは、秩序だったリベラルな社会は価値多元論を尊重すべきだという、ロールズの洞察を議論の出発点とした。マーモーは、ロールズの強い中立性の原理には批判的だが、ロールズの価値多元論は継承している。価値多元論の理念は、以下の熱望 (an aspiration) を含意する。それは、特定の道徳的・宗教的教説を実現するために国家とその法的な強制的機関を利用することを、可能な限り避けようと努める熱望である[73]。

71　Cf. ibid., pp. 51-52.
72　Cf. ibid., p. 52.
73　Cf. ibid., pp. 50-51.

Ⅳ 立法の統合性の失敗

1 統合性の失敗と価値多元論の尊重

　以上で確認したように、マーモーは価値多元論の立場から、立法の統合性を理想として掲げるのは誤りであると、考えている。本節では、立法の統合性の失敗 (failure) は、遺憾 (regrettable) なことではなく、多元的な社会における重要な徳であり、価値多元論を尊重するものである、というマーモーの見解を検討する。具体的な検討をはじめる前に、彼の議論の前提を確認しておこう。

　マーモーは、司法の統合性ではなく、立法の統合性に焦点を当てたいと考えている。そこで彼は、検討対象である法規範を、制定法 (statutory law) に限定する。彼は制定法によって、諸々の立法機関——議会、州の立法府、行政機関など——によって制定されるすべての法規範を、含意している[74]。

　マーモーによると、立法の統合性の失敗には、多くの原因 (causes) ないし理由 (reasons) がある。例えば、立法府は単純に間違いを犯すことがありうる。当然ながら、間違いは遺憾 (regrettable) なことである。もっとも、立法の統合性は、ほとんどの場合、良き理由 (good reasons) によって失敗する。マーモーは、立法の統合性が失敗する主要な原因として、以下の三つをあげている。すなわち、（1）立法権の分割、（2）立法が成立するための取引と妥協、および（3）政権交代と法の継続性である。以下、それらを順番にみていこう[75]。

2 立法の統合性の失敗（1）——立法権の分割

　まずは、立法の統合性が失敗する第一の原因について、すなわち、立法権の分割 (division of legislative power) について検討しよう。マーモーによると、制定法の非整合性が生じるのは、立法機関が多数であること、および、様々な立法行為を中央政府が調整する手段が制限されていることに、その原

74　Cf. ibid., p. 52.
75　Cf. ibid., p. 53.

因がある[76]。

　さらに、制定法の非整合性は、立法機関の数だけでなく、立法機関の社会的・政治的役割の多様性にも、その原因がある。例えば、環境保護を任務とする立法機関——米国環境保護庁（EPA）など——は、環境保護を促進する社会的・政治的目的を支持し、他の立法機関の社会的・政治的目的とは敵対的であろう。あるいは、（米国の）ある州の立法府は、その州の住民の福祉および地域の利益を促進することを期待されており、その州の立法目的は、連邦政府や他の州の立法目的と相容れないだろう[77]。

　このように、立法権は、数的および実質的に分割されている。適切に機能している民主国家は、種々の立法機関に立法を委任することによって、立法権の複雑な分割を意図的に創造するのである[78]。

　マーモーによると、立法権の分割を創設することには、良き理由（good reasons）がある。第一に、法的・政治的な権限の分割は、専制政治（tyranny）への防御手段である。第二に、立法権の分割は、特殊な政治的課題を実現するように動機づけられている複数の立法機関を設立することによって、立法目的の多様性（diversity）をもたらすことを目指す。一般的な立法機関と並んで、特殊な立法機関を創出することによって、特別のケアや配慮を施すに値する多様な利益を促進することが、目指されるのである[79]。

　立法権が、競合し合う複数の立法機関のあいだで分割されているとしたら、立法の統合性はその土台を掘り崩されるけれども、以上で確認したように、それは良き理由に基づいて分割されている。立法権の分割によってもたらされる立法の統合性の失敗は、健全な道徳的・政治的原理に基づく政治制度の諸側面に、由来するのである[80]。

　なお、いうまでもなく、法体系が機能するためには、ある程度の立法の整合性が必要である。非整合性が多すぎると、人が法に従うことが、とても困難になるからである。もっとも、必要なのは最小限の整合性なのであり、立

76　Cf. ibid.
77　Cf. ibid.
78　Cf. ibid.
79　Cf. ibid.
80　Cf. ibid., pp. 53-54.

法の統合性を理想として掲げる必要はないのである[81]。

3　立法の統合性の失敗（2）――立法が成立するための取引と妥協

次に、立法の統合性が失敗する第二の理由について検討しよう。以上（立法権の分割）では、複数の立法機関のあいだの多様性に注目した。以下では、単一の立法機関の内部における、立法が成立するための取引と妥協に注目する[82]。

なお、マーモーは、取引と妥協について論じる際に、「丸太転がし（log-rolling）」という政治学の用語を用いている。これは、アメリカ議会における、議員相互間で多数派形成のためになされる「法案の相互支持の連携」のことである[83]。

マーモーによると、単一の立法機関――とくに政治的に多様な国会などの立法機関――の内部には、立法の統合性を浸食する立法的戦略が、すなわち妥協や取引が、存在する。こうした立法的戦略は、立法行為を達成するためにしばしば必要となるが、道徳的に非整合的な法を生み出す可能性がある。妥協には、大きく分けて二つのものがある。第一は、達成したいことを撤回するという妥協である。第二は、自分の欲するすべてを取るけれども、相手が欲するものは相手に与える、という妥協である。いずれの場合も、妥協が道徳的に整合的か否かは、具体的な状況に左右される[84]。

さて、丸太転がしと妥協は、立法の統合性の理想からかけ離れた立法を、もたらす可能性がある。とすると、丸太転がしと妥協は、民主的な決定過程にとって遺憾なことなのであろうか。この問いに答えるためには、代替案（丸太転がしと妥協に対する代替案）に注目することが有用である。代替案とは、妥協する必要のない政党による統治のことである。マーモーによると、妥協する必要のない政党は、強大な権力を有している。すなわち、そのような政

81　Cf. ibid., p. 54.
82　Cf. ibid.
83　アメリカ連邦議会では、「政党による拘束があまり働かないので、議員相互間で多数派形成のための『丸太転がし（ログ・ローリング）』（法案の相互支持の連携）……が行われる」。伊藤光利・田中愛治・真渕勝『政治過程論』（有斐閣アルマ、2000年）238頁。
84　Cf. Andrei Marmor, 'Should We Value Legislative Integrity?' *supra* note 34, p. 54.

党は、自分たちの包括的な道徳的・政治的課題を実現するための権力を有しており、自分たちの教説に反対したり自分たちと利害が対立したりする人々のニーズや利益に、十分な注意を払わないのである[85]。

結局、マーモーによると、少数党と妥協する必要のない、強大な権力を有している政党による統治――丸太転がしと妥協に対する・代・替・案――は、良い統治ではない。すなわち、多元的な社会においては、妥協は遺憾ながら必要とされるものなのではなく、むしろ、民主的な決定過程にとって重要な徳なのである[86]。

4　立法の統合性の失敗（3）――政権交代と法の継続性

最後に、立法の統合性が失敗する第三の理由について、すなわち、政権交代[87]と法の継続性について、検討しよう。

マーモーによると、適切に機能している民主国家においては、一定期間ごとに、政権はさまざまな政党のあいだを行き来する。新しい政府は、その政治的・イデオロギー的な基本方針（agenda）を実行に移すという目的のために、自らの見解を実現するための法を制定したり、その実現を妨げる既存の法を廃止したりする。他方、いかなる政府ないし立法府も、白紙の状態からはじめることはできない。以前の政府は、それ自身の道徳的・政治的な基本方針を、法として制定した。その既存の法は、なおも効力を有しており、新政府の道徳的・政治的見解と衝突しうる[88]。

こうした再編の状況は、道徳的に非整合的な立法上の変化をもたらす傾向にある。新しい法および政策は、以前の体制から引き続いて効力を有する法や政策と、不安定に共存しているのである[89]。

ここでの立法の統合性の失敗は、実践的な理由（practical reasons）と原理

85　Cf. ibid.
86　Cf. ibid., pp. 54-55.
87　マーモーは 'partisan realignment' によって、「一定期間ごとに政権がさまざまな政党のあいだを行き来すること」を意味しているので（cf. ibid., p. 55.）、ここでは「政権交代」という訳語を用いる。
88　Cf. ibid.
89　Cf. ibid.

上の理由（principled reasons）に由来する。まずは、実践的な理由について。新政府が、新しい法や政策と一貫しないすべての法や政策を白紙に戻したり、変更したり、廃止したりすることを欲するならば、それは通常は失敗するだろう。立法の大量さや複雑さは、そうした任務を遂行するのを、圧倒されるほどに困難にする[90]。

次に、政府がすべての法を白紙に戻さない原理上の理由について。原理上の理由は二つある。第一は、法的安定性および継続性の原理である。法を変更してはならないわけではないが、長期間の一定程度（some level）の安定性は、法がその目的（どのような目的であれ）を達成するために、必要不可欠である[91]。第二の原理上の理由は、多元論の尊重原理（principle of respect for pluralism）に由来する。もしも選挙の結果として、政権交代が起こるなら、少数派の政党は多数派になり、多数派は少数派になる。しかし、少数派になった以前の多数派は、消滅してはいない。それはいまだに現存しており、しばしば全住民のかなりの部分を代表している。適切に機能している民主国家においては、新しい多数派が、以前の多数派の立法によって達成されたすべてを根絶することは、誤りであろう[92]。

以上で、立法の統合性が失敗する、実践的な理由と原理上の理由について検討した。結局、マーモーによると、政権交代の状況は、かなり多くの立法の非整合性を生み出す。新政府は、新しい法や政策と衝突するような、以前の法や政策の堅固な網のなかで、立法上の変化をもたらすことを強いられる。こうした状況は、制定法の寄せ集めを生み出しがちである[93]。

しかし、だからといって、政権交代をもたらす民主政が、遺憾なものだというわけではない。というのも、政権交代の結果として生み出された立法の非整合性は、原理上の理由に支えられた道徳的・政治的考慮を、反映しているからである。原理上の理由とは、一定程度の法的安定性を保持する必要性と、価値多元論を尊重する必要性のことである。政権交代は、相争う考慮の

90　Cf. ibid.
91　Cf. ibid., pp. 55-56.
92　Cf. ibid., p. 56.
93　Cf. ibid.

あいだの繊細な妥協を求める。すべての妥協が遺憾なものというわけではない。ここでの妥協は、社会的・政治的な現実の道徳的複雑さを尊重するような、妥協なのである[94]。

以上、本節では、立法の統合性が失敗する主要な原因として、以下の三つを検討してきた。すなわち、（1）立法権限の分割、（2）立法が成立するための取引と妥協、および（3）政権交代と法の継続性である。マーモーの理解では、これらの原因によってもたらされる立法の統合性の失敗は、遺憾なものではなく、多元的な社会における重要な徳であり、価値多元論を尊重するものなのである。

Ⅴ　おわりに

本章の目的は、マーモーの立法論を手がかりとして、彼が擁護する価値多元論と、多様性の時代における立法の統合性について、検討することであった。最後に、本章の全体を振り返っておこう。

本章は、まずは第2節で、マーモーの法の支配にかんする議論を取り上げた。彼によると、法の支配の徳は、機能的な徳であると当時に、政治的・道徳的な徳でもある。さらに、多元的社会における法の支配は、価値ある多様な諸善を促進するのである。

第3節では、マーモーが、価値多元論の立場から、立法の統合性に懐疑的な姿勢を取っていることを、明らかにした。すなわち、マーモーは、ロールズの穏当な価値多元論の理念を継承し、その理念を、立法の統合性の失敗について論じるための根拠としている。法に一つの声で語るように期待してはならない。というのも、社会の多様な層によって支持されている穏当で包括的な複数の道徳的教説を包含できるような、単一の声は存在しないからである。

第4節では、マーモーが、価値多元論の立場から、立法の統合性を理想として掲げるのは誤りであると考えていることを、確認した。彼によれば、立

94　Cf. ibid.

法の統合性の失敗は、必ずしも遺憾なことではない。むしろ、立法の統合性は、ほとんどの場合、望ましい理由によって失敗する。すなわち、立法の統合性の失敗は、立法目的の多様性を確保したり、少数派のニーズや利益に配慮する余地を残したりといった、望ましい理由によって失敗するのである。結局、立法の統合性の失敗は、遺憾なことではなく、多元的社会における重要な徳であり、価値多元論を尊重するものなのである。

　さて、本章の冒頭で確認したように、マーモーは価値多元論の立場から、①立法の統合性を理想視しない立法論、②立法府と司法府のあいだには「戦略的コミュニケーション」が存するという解釈理論、および③立法府と司法府が相互調整するような立憲主義の改革案を、提示している。本章で検討したのは①であった。②および③については別の機会[95]に検討する。今後、一連の研究を通じて、立法と司法の関係を把握する視座を提示することを目指したい。

95　本章の注（4）で述べたように、②については別稿を執筆する予定である。③については、拙稿・前掲注（4）「立憲主義の正統性」を参照されたい。

［執筆者紹介］
櫻井利江（さくらい　としえ）　富山大学経済学部教授
森　靖夫（もり　やすお）　同志社大学法学部助教
瀬川　晃（せがわ　あきら）　同志社大学法学部教授
川崎友巳（かわさき　ともみ）　同志社大学法学部教授
荻野奈緒（おぎの　なお）　同志社大学法学部准教授
山根崇邦（やまね　たかくに）　同志社大学法学部准教授
戒能通弘（かいのう　みちひろ）　同志社大学法学部教授
濱真一郎（はま　しんいちろう）　同志社大学法学部教授

［掲載順］

ダイバーシティ時代における
法・政治システムの再検証

2014年2月25日　初版第1刷発行

著　者　瀬川　晃・櫻井利江
　　　　濱真一郎・川崎友巳
　　　　戒能通弘・荻野奈緒
　　　　山根崇邦・森　靖夫

発行者　阿　部　耕　一

〒162-0041　東京都新宿区早稲田鶴巻町514番地

発行所　株式会社　成　文　堂

電話03(3203)9201(代表)　Fax 03(3203)9206
http://www.seibundoh.co.jp

製版・印刷　シナノ印刷　　　製本　弘伸製本
©2014　A. Segawa, T. Sakurai, S. Hama, T. Kawasaki,
M. Kaino, N. Ogino, T. Yamane, Y. Mori
Printed in Japan
☆乱丁・落丁はおとりかえいたします☆　検印省略
ISBN978-4-7923-3320-1 C3032

定価（本体4500円＋税）